KB141707

KS 인증 최초 심사와
정기 심사를 위한 실무가이드

KS 인증 실무

KS 인증 최초 심사와 정기 심사를 위한 실무가이드

KS 인증 실무

정현석·김흥철 지음

도서출판대가

공업표준화법 및 KS 인증제도가 1961년 우리나라에 도입되면서 제조업 공장들이 제품 품질에 대한 인식 전환의 토대를 마련하였다. 이는 국가기관, 지방자치단체, 공공기관, 공공단체가 물품을 구입할 때 KS 제품을 우선적으로 구매하도록 권장하여 기업의 구매 경쟁력 제고는 물론 고객지향적인 기업문화를 만드는 데 막대한 영향력을 발휘하고 있다.

『KS 인증 실무』는 그동안 생산하는 제품에 대한 최초 KS 인증획득과 획득된 KS 인증제품에 대한 정기심사를 어려워하는 기업들을 위해 '어떻게 하면 쉽고 체계적으로 설명할 수 있을까?' 하는 바람에서 집필하게 되었다.

『KS 인증 실무』는 최초 KS 인증획득 및 정기심사 대비 실무해설서로 KS 표시 인증획득을 위한 준비, 제품인증에 대한 일반 요구사항, 품질경영시스템 구축, 심사사항 항목별 해설, 심사사항 항목별 준비자료, 인증공장심사 8단계, 회사 현황 작성 방법, Ez-spc 활용 통계적 분석, 심사사항 항목별 준비자료 총 9장으로 구성하였다.

『KS 인증 실무』를 집필하면서 관련 국내 서적, 산업표준화법, 한국산업표준, 개별 심사기준 및 각 기업체의 실무자료 등을 참고하였다.

『KS 인증 실무』는 현장에서 담당자들이 필요로 하는 부분을 오랜 현장 경험과 강의를 통해 정리한 내용을 담았다. KS 인증획득을 준비하거나 획득된 KS 인증의 유지관리를 위한 기업체의 품질관리 부서 및 각 부서의 책임자에게 꼭 필요한 책이며, 품질관리 담당자의 KS 제도에 관한 이해의 수준을 한 단계 높이는 데 도움이 될 것이다.

마지막으로 어려운 여건 속에서도 이 책의 편집과 출판에 기꺼이 응해주신 대가 출판사 사장님 및 직원분들의 노고에 진심으로 감사드린다.

2023년 2월
저자

목 차

Chapter 1

KS 표시 인증
획득을 위한 준비

1. KS 표준 및 심사기준 확인

1.1 표시지정 여부 확인

- KS 인증을 획득하고자 하는 제품 또는 서비스에 대하여 아래 사이트에서 해당 한국산업표준(KS)에 인증심사 기준이 제정되어 있는지의 여부를 확인할 수 있으며 인증심사기준이 제정되어 있으면 표시지정이 되어 있는 것이다.

KS 표준 및 KS 인증심사기준을 구매 또는 열람할 수 있는 사이트
- 국가표준인증 통합정보시스템(https://standard.go.kr)
- 한국표준정보망(https://www.kssn.net)

1.2 KS 표준 및 심사기준 최신본 구매 및 검토

- KS 표시 인증을 획득하고자 하는 제품 또는 서비스에 대한 해당 KS 표준 및 심사기준의 최신본을 구매하고 그 내용을 검토한다.

- KS 인증심사기준은 일반 심사기준과 품목별 심사기준이 있다. 특히 품목별 심사기준은 품목별로 구체적인 사항까지 정하고 있으므로 품목별 심사기준을 확보하여 심사기준에서 요구하는 사항을 충분히 이해하고, 그 내용에 따라 공장 심사준비를 함으로써 효율적으로 업무를 추진할 수 있다.

2. KS 인증 획득을 위한 심사사항별 사전 준비사항

2.1 품질경영

- 품질관리담당자 확보
  - 품질관리담당자의 자격기준

    국가기술자격법에 의한 품질관리기술사·품질경영기사·품질경영산업기사 자격을 보유하고 있거나 한국표준협회에서 실시하는 품질관리담당자 양성과정을 이수(100시간 이상)하고 시험에 합격한 자

- 품질관리담당자의 경력 및 업무수행능력

자격을 갖춘 자가 해당 업체에서 품질관리담당자로 지정되어 3개월 이상 근무를 하고 있어야 하며 독립적이고 적정하게 표준화와 품질 관련 업무를 수행할 수 있는 직무수행능력을 갖추고 있어야 한다. (전임자의 근무경력을 포함하되, 업무 공백이 1개월을 초과하지 않은 경우만 인정)

2.2 공정·제조설비

• 필요한 제조설비 확보

- 해당 제품생산에 적합한 제조설비란 설비의 성능·용량 등이 제품을 생산하는 데 지장이 없는 설비를 뜻하며, 정상적으로 원활하게 작동이 되는 설비를 말한다.

2.3 제품품질

• 제품심사를 위한 시료 확보

제품심사를 위한 시료는 품목별 인증심사기준 사항 제품시험을 위한 샘플링 방식의 시료수를 랜덤샘플링 방식으로 채취할 수 있도록 충분한 시료를 확보하고 있어야 한다.

• 공인시험기관에 제품시험 의뢰 및 성적서 확보

해당 품목 KS 표준 및 심사기준에 의거 심사 전까지 공인시험기관에 제품시험 의뢰 및 성적서를 확보하여야 한다.

2.4 시험·검사설비

• 품목별 심사기준에서 요구하는 시험·검사설비 검토, 확보 및 검교정

- 품목별 KS 인증 심사기준에서는 요구하는 시험·검사설비를 검토 후 자체에서 보유하는 것을 원칙으로 하고 확보된 시험·검사설비는 검·교정을 받아야 한다.
- 외부기관(업체 포함)과 사용계약을 체결하여 사용 또는 외부공인기관 시험성적서를 활용할 수도 있다.

2.5 소비자 보호·환경·자원관리

• 교육·훈련의 실시

- 경영 간부

기업의 지휘권 및 결재권한이 있는 생산 및 품질과 관련된 부서장 이상 경영 간부의 30% 이상은 산업표준화 및 품질경영에 관한 경영 간부 교육을 이수하여야 하며, 미이수 경영 간부에 전

파교육을 하여야 한다.

※ 경영 간부 범위 해설 : 자재, 공정(생산), 제품의 품질, 제조설비, 검사설비관리 업무를 관장하고 있는 부서장이나 팀장 및 경영 책임자를 제외한 임원(공장장, 상무이사 등)을 포함.

- 윤활 관리 담당자

윤활 관리 담당자는 윤활 관리 자격을 보유하고 있거나 전문교육기관에서 실시하는 윤활 관리 교육을 이수하여야 한다.

3. 3개월 이상 관리실적 확보

3.1 최근 3개월간 공장 운영에 대한 관리실태 심사

KS 인증은 사내표준화 및 품질경영을 시스템 도입 및 실시하여 생산된 제품이 KS 수준 이상으로 공정 및 품질이 안정되었다고 판단되면 신청을 하는 임의 제도이다.

3.2 경영 전반에 대한 실적

관리실적은 원부자재 구매, 생산, 검사, 판매 등을 포함하여 경영 전반에 대한 사항을 말하는 것으로 단순히 시제품을 생산한 실적을 말하는 것은 아니다.

4. 사내표준화 추진 및 품질경영기법 도입

4.1 사내표준화 추진

• 사내표준화는 업무에 관한 관리표준 및 생산에 직접적인 기술 관련 표준은 물론이고 KS 품목별 심사기준에서 요구하는 사항에 대하여 전반적으로 추진되어야 한다.

• 기술 관련 표준의 경우 한국산업표준을 근거로 제정하는 것을 원칙으로 한다.
  - 사내표준에 관련된 KS 표준을 확보, 인용하여야 한다.
  - 시험·검사방법 등은 반드시 KS 표준을 확보, 인용하여야 한다.

4.2 품질경영기법 도입

• 회사표준에 따라 수행한 관리, 검사 결과에 대하여 데이터를 종합하고 통계적인 기법을 활용하여

추이 및 동향을 분석하고 문제점을 도출한 후 PDCA 사이클에 따른 지속적인 품질 개선활동이 필요하다.

• 품질경영은 회사 규모나 실정을 고려하여 내실 있게 추진하여야 한다.
  - 심사받기 위하여 형식적으로 추진하는 경우가 있는데 이는 품질비용의 증가로 나타나 역효과를 가져오게 된다.

Chapter 2

KS 제품인증에 대한 일반요구사항
(KS Q8001 해설)

1. 적용범위

이 표준은 제품에 대한 한국산업표준(KS) 인증제도(KS 인증)와 인증업무 기준의 공통적인 사항에 대해 규정하고, 인증업무의 통일성을 보장하기 위해 인증업무 수행의 전 과정에 대한 업무처리 절차와 방법에 대하여 적용한다

2. 인용표준

다음의 인용표준은 전체 또는 부분적으로 이 표준의 적용을 위해 필수적이다. 발행연도가 표기된 인용표준은 인용된 판만을 적용한다.

발행연도가 표기되지 않은 인용 표준은 최신판(모든 추록을 포함)을 적용한다.

KS Q ISO/IEC 17000, 적합성 평가 : 용어 및 일반원칙
KS Q ISO/IEC 17020, 적합성 평가 : 검사기관 운영에 대한 요구사항
KS Q ISO/IEC 17025, 시험기관 및 교정기관의 자격에 대한 일반 요구사항

3. 용어와 정의

이 표준의 목적을 위하여 KS Q ISO/IEC 17000에 규정된 용어와 정의 및 다음을 적용한다.

3.1 한국산업표준(Korean Standards)
KS 인증에 관련하여 정부가 고시한 산업표준

3.2 인증심사기준(certification criteria)
제조설비, 검사설비, 검사방법, 품질관리방법 등 제품의 품질보증에 필요한 사항이 포함된 제품 인증심사기준으로, KS별로 인증기관이 따로 정함
비고 : KS별 인증심사기준은 인증대상 품목별 인증심사기준을 말한다.

3.3 제품(product)

KS 인증의 대상이 되는 제품

3.4 인증신청자(certification applicant)

KS가 제정되어 있고, 인증대상 제품을 제조하는 자 중 인증을 받기 위해 인증신청서를 인증기관에 제출한 자

3.5 인증기관(certification body)

KS 인증을 수행하기 위해 정부로부터 지정을 받은 기관

3.6 KS 인증업무규정(regulations by the KS certification body)

인증업무의 수행을 위해 필요한 세부적인 절차 및 방법에 대해 인증기관에서 정한 규정

3.7 인증심사(certification audit)

인증기관이 인증신청자에 대하여 인증대상 제품이 KS 및 KS별 인증심사기준에 적합한지 여부를 심사하는 것으로 "최초 인증심사", "품목 추가심사" 및 "종류·등급·호칭 또는 모델 추가심사"가 있음

3.8 공장심사(factory audit)

공장의 기술적 생산조건이 KS 및 KS별 인증심사기준에 적합한지 여부를 심사하는 것

3.9 제품심사(product audit)

제품의 품질이 해당 KS 및 KS별 인증심사기준에 적합한지 여부를 심사하는 것

3.10 인증심사원(certified auditor)

산업표준화법 제18조 제1항에 따라 정부로부터 인증심사원 자격을 부여 받은 자

3.11 공인시험·검사기관(certified testing laboratory & inspection body)

국가표준기본법 제23조 제2항에 따라 인정을 받거나 같은 수준의 기준(KS Q ISO/IEC 17020 또는 KS Q ISO/IEC 17025를 근거) 및 절차에 따라 국제인정기구로부터 인정을 받은 시험·검사기관

3.12 확인심사(confirmatory audit)

공장심사 결과 인증신청자(또는 인증받은자)가 부적합 판정을 받은 경우, 해당 부적합 사항에 대한 시정조치 결과를 인증기관이 현장(공장 또는 사업장)에서 확인하는 심사

3.13 KS 인증위원회(KS certification committee)

인증의 승인, 유지 및 취소 등 인증운영에 관한 주요 사항의 최종 의사결정을 위해 인증기관 내에구성·운영하는 기구

3.14 KS 마크(KS mark)

KS에 적합한 것임을 나타내는 인증표시

3.15 인증받은자(certified body)

인증기관으로부터 인증대상 제품의 인증을 받은 자

3.16 정기심사(regular certification audit)

인증기관이 인증받은자에 대하여 인증 받은 제품이 KS 및 KS별 인증심사기준에 적합한지 여부를 정기적으로 심사하는 것

3.17 품목별 품질관리단체(quality control body by product)

시판품조사 및 현장조사, 1년 주기 공장심사 등의 업무를 지원하도록 정부가 지정한 단체

3.18 공장이전심사(transferred factory audit)

인증기관이 인증받은자가 공장 또는 사업장을 이전하는 경우, 이전 완료일로부터 45일 이내 실시하는 심사

3.19 특별현장조사(special on-site inspection)

인증 받은 제품이 KS 및 KS별 인증심사기준에 적합하지 않을 우려가 있거나 인증받은자의 의무이행 여부 등 확인이 필요한 때, 인증기관이 비정기적으로 실시하는 조사

3.20 시판품조사 및 현장조사(market surveillance and on- site inspection)

소비자단체의 요구가 있는 경우, 또는 인증제품의 품질저하로 인하여 다수의 소비자에게 피해가 발

생하거나 회복하기 어려운 피해가 발생할 우려가 현저하다고 인정하는 경우에는, 정부가 공무원이나 인증심사원으로 하여금 판매되고 있는 인증제품에 대한 품질시험(시판품조사)을 하게 하거나 인증받은자의 공장 또는 사업장에서 그 제품을 조사(현장조사)하는 것

4. 인증신청

4.1 인증대상 표준 및 인증심사기준
인증품목(또는 분야)으로 지정된 KS 및 KS별 인증심사기준을 말한다.

4.2 인증신청 범위
인증신청의 범위는 신청 제품의 품목에 따라 KS별 인증심사기준의 "인증의 구분"을 참조하여 인증신청자가 결정한다.

제품인증은 KS 및 KS별 인증심사기준에서 정하는 품목(표준명, 표준번호), 종류·등급·호칭 또는 모델로 한다.

4.3 신청서 제출
• 인증신청자는 다음의 구비서류를 포함하여 제품인증신청서 및 인증기관이 KS인증업무규정에서 별도로 정한 서류를 제출하여야 한다.
  a) 공장심사 사항 중 품질경영 심사 일부를 생략 받고자 하는 경우, ISO 인증기관의 ISO 9001 인증서 및 심사보고서 사본, 내부심사 결과, 경영 검토 결과, 부적합 시정조치 결과 등 주요 문서화된 정보
  b) 제조설비 및 시험·검사설비 목록(공정을 외주가공 처리한 경우에는 외주가공업체 현황, 외부 시험·검사설비를 사용한 경우에는 외부설비 업체 현황 포함)

5. 최초인증심사

5.1 인증기준
• 인증기관은 인증신청자가 다음 사항이 모두 적합한지 여부를 심사를 통해 확인하여야 한다.

a) 산업표준화법령

b) KS(3.1)

c) 인증심사기준(3.2)

d) 공장심사보고서(부속서 B)의 심사사항 및 평가항목. 별도의 표준으로 구성된 분야별 요구사항
   이 정해져 있는 경우에는 해당 분야별 요구사항의 공장심사보고서의 심사사항 및 평가항목

e) 인증기관이 정하는 KS 인증업무규정의 요구사항

5.2 인증심사 일반사항

• 인증기관은 인증심사 시 다음 사항을 준수하여야 한다.

a) 인증기관은 인증신청자와 협의하여 공장심사·제품심사 실시계획을 결정하고, 인증신청자에
   게 인증심사 일정과 인증심사반의 명단을 통보하여야 한다.

b) 인증기관은 2명 이상의 심사원으로 인증심사반을 편성하여야 하며, 심사의 공정성을 저해할
   우려가 있는 인증심사원을 인증심사반에 편성하여서는 안 된다.

c) 인증기관은 인증신청을 받은 후부터 인증서 발급 전까지의 기간에 KS 및 KS별 인증심사기준
   이 개정된 경우에는, 신청자에게 개정 내용에 적합하도록 인증신청을 보완하게 하거나 개정된
   내용에 따라 심사를 다시 할 수 있다.

d) 심사일수는 1개 품목은 1일, 2개 또는 3개 품목은 2일 이하, 4개 품목 이상은 3일 이하를 기준
   으로 하되, 신청공장이 외국에 소재한 경우에는 1개 품목 2일을 기준으로 할 수 있다. 다만, 1
   개 품목에 대한 신규인증심사의 경우와 신청공장이 외국에 소재한 경우에는 1개 품목을 2일
   이하로 할 수 있고, KS에 따른 주요 공정이 외주가공으로 이루어지는 경우에는 해당 외주가공
   업체에 대한 현장확인을 하여야 하며, 이를 위하여 필요한 심사일수를 최대 3일까지 연장하여
   심사할 수 있다.

e) 인증기관은 공장심사결과, 5.5의 심사결과 판정기준에 적합하지 아니한 때에는 제품심사를
   실시하지 아니한다. 다만, 인증신청자의 요청에 따라 부적합 평가항목을 개선하여 5.5의 b)에
   따라 적합으로 심사결과를 판정할 경우에 실시될 제품심사를 위하여 시료를 채취할 수 있다.

5.3 인증심사방법

5.3.1 공장심사

• 인증심사원은 심사일 기준으로 최근 3개월 이상의 공장운영에 관한 기록(시제품 생산기록 포함)
  을 KS 및 KS별 인증심사기준에 적합한지 여부를 심사하여야 한다.

- 인증심사원은 심사를 완료한 후 공장심사보고서를 작성하여 인증기관에 제출하여야 하며, 인증기관은 인증심사원으로부터 받은 공장심사보고서를 5.5에서 규정한 심사결과 판정기준에 따라 적합 여부를 판정한다.

5.3.2 공장심사 일부 면제 등

- 5.3.1에 따른 공장심사에는 적합하였으나 5.3.3에 따른 제품심사는 부적합하여 인증불가 통보를 받은 후, 해당 제품(품목)에 대하여 1년 이내에 다시 인증을 신청한 경우에는 제품심사만 실시한다.

- ISO 9001 인증기업일 경우에는 공장심사사항 중 품질경영은 생략(적합 "예"로 평가)하고 심사한다. 다만, 인증기관은 생략 받고자 하는 인증신청자가 갖추어야 할 주요 문서화된 정보를 인증신청시에 검토하여야 한다.

5.3.3 제품심사

5.3.3.1 시료채취

- 인증심사원은 다음의 사항을 포함하여 제품심사를 위한 시료의 대표성을 보장할 수 있는 방식으로 시료를 채취하여야 한다.
  a) 제품심사를 목적으로 한 제품의 시료는 제품 제조공장에서 심사 당일 제품 재고, 또는 생산 중인 제품 중에서 KS별 인증심사기준의 "제품시험을 위한 샘플링 방식"에 따라 시료를 채취한다.
  b) 인증심사원은 시료채취 내역, 품질시험의뢰서 등 관련 기록을 작성하여야 한다.

5.3.3.2 제품시험 의뢰

- 인증기관은 인증심사원이 채취한 시료를 봉인한 후에 지방중소기업청 또는 공인시험·검사기관에 제품의 품질시험을 의뢰하여야 한다. 인증기관이 동일 조직 내에 공인시험·검사기관 인정을 받은 경우에는 해당 시험검사조직에서 품질시험을 실시할 수 있다. 다만, 제품시험항목의 특성상 시료를 채취하는 것이 곤란한 경우, 제품의 생산과 관련된 서류의 비교·분석을 통하여 제품의 품질을 심사할 수 있다.

- 위의 규정에도 불구하고 시료가 다음 어느 하나에 해당하는 경우, 인증심사원은 인증신청자

의 제품제조공장 현장에서 제품의 품질을 시험할 수 있다.

- 시료가 무거운 물건이거나 성질상 운반이 곤란한 경우
- 공장이 외국에 있는 경우로서 현지에는 공인시험·검사기관이 없는 경우
- 국내에 그 시료에 대한 시험·검사장비를 갖춘 공인시험·검사기관이 없는 경우

• 제품시험을 의뢰할 때에는 시료의 운반을 위하여 인증신청자에게 협조를 요청할 수 있다.

• 공인시험·검사기관은 품질시험을 의뢰 받은 경우에는 KS 및 KS별 인증심사기준에서 정하는 시험방법에 따라 시험을 실시하고, 그 결과를 시험성적서에 명시하여 인증기관에 송부하여야 한다.

5.3.3.3 제품품질시험 일부 생략

• 다음 어느 하나에 해당하는 경우에는 인증대상 공장에서 생산한 시료로 공인시험·검사기관으로부터 2년 이내에 발급 받은 시험성적서를 인증신청자가 제출하는 경우 해당 항목의 품질시험을 생략할 수 있다.

a) 시험기간이 3개월 이상 소요되는 시험항목의 경우
b) 인증심사 시 다른 법령에서 규정하는 인증을 받은 시험항목으로 KS 요구수준 이상의 경우

5.4 부적합 보고서, 부적합 개선조치 보고서 작성 및 확인심사

• 인증심사 과정에서 부적합사항이 발견된 경우, 이에 따른 조치절차는 다음과 같다.

a) 인증심사원은 인증신청자에게 심사결과를 충분히 설명하고 부적합사항에 대해 의견을 제출할 기회를 주어야 한다. 인증신청자가 제출한 의견에 대하여 증거 등을 첨부하여 명확히 입증하는 경우, 심사반의 회의를 거쳐 부적합사항을 조정할 수 있다.

b) 인증심사원은 공장심사에서 부적합사항을 발견한 경우, 공장심사보고서에 규정된 부적합 보고서를 작성하여 인증기관에 제출하고, 인증신청자에게도 부적합 보고서를 제공하여야 한다.

c) 인증기관은 부적합 보고서의 일반품질 평가항목에 대한 부적합사항은 인증신청자가 서류로 제출한 부적합 개선조치보고서를 확인하여 개선 여부를 확인하고, 개선조치가 완료된 것으로 판단되면 공장심사보고서와 함께 KS 인증위원회에 제출한다. 다만, 일반품질 평가항목의 경우라 하더라도 부적합 개선조치보고서에 따른 개선조치가 충분하지 않다고 판단되는 경우에는 추가적으로 현장 확인심사를 실시할 수 있다.

d) 핵심품질 평가항목에 대한 부적합사항은 개선조치 결과를 현장에서 확인심사를 하여야 하며,

개선조치가 완료된 것으로 판단되면 부적합 개선조치 보고서를 공장심사 보고서와 함께 KS인증위원회에 제출하고, 완료되지 않은 것으로 판단되면 인증신청자의 신청에 의해 5.3.1에 따라 공장심사를 다시 실시한다.

e) 제품심사는 공장심사가 적합으로 판단된 경우 실시하며, 제품시험 결과인 시험성적서를 함께 KS 인증위원회에 제출한다.

5.5 심사결과 판정기준

• 심사결과 판정기준은 다음과 같다.

a) 인증기관은 공장심사 결과, 부적합으로 판정되면 부적합 보고서를 작성하고, 인증신청자가 부적합 평가항목에 대한 개선을 완료할 때까지 KS 인증위원회에 상정하지 않아야 한다.

b) a)의 부적합 평가항목이 개선될 경우, 공장심사 결과를 적합으로 판정한다.

c) 인증신청자가 부적합 평가항목을 공장심사일로부터 1년 이내에 개선하지 않을 경우에 인증기관은 해당 인증신청을 철회한 것으로 간주하고, 인증신청자는 인증을 다시 신청하여야 한다.

d) 인증기관은 제품심사 결과, KS 및 KS별 인증심사기준에서 정한 기준에 부적합한 경우, 5.6에 따라 인증 불가결정을 인증신청자에게 통보하고 인증신청자는 인증을 다시 신청하여야 한다.

5.6 인증결정 및 통보

인증의 결정은 5.5의 심사결과 판정기준을 고려하여 인증기관의 장이 정한 KS 인증위원회 운영절차에 따른다. 인증기관은 인증심사의 결과에 대하여 인증신청자에게 문서, 전자매체 등의 방법으로 통보하여야 한다.

6 인증계약

6.1 인증계약 체결

• 인증기관은 5.6에 따라 인증을 결정한 경우, 인증신청자와 "KS 마크 등의 표시사용 동의에 관한 인증계약(부속서 C)"을 체결하고 다음 사항을 준수하도록 하여야 한다.

a) 제품인증서의 발급 시 기재사항(7.1)

b) KS 마크 등 표시사항(10절)

인증기관은 일반인이 해당 인증내용을 열람이 가능하도록 인터넷에 공표하여야 한다.

6.2 인증계약 내용

- 인증기관은 인증계약의 내용을 정하는 경우, 적어도 다음 사항을 포함하여야 한다.

  a) KS 인증업무에 관한 계약임을 명시

  b) 인증계약의 유효기간을 정하고 있는 경우에는 그 기간

  c) KS 마크 등의 표시사항에 관한 사항

  d) 인증받은자가 인증 받은 제품을 광고 등의 방법으로 제3자에게 증명하는 경우에는 인증을 받지 않은 제품이 인증을 받은 것으로 혼동되지 않도록 규정하는 사항

  e) 인증기관은 인증받은자에게 보고를 요구하거나 인증 받은 공장사업장, 기타 필요한 장소에서 인증 받은 제품을 심사할 수 있다는 사항

  f) 인증받은자가 인증 받은 제품에 대해 제3자로부터 불만을 받은 경우의 이의신청 및 조치에 관한 사항

  g) 인증기관 및 인증받은자의 비밀유지에 관한 사항

  h) 인증기관이 취할 조치에 대해 인증받은자가 행하는 청문(인증받은자의 의견제출)에 관한 사항

  i) 인증취소, 인증계약의 종료에 관한 사항

  j) 인증기준에 적합하지 않은 경우의 개선조치에 관한 사항

  k) 심사주기 준수, 수수료 납부 등 인증기관이 KS 인증업무규정에서 규정한 사항

6.3 인증계약 종료

- 인증기관은 인증계약이 종료되면 인증받은자에게 다음 사항을 알려야 한다.

  a) 인증계약의 종료일 및 인증번호

  b) 종료한 인증계약에 관한 인증받은자의 공장명(회사명) 및 소재지

  c) 제품인증서의 발급 시 기재사항(7.1)

  d) KS 마크 등의 표시사항(10절)

  또한 인증기관은 일반인이 해당 인증종료 내용을 열람이 가능하도록 인터넷에 공표하여야 한다.

7. 인증서 발급 등

7.1 인증서 발급

인증기관은 제품이 KS 및 KS별 인증심사기준에 적합하다고 결정하여 인증신청자와 6절에 따른 인

증계약을 체결한 경우에는 인증번호, 제조업체명, 대표자 성명, 공장 소재지, 인증제품의 표준명 및 표준번호, 인증제품의 종류·등급호칭모델, 인증에 관계되는 산업표준화법령의 근거조항, (최초)인증일, 인증기관 변경일(해당되는 경우), 정기심사기한 등을 기재한 제품인증서를 발급하여야 한다.

인증기관은 동일인이 같은 KS에 대하여 여러 종류등급호칭 또는 모델의 인증을 받은 때에는 동일 인증서에 일괄하여 기재할 수 있다.

7.2 인증서 반납

- 7.1에 따라 제품인증서를 발급 받은 자는 다음 어느 하나에 해당하는 사유가 발생한 경우에는, 그 인증서를 해당 인증기관에 반납하여야 한다.

  a) KS가 폐지된 경우

  b) 인증대상 제품의 품목지정이 취소된 경우

  c) 해당 인증이 취소된 경우

  d) 폐업한 경우

  e) 인증기업이 자발적으로 인증을 반납하고자 하는 경우

  f) 인증 관련 계약이 해지된 경우

  g) 인증위원회에서 인증기관 변경이 결정되어 인증서 발급 예정일이 확인된 경우

7.3 인증서 재발급 또는 변경신청

- 7.1에 따라 제품인증서를 발급 받은 자가 그 인증서를 잃어버리거나 헐어 못쓰게 되어 인증서를 재발급 받고자 하는 경우에는 인증서 재발급(변경) 신청서를 그 인증서를 발급한 인증기관에 제출하여재발급 받아야 하며, 헐어서 못쓰게 된 경우에는 인증서를 첨부하여야 한다.

- 7.1에 따라 제품인증서를 발급 받은 자가 그 인증서의 기재사항이 변경된 경우에는 인증서 재발급(변경)신청서를 그 인증서를 발급한 인증기관에 제출하여 인증서를 재발급 받아야 하며, 인증서 및 변경사실을 증명하는 서류를 첨부하여야 한다.

7.4 인증기관 변경

- 인증받은자가 인증기관을 변경하는 경우의 처리절차는 다음과 같다.

  a) 인증받은자가 인증기관 변경을 요청하는 경우, 인계인증기관은 인증받은자에 관한 일체의 기록을 인수인증기관에 인계하여야 한다. 다만, b) 의 경우에는 인증받은자가 인증기관을 변경

할 수 없다.

비고 : 인증받은자에 관한 일체의 기록이라 함은 인증유지에 필요한 다음의 기록을 말한다.

① 기본정보 : 기업명, 대표자명, 사업자등록번호, 공장(사업장) 주소, 연락처

② 인증정보 : 최초인증일, 인증번호, KS 번호, 인증품목, 종류·등급·호칭·모델

③ 심사이력 : 최초인증심사일, 정기심사일, 1년 주기 공장심사일, 공장이전심사일, 종류·등급·호칭·모델 추가일, 특별현장조사

④ 사후관리 : 정기심사, 특별현장조사, 시판품조사, 현장조사 및 처분 관련사항

⑤ 기타 사항 : 민·형사상 또는 행정소송 관련 사항, 인증기관 변경이력 등

b) 인계인증기관은 인증받은자가 다음과 같은 경우에는, a)에 따른 일체의 기록을 대신하여 변경할 수 없는 사유를 구체적으로 명시하여 인수인증기관에 서면으로 알려야 한다.

① 정기심사 또는 이전심사가 1일 이상 진행되어 완료되지 않은 경우

② 표시제거명령 등의 행정처분(예정) 통지공문이 도달된 경우, 또는 행정처분이 완료되지 않은 경우

③ 인증취소 등을 위하여 의견제출 기회가 부여된 후 해당 조치가 끝나지 않았거나, 이와 관련한 개선이 완료되지 않은 경우

④ KS 인증과 관련한 민형사상소송 또는 행정소송이 진행 중인 경우

c) 인증받은자가 b)에 따라 인증기간을 변경할 수 없는 사유가 확인된 경우에, 인수인증기관은 인증기관 변경을 신청한 자에게 인증기관을 변경할 수 없음을 서면으로 알려야 한다.

d) 인수인증기관은 a), b)의 절차가 완료되어 인증기관 변경이 가능한 것으로 확인되면, 인증기관의 변경을 요청한 인증받은자에 대하여 5.3.1 및 5.3.2에 따라 심사를 하여야 한다. 다만, 인수인증기관은 제품의 품질 확인을 위하여 필요하다고 판단할 경우, 5.3.3의 심사 중 일부 또는 전부의 실시를 추가로 요청할 수 있다.

e) d)의 결과, 인증업무규정에 따라 인증위원회에서 판정기준에 적합하여 인증을 결정한 경우, 인증받은자 또는 인수인증기관은 인증번호, 인증제품, 인증서 발급예정일 등을 인증서 발급 전에 인계 인증기간에 서면으로 알려야 한다.

f) e)에 따라 인증기관 변경을 확인한 인계인증기관은 인수인증기관의 인증서 발급일 전까지만 인증기관변경 신청자의 기존 인증서의 효력이 유지됨을 서면으로 알리고, 필요한 조치를 하여야 한다.

g) 인수인증기관은 인증서 발급예정일까지 민원이 발생하지 않는 경우, 인증받은자와 6절의 인증계약을 체결한 후에 인증서를 발급하여야 한다.

8. 인증 추가 또는 변경

8.1 품목 추가

• 인증받은자가 품목을 추가 신청하는 경우, 인증기관은 5절에 따라 인증심사를 실시하고, 인증 여부를 결정하여 그 결과를 인증받은자에게 통보하여야 한다.

• 인증기관은 5.6의 인증결정 시 6절에 따라 인증계약을 변경하고, 7절에 따라 새로운 인증서를 발급하여야 한다.

8.2 종류등급호칭 또는 모델 추가

• 인증받은자가 이미 인증 받은 제품(품목)의 종류등급호칭 또는 모델을 추가할 목적으로 인증을 신청한 경우, 인증기관은 지체 없이 5절에 따라 인증심사를 실시하여 인증 여부를 결정(해당 종류등급호칭 또는 모델에 관한 것에 한한다.)하여 그 결과를 인증받은자에게 통지하여야 한다. 이 경우, 공장심사 시 심사사항의 일부(품질경영)의 평가를 생략(적합 "예"로 평가)한다.

• 인증기관은 5.6의 인증결정 시 6절에 따라 인증계약을 변경하고, 7.1에 따라 새로운 인증서를 발급하여야 한다.

8.3 주요 자재 변경

• 인증받은자가 제품 생산을 위한 주요 자재를 변경하는 경우의 처리절차는 다음과 같다.

   a) 인증받은자는 제품(품목)의 종류, 공정의 특수성 및 제조기술의 개발에 따라 자재를 대체 또는 생략하거나 검사항목을 늘리거나 줄일 수 있으며, 이 경우 변경사항을 기록한 자재관리목록을 인증기관에 제출하여야 한다.

   b) 인증받은자는 주요 자재관리 목록(부품, 모듈 및 재료 등)을 인증기관에 심사 전 제출하여 적정성을 확인받아야 하며, 심사 후에도 변경사항이 있을 경우 인증기관의 승인을 받아야 한다. 주요 자재의 변경으로 인해 제품의 성능의 변화가 예상될 경우에는 인증기관은 적정성을 확인하기 위하여 인증받은자에게 시험성적서 제출, 제품시험 실시 등을 요구할 수 있다.

   c) 인증받은자가 주요 자재관리 목록의 변경사항을 제출하지 않고 자재를 대체하거나 생략한 경우, 인증기관은 13.1 c)에 따라 해당 제품(품목)이 KS에 현저히 맞지 않는 것으로 간주하여 인증을 취소할 수 있다.

9. 정기심사 등 사후관리

9.1 인증기준

정기심사의 인증기준은 5.1과 같다.

9.2 정기심사 일반사항

• 인증기관은 정기심사 시 다음 사항을 준수하여야 한다.

　a) 정기심사는 5.2를 준용하되, 제품심사에 대한 규정은 제외한다.

　b) 인증받은자는 인증서를 발급 받은 날부터 매 3년 이내에 정기심사로서 공장심사를 받아야 한다. 다만, 공공의 안전과 인증제품의 품질수준 유지를 위하여 특히 필요하다고 인정하여 정부가 고시하는 1년 주기 공장심사 대상 품목은 매년 공장심사를 받아야 하되, 공장심사에서 적합(일반품질 부적합은 개선조치가 완료된 경우에 한해 적합으로 보며, 핵심품질 부적합은 제외)한 것으로 심사된 경우에는 그 다음 1회의 공장심사를 면제할 수 있다.

　c) b)에도 불구하고 인증제품의 제조공장을 이전한 경우에는 그 공장이나 사업장의 이전 완료일부터 45일 이내에 a)에 따른 심사를 하여야 한다.

　d) b)에도 불구하고 다음의 어느 하나에 해당하는 자에 대하여는 그 사유가 발생한 후에 최초로 받아야 하는 정기심사를 면제한다.

　　① 산업표준화 및 품질경영혁신과 관련하여 「상훈법」에 따라 산업훈장 또는 산업포장을 받은 자

　　② 산업표준화 및 품질경영혁신과 관련하여 「정부표창규정」에 따라 대통령 또는 국무총리 표창을 받은 자

　　③ 산업표준화 및 품질경영혁신과 관련하여 산업통상자원부 장관 표창 등을 받은 자로서, 국가기술표준원장이 인정하는 자

　e) 인증받은자는 최초인증일 또는 인증기관 변경일로부터 3년 이내에 b)에 따른 정기심사가 완료될 수 있도록 인증기관에 신청하여야 한다. 다만, 정기심사를 받아야 할 품목이 시기적으로 서로 다른 경우, 가장 앞서 도래하는 품목(제품)에 일괄하여 정기심사를 신청할 수 있다.

　f) 인증받은자의 공장 또는 사업장이 부도폐업, 기타 사유로 공장심사가 불가능한 때에는 공장 또는 사업장에 대한 현장확인 시 정상적인 영업활동이 불가능하다는 점이 인정되는 때는 13.1 f)에 따라 인증을 취소할 수 있다.

　g) 인증기관은 정기심사 결과가 5.1의 인증기준에 적합하지 않은 경우 시정을 요구할 수 있고, 정당한 사유 없이 시정을 이행하지 않는 경우 인증을 취소하거나 시판품조사 또는 현장조사를

정부에 건의할 수 있다.

h) 인증기관은 인증받은자가 b)에 따른 3년 정기심사를 받은 경우, b)의 단서에 따른 1년 주기 공장 심사를 당해 연도에 한해 면제하여야 한다.

i) 인증기관은 b)의 단서에서 규정한 1년 주기 공장심사 품목과 관련한 품목별 품질관리단체가 지정되어 있는 경우, 해당 품질관리단체가 보유하고 있는 인증심사원 1인을 포함하여 1년 주기 공장심사반을 편성할 수 있다.

9.3 정기심사방법

9.3.1 공장심사

- 정기심사에서 공장심사는 5.3.1에 따라 실시하되, "최근 3개월 이상의 공장운영에 관한 기록(시제품생산기록을 포함한다.)"을 "최근 1년 이상의 공장운영에 관한 기록(시제품 생산기록을 포함한다.)"으로변경하여 적용한다.

- 9.2 c)에 따라 공장 또는 사업장을 이전한 경우, 실시하는 정기심사는 최근 45일(심사의 사유가 발생한 날부터 심사일까지 기간의 공장 운영에 관한 기록)을 적용한다.

9.3.2 공장심사 일부 면제 등

공장심사의 일부 면제 등은 5.3.2를 적용한다.

9.3.3 제품심사

정기심사에서는 제품심사를 실시하지 아니한다.

9.4 부적합 보고서, 부적합 개선조치 보고서 작성 및 확인심사

- 정기심사 시 부적합 보고서, 부적합 개선조치보고서의 작성 및 확인심사는 5.4에 따르되, 5.4 e)의제품심사에 대한 규정은 제외한다.

- 인증받은자는 부적합사항을 개선하는 기간 동안 KS 마크를 표시할 수 있으나, 핵심품질 평가항목이부적합한 경우에는 부적합사항이 개선될 때까지 KS 마크를 표시해서는 안 된다.

- 인증기관은 5.4 c), 5.4 d)에 따라 실시한 확인심사의 부적합사항에 대한 개선조치가 완료되지

않은 것으로 판단될 경우에는 부적합 평가항목에 대한 개선이 완료될 때까지 인증받은자에게 추가적인 확인심사를 요청할 수 있다.

9.5 심사결과 판정기준

- 심사결과 판정기준은 다음과 같다.
  a) 인증기관은 공장심사 결과 부적합으로 종합 판정되면 부적합 보고서를 작성하고, 부적합 평가항목에 대한 개선이 완료될 때까지 KS 인증위원회에 상정하지 않는다.
  b) a)의 부적합 평가항목이 개선될 경우, 공장심사 결과를 적합으로 판정한다.
  c) 인증받은자는 인증기관과의 계약 또는 인증기관의 인증업무규정에 따라 부적합 평가항목의 개선조치를 완료하여야 하고, 기간 안에 개선을 완료하지 못한 경우 인증기관은 인증받은자의 인증을 취소할 수 있다.

9.6 인증유지 결정 및 통보

인증유지의 결정은 9.5의 심사결과 판정기준을 고려하여 인증기관의 장이 정한 KS 인증위원회 운영절차에 따른다. 인증심사의 결과 적합한 것으로 확인되면, 다음 정기심사기한을 직전 정기심사 완료기한 이후부터 3년 이내로 명시하여 7.1에 따른 인증서를 재발급하여야 한다. 다만, 1년 주기 공장심사의 결과는 인증받은자에게 문서, 전자매체 등의 방법으로 통보하되, 인증서를 재발행하지는 않는다.

9.7 공장(또는 사업장) 이전심사

- 인증제품의 제조공장(또는 사업장)을 이전한 경우에는 그 공장이나 사업장은 이전 완료일부터 45일이내에 심사를 받아야 한다.

- 인증받은자가 공장 또는 사업장의 변경을 신청하는 경우에는 인증기관은 지체 없이 9.3의 정기심사실시 단계에 따라 심사를 실시하여 인증유지 여부를 결정(당해 공장 또는 사업장에 관한 것에 한한다.)하고, 그 결과를 인증받은자에게 통지하여야 한다. 다만, 인증기관은 공장심사보고서(부속서 B)에서 규정한 심사사항 중 공정제조설비관리, 제품관리에 대한 평가항목이 모두 적합하다고 판단한 경우에는 제조공장(또는 사업장) 이전심사에서의 공장심사 실시 결과가 적합한 것으로 판정할 수 있다.

- 인증기관은 인증결정 시 6절에 따라 인증계약을 변경하고, 7절에 따라 새로운 인증서를 발급하여

야한다.

9.8 특별현장조사

• 인증기관은 인증 받은 제품이 다음에 해당하여 KS 및 KS별 인증심사기준에 적합하지 않을 우려가 있거나, 인증받은자의 의무이행 여부 등 확인이 필요한 때 비정기적으로 특별현장조사를 실시할 수 있다.

a) 불량 KS 제품 신고가 접수된 경우

b) 민원 발생 우려 및 소비자단체의 요구가 있는 경우(제3자의 이의신청 포함)

c) ISO 9001 인증을 받은 기업 중 심사의 일부를 면제 받은 기업이 품질시스템 이행이 부적합한 것으로 판단된 경우

d) 부적합 개선조치 보고서의 확인·증빙 서류가 거짓으로 우려되는 경우

e) 인증제품 제조의 중단기간이 1년을 초과한 경우

f) 주요 자재관리 목록(부품, 모듈 및 재료 등) 변경사항을 인증기관에 제출하지 않은 경우

g) 부적합사항 개선조치(KS 인증제품 출하정지, KS 마크 표시정지 등)에 대한 이행 확인이 필요한 경우

h) 정부로부터 표시정지 3개월 이상의 행정처분을 받은 자에 대하여 시정확인이 필요한 경우

i) 기타 인증기관의 장이 KS 인증업무규정에 정한 사항

특별현장조사의 방법 등은 5절을 준용하되, 5.3.2 및 5.3.3.3은 적용을 제외한다.

9.9 지위승계의 신고

• 인증받은자의 지위를 승계하기 위한 절차는 다음과 같다.

a) 인증받은자의 지위를 승계한 자는 그 지위를 승계한 날부터 1개월 이내에 지위승계신고서에 다음 각 호의 서류를 첨부하여 인증을 한 인증기관에 각각 제출하여야 한다. 이 경우, 인증받은 자의 지위승계 신고를 받은 인증기관은 합병 후 존속하거나 합병에 따라 신설된 법인의 등기사항 증명서를 확인하여야 한다.

① 인증서(인증받은자의 지위를 승계한 경우에만 해당한다.)

② 양도양수계약서 사본(사업을 양수한 경우에만 해당한다.)

③ 사업을 상속 받은 사실을 확인할 수 있는 서류(사망으로 인하여 사업을 상속 받은 경우에만 해당한다.)

b) a)에 따른 신고가 접수된 경우, 인증기관은 사실 여부를 확인하고 제품인증서를 그 신고인에게 발급하여야 한다.

9.10 자료제출

• 인증받은자는 다음 각 호의 자료를 그 사유가 발생한 날부터 10일 이내에 인증기관에 제출하여야 한다.

    a) 인증제품 제조의 중단사유 및 중단기간(3개월 이상 중단하는 경우에만 해당한다.)

    b) 인증제품 제조를 다시 시작한 날짜(인증제품 제조를 중단한 자가 그 제조를 다시 시작하는 경우에만 해당한다.)

    c) 인증제품 제조공장 또는 사업장의 이전을 마친 날짜(인증제품 제조공장 또는 사업장을 이전하는 경우에만 해당한다.)

    d) 명령에 따른 시정결과(정부로부터 표시의 제거, 표시의 정지 또는 판매의 정지 등의 명령을 받은 자가 명령 받은 사항을 시정한 경우에만 해당한다.)

    e) 주요 자재관리 목록(부품, 모듈 및 재료 등) 변경사항

    f) 기타 인증기관의 장이 KS 인증업무규정에 정한 사항

인증기관은 인증받은자가 제출한 내용에 대하여 사실 유무를 확인하여야 한다.

9.11 제3자의 이의신청 및 처리

• 인증제품에 대하여 제3자가 이의를 신청하는 경우의 처리절차는 다음과 같다.

    a) 인증제품에 대한 이의를 신청하려는 자는 다음 각 호의 사항을 적은 이의신청서를 해당 인증기관에 제출하여야 한다.

        ① 신청인의 성명(법인인 경우에는 법인명 및 대표자의 성명) 및 소재지, 전화번호

        ② 인증제품의 명칭, 종류등급호칭 또는 모델(인증제품의 종류등급호칭 또는 모델이 적혀 있는 경우에만 해당한다.)

        ③ 인증제품의 제조 공장명 또는 사업장명

        ④ 인증제품의 구입 장소, 판매인의 성명(판매인이 법인인 경우에는 법인명 및 대표자 성명), 주소

        ⑤ 이의신청의 사유

    b) 인증기관은 a)에 따른 이의신청을 받으면 그 사실 여부를 조사하여 인증제품이 해당 KS에 맞지 아니하다고 인정하는 경우에는, 그 인증받은자에 대하여 이의신청을 한 자에게 해당 인증제품을 교환·수리·환불 또는 보상해 주도록 요청할 수 있으며, 9.8에 따라 특별현장조사를 실시할 수 있다.

    c) 인증기관은 조사 결과, 인증제품이 해당 KS에 맞지 아니하여 많은 소비자에게 피해가 발생하거나 회복하기 어려운 피해가 발생할 우려가 현저하다고 판단하는 경우, 시판품조사 또는 현

장조사를 정부에 건의할 수 있다.

9.12 KS가 개정된 경우의 조치

· 인증제품에 관련된 KS가 개정되는 경우, 이에 따른 조치절차는 다음과 같다.

a) 인증제품의 KS가 개정된 경우 KS에 따라 인증을 받은 것으로 본다. 이 경우, 그 고시일(고시일과 시행일이 다른 경우, 시행일을 고시일로 본다.)로부터 3개월 이내에 개정된 표준에 따라 표시제품을 생산하여야 하며, 이를 증빙하기 위하여 다음 각 호에 해당하는 서류를 첨부하여 인증기관에 보고하여야 한다. 다만, 그 기간 내에 개정된 표준에 따라 인증제품을 생산할 수 없을 때에는 미리 그 사유서를 인증기관에 제출하여야 한다.

① 인증서 및 재발급신청서(표준번호, 표준명, 종류등급호칭 또는 모델 등이 변경되어 재발급이 필요한 경우)

② 개정된 표준에 따른 시험성적서(제품성능·시험방법 등이 개정된 경우). 다만, 표준이 상향 개정된 경우에는 지방중소기업청 또는 공인시험검사기관에서 발급한 시험성적서

③ 설비 구입계약 관련 서류(변동된 시험검사설비 등이 있는 경우)

④ KS인증 표시사항을 증빙할 수 있는 인쇄물 또는 사진 등(표시사항이 변경된 경우)

⑤ 기타 개정된 표준에 따라 인증제품을 생산하였음을 증빙할 수 있는 서류

b) 인증기관은 a)에 따라 인증받은자가 보고를 하지 않거나 보고 내용의 검토 결과, 개정된 표준에 부적합하다고 인정되는 경우에는 5절에 따라 준용하여 심사를 실시할 수 있다.

9.13 KS별 인증심사기준이 개정된 경우의 조치

· 인증제품에 관련된 KS별 인증심사기준이 개정되는 경우, 이에 따른 조치절차는 다음과 같다.

a) 인증받은자는 인증심사기준이 개정된 경우 개정된 인증심사기준에 따라 인증을 받은 것으로 본다. 이 경우, 개정 공고된 날(공고된 날과 시행일이 다른 경우, 시행일을 공고된 날로 본다.)로부터 3개월 이내에 개정된 인증심사기준에 적합하도록 관리하고, 이를 증빙하기 위하여 다음 각 호에 해당하는 서류를 첨부하여 인증기관에 보고하여야 한다. 다만, 그 기간 내에 개정된 인증심사기준에 적합하도록 관리할 수 없는 때에는 미리 그 사유서를 인증기관에 제출하여야 한다.

① 인증서 및 재발급신청서(종류등급호칭 또는 모델 등이 변경되어 재발급이 필요한 경우)

② 설비 구입계약 관련 서류(변동된 시험·검사설비 등이 있는 경우)

③ KS인증 표시사항을 증빙할 수 있는 인쇄물 또는 사진 등(표시사항이 변경된 경우)

④ 기타 개정된 인증심사기준에 따라 제품을 생산하였음을 증빙할 수 있는 서류

b) 인증기관은 인증심사기준의 개정 내용이 KS인증제품의 생산에 영향을 준다고 판단한 때에는

인증받은자에게 이를 통지하고 a)의 이행 여부를 확인하여야 하며, 인증받은자가 이행보고를 하지않거나 보고서 내용을 검토한 결과, KS 인증제품의 생산이 곤란하다고 인정되는 경우 5절에 따라심사를 실시할 수 있다.

10. KS마크 등의 표시사항

10.1 표시내용 등

• 인증받은자가 해당 제품이 KS에 적합한 것임을 나타내는 표시를 하는 경우에는 다음 사항을 표시하여야 한다.

a) KS의 명칭 및 번호

b) KS에서 정하는 제품의 종류등급호칭 또는 모델(종류등급호칭 또는 모델이 정해져 있는경우에만 해당한다.)

c) 인증번호

d) KS에 맞는 것임을 나타내는 표시를 한 제품의 제조일

e) 인증받은자의 업체명, 사업자명 또는 그 약호(주문자의 상표를 붙이는 방식에 따라 제품을 제조하는 경우에는 실제의 제조자명 또는 실제의 제조자를 나타내는 약호)

f) 인증기관명

g) KS를 표시하는 도표

h) KS에서 제품의 품목에 따라 표시하도록 정한 사항

인증기관은 인증받은자가 KS 마크 등의 표시의 사용을 인증계약에 의해 적절하게 실시되는 것을 관리하여야 한다.

인증받은자는 공장 또는 사업장에 표시판을 게시하여 홍보할 수 있다.

10.2 표시방법

• 인증기관은 인증받은자가 10.1의 KS 마크 등을 표시할 경우에는 다음에 따라야 함을 인증계약을 통해 결정하여야 한다.

a) 인증받은자는 인증계약에 따라 제품인증을 받은 자는 제품포장용기납품서 또는 보증서에 표시하여야 한다.

b) 쉽게 지워지지 않는 방법으로 인쇄 및 인장각인 등 기타 적절한 방법으로 표시하여야 한다.

11. 허위표시 등에 관한 조치

11.1 KS 마크 등의 허위표시 시의 조치
- 인증기관은 다음의 a)와 b) 중 하나에 해당하는 경우에는 인증받은자에게 허위표시에 대한 시정 조치를 요구하거나 정부에 행정처분을 건의할 수 있다.
  a) 인증받은자가 인증 받지 아니한 자, 또는 다른 인증받은자의 제품을 자체 제조한 제품으로 위장하여 인증표시를 한 경우
  b) 인증받은자가 자체 제조한 제품을 다른 인증받은자의 제품으로 위장하여 인증표시를 한 경우

11.2 인증제품이 KS 등에 적합하지 않는 경우의 조치
인증기관은 9.4에 해당하는 경우에는 확인심사를 실시하고, 인증받은자는 부적합 평가항목이 개선될때까지 9.5에 따라야 한다.

12. 인증에 관한 비밀유지

인증기관은 소속 임직원 및 인증심사에 관한 계약을 체결한 기관의 임직원 중 심사업무를 수행하는자가 인증의 비밀을 유지할 수 있도록 조치를 강구하여야 한다.

13. 인증의 취소

13.1 일반사항
- 인증기관은 다음의 어느 하나에 해당하는 경우, 인증받은자의 인증을 취소할 수 있다. 다만, a)에 해당하는 때에는 인증을 취소하여야 한다.
  a) 거짓이나 그 밖의 부정한 방법으로 인증을 받은 때
  b) 정기심사를 받지 아니한 때
  c) 정기심사 또는 시판품조사·현장조사 결과, 인증제품이 KS에 현저히 맞지 아니한 때

d) 현장조사를 거부 방해 또는 기피한 때

e) 정당한 사유 없이 명령에 따르지 아니한 때

f) 폐업 등의 사유로 인하여 정상적인 영업활동이 불가능하다고 인정되는 때

g) KS 마크 등의 허위표시에 대한 시정조치를 하지 않은 경우

h) 인증기준에 적합하지 않아 부적합으로 종합판정을 받았으나 기간 내에 개선조치를 이행하지 않은 경우

i) 인증받은자가 주요 자재관리목록 변경사항을 인증기관에 제출하지 않고 자재를 대체하거나 생략하는 경우

13.2 인증받은자의 의견제출 및 처리

• 인증을 취소하려는 경우, 인증받은자의 의견제출에 대한 처리절차는 다음과 같다.

a) 인증기관은 인증받은자에 대해 13.1에 따라 인증을 취소하려고 하는 경우에는 인증받은자에게 의견 제출의 기회를 주어야 한다.

b) 인증받은자는 취소 전에 인증기관에 서면으로 의견을 제출할 수 있다.

c) 인증받은자는 b)에 의해 의견제출을 하는 경우, 그 주장을 입증하기 위한 증거자료 등을 첨부할 수 있다.

d) 인증기관은 인증받은자로부터 의견제출을 받은 경우, KS인증위원회에 그 사실을 보고하고 KS 인증위원회의 심의에 따라 취소 여부를 최종 결정한다.

e) 인증받은자가 정당한 이유 없이 의견제출 요청기한 내에 의견제출을 하지 아니한 경우에는 의견이 없는 것으로 본다.

13.3 인증취소 통보

• 인증기관은 인증을 취소하는 경우에는 인증받은자에 대하여 해당 인증의 취소에 대한 내용을 통보하고 다음 사항을 공표하여야 한다.

a) 인증을 취소한 일자 및 취소사유

b) 제품인증서의 발급 시 기재사항(7.1)

c) 표시내용(10.1)

d) 취소한 이유

이 공표는 취소된 날로부터 1년간 하여야 한다.

또한 인증기관은 일반인이 해당 인증취소의 열람이 가능하도록 인터넷에 공표하여야 한다. 인증기관은 인증을 취소한 날부터 1년 이내에는 인증이 취소된 제조자의 해당 제품(품목)에 대하여 인증을 할수 없다.

13.4 인증취소에 따른 조치

• 인증기관은 인증취소 시 인증받은자로 하여금, 해당 취소한 인증에 관계되는 다음의 조치를 취하도록 요구하여야 한다.

a) 인증기관은 인증받은자에게 인증취소일 이후로 인증표시된 제품을 판매하거나 인증제품임을 홍보하는 행위를 해서는 안 된다는 것을 통보하여야 한다.

b) 인증기관은 인증받은자로 하여금, 인증취소일로부터 즉시 해당 취소한 인증에 관계되는 제품 또는 그 용기포장 또는 송장에 부착된 10.1의 표시를 제거하도록 요구하여야 한다. 또한 필요한경우, 유통제품을 수거하도록 요구하여야 하고 이를 확인하여야 한다.

부속서 A
(규정)

인증 분야별(제품, 서비스, 신재생에너지 설비 등) 요구사항 작성기준

A.1 인증분야별 특성에 따라 요구사항에 대해 구체적이고 특수한 사항을 규정하여야 하는 경우, 분야별 요구사항으로 정하여야 한다.

A.2 일반 요구사항의 규정 내용과 분야별 요구사항의 규정 내용이 다른 경우, 분야별 요구사항 규정된 사항을 따른다.

A.3 인증 분야별 특성에 따라 불가피한 경우, 일반 요구사항의 목차 및 내용을 변경하여 인용할 수 있다.

A.4 분야별 요구사항에서는 일반 요구사항에 규정된 요구사항을 그대로 적용하는 경우에는 "KS Q 8001에 따른다."라고 기재하되, 일반 요구사항에 규정된 항목 및 내용과 다르게 명시하여야 하는 경우에는 별도로 규정한다.

공장심사 보고서

이 부속서는 제품인증의 공장을 심사하는 보고서로, 인증기관은 다음의 공장심사 보고서에 따라 심사를 수행하여야 한다.

비고 1 공장심사 보고서의 평가항목은 산업표준화법 시행규칙 별표 8(인증심사기준)을 기반으로 작성한다.

비고 2 품목별 특성에 따라 KS 및 KS별 인증심사기준에 심사사항 및 심사기준을 별도로 정한 경우, 이 부속서의 공장
심사 보고서 심사사항 및 평가항목을 조정할 수 있다.

공장심사 보고서

1. 공장심사 현황

회사명(공장)		대 표 자	
소 재 지		전화번호	
		E-mail	
표준번호(표준명)		종류·등급·호칭 또는 모델	
사업자 등록번호		사업자단위과세	
신청일자		해당여부	
심사결과요약		심사일정	

심사결과	심사사항	전체평가 항목수 (핵심품질)	적합평가 항목수	부적합 평가항목수		종합 판정
				개선조치 평가항목수 (일반품질)	개선조치 평가항목수 (핵심품질)	
	1. 품질경영	5(1)				□ 적합 □ 부적합
	2. 자재관리	6(1)				
	3. 공정·제조설비관리	8(1)				
	4. 제품관리	6(2)				
	5. 시험·검사설비관리	3(1)				
	6. 소비자보호 및 환경·자원관리	5(1)				
	계	33(7)				

---

*개선조치 평가항목 및 확인심사 평가항목: 공장심사 평가항목 중 ★ 표시된 핵심품질은 확인심사 평가항목이고, 그 외의 것은 일반품질로 개선조치 평가항목이다.

위와 같이 공장심사 결과를 보고합니다.

                                            년   월   일

기관명: 인증심사원   성명   (인/서명)

기관명: 인증심사원   성명   (인/서명)

비고 1 적용근거 및 특례: 이 공장심사 보고서의 평가항목은 산업표준화법 시행규칙 별표 8(인증심사 기준)을 기반으로 작성한다. 다만, 인증품목별 특성에 따라 KS 및 KS별 인증심사기준에 심사사항 및 심사기준을 별도로 정한 경우, 이에 따라 심사사항 및 평가항목을 조정할 수 있다.

비고 2 종합판정방법은 "적합", "부적합"으로 구분한다.

비고 3 모든 평가항목이 적합("예"로 평가)한 경우, 종합판정을 "적합"으로 한다.

비고 4 심사 시 "아니요"로 판정된 평가항목에 대해서는 부적합 보고서를 작성하고, 부적합 개선조치를 요구한다.

비고 5 신청품목으로 품질경영시스템(ISO 9001)을 인증 받은 기업의 품질경영 평가항목은 평가를 생략하고 모두 "예"로 판정한다. 다만, 생략을 받으려는 인증기업은 인증신청 시 ISO 인증서 및 문서화된 중요 정보(내부심사 결과, 경영검토 결과, 부적합 시 정조치 결과 등)를 인증기관에 제출하여야 한다

2. 공장의 일반현황

• 종업원(C) 현황

총인원(합계)	사무직	기술직	생산직

• 공통 생산현황

총 자 본 금		백만원	공장 판매실적(A)(연)		백만원
경상이익(B)(연)		백만원	1인당 매출액(A/C)		백만원
1인당 부가가치액 (B/C)		백만원	연구개발 투자비 (연구개발비/A)		%
KS 보유수		종	기타 인증수⑧		의무 ( )개
					임의 ( )개
기타 생산품			제품에 대한 원자재의 원가비율		%
원자재 공급업체의 독과점 상태	상 ( ), 중 ( ), 하 ( ) (해당란에 ○ 표 하시오)				
회사연혁					
특기 사항					

• 공통 생산현황

표준번호	KS	KS	KS
생산능력(연)	(단위)	(단위)	(단위)
생산실적(연)	(단위)	(단위)	(단위)
판매실적(연)	백만 원	백만 원	백만 원
수출실적(연)	백만 원	백만 원	백만 원
KS 제품 생산계획(연)	(단위)	(단위)	(단위)
소요원자재			
한국으로의 수출실적 (해외 기업에 한함)	(단위) US$	(단위) US$	(단위) US$
※ 품목이 4개 이상인 경우, "품목별 생산현황" 표를 복사하여 다음 페이지에 추가 작성 요망			

3. 공장심사 평가항목

1. 품질경영

2. 자재관리

3. 공정/제조설비관리

4. 제품관리

5. 시험/검사설비

6. 소비자 보호 및 환경·자원관리

4. 자재관리 목록

자재관리 목록표

번호	자재명	용도	규격	공급업체	변경사항

위와 같이 자재관리 목록을 승인하였음.

년   월   일

인증심사원   입회자(대표자, 품질관리담당자 등)

_____ (인/서명)   _____ (인/서명)

_____ (인/서명)   _____ (인/서명)

5. 시료채취 내역 및 제품품질시험 의뢰 현황

가. 시료채취 내역

표준번호	표준명	종류·등급·호칭·모델	재고량	시료크기	시료수 (로트 번호)	시험항목 및 시험방법

나. 샘플링(시료채취) 방식:

다. 공시체 제작방법(해당하는 경우)

    1) 공시체 제작방법:

    2) 공시체 규격:

    3) 제작자:

라. 시험 의뢰처:

위와 같이 시료채취 및 시험 의뢰하였음.

년   월   일

인증심사원   입회자(대표자, 품질관리담당자 등)

_____ (인/서명)   _____ (인/서명)

_____ (인/서명)   _____ (인/서명)

6. 부적합 보고서

부적합 보고서					
회사명 (공장)			소재지		
표준번호 (표준명)			종류·등급· 호칭·모델		
심사일자			조치 기한		

평가항목 번호	부적합 구분		부적합 내용		담당 심사원
	일반 품질	핵심 품질			
	☐	☐			
	☐	☐			
	☐	☐			

부적합 수	합계		개선조치 평가항목 (일반품질)	확인심사 평가항목 (핵심품질)

기타 개선 권고사항	

비고 : 공장심사 보고서의 부적합으로 평가된 항목에 대해서는 부적합 보고서를 작성하여야 한다.

인증심사원   입회자(대표자, 품질관리담당자 등)

_____(인/서명)   _____(인/서명)

_____(인/서명)   _____(인/서명)

7. 부적합 개선조치 보고서

부적합 보고서					
회사명 (공장)			소재지		
표준번호 (표준명)			종류·등급· 호칭·모델		
심사일정					
담당자 성명		휴대전화		E-mail	

평가항목 번호	부적합 구분		부적합 개선조치 요약 및 첨부문서 번호	담당 심사원
	일반 품질	핵심 품질		
	☐	☐		
	☐	☐		
	☐	☐		

부적합 개선조치 보고서를 제출합니다.

년   월   일

회사명(공장)   대표자   (인/서명)

인증기관장 귀하

※ 부적합 항목의 개선조치에 대한 세부자료는 별첨합니다.

부적합 개선조치 검토 결과 ※이하는 심사원이 작성합니다.			
부적합 대책 검토 종합의견			
종합판정	☐ 적합 ☐ 부적합	심사원	(인/서명)
		심사원	(인/서명)

KS 마크 등의 표시사용 동의에 관한 인증계약서 예시

KS 마크 등의 표시사용 동의에 관한 인증계약서 예시는 다음과 같다.

인증번호:

계약 대상 인증 구분:

○○○○(인증받은자 이름)(이하 "갑"이라 한다.)와 ○○○○(인증기관 이름)(이하 "을"이라 한다.)는 을이 갑에 대해 인증한 제품 또는 서비스와 관련되는 KS 마크 등의 표시사용 동의와 관련하여 다음과 같이 인증계약을 체결한다(이하 이 계약을 "인증계약"으로 한다.).

Chapter 3

KS 품질경영시스템 구축

1. 표준화

1.1 표준(Standards)이란?

- 관계되는 사람들의 이익 또는 편의가 공정하게 얻어지도록 통일, 단순화를 도모할 목적으로 물체, 성능, 상태, 동작, 절차, 방법, 책임, 권한, 사고방법, 개념 등에 대하여 정한 결정

- 개개의 표준화 노력의 성과로서 어떤 공인된 단체에 의해 승인된 것

- 합의에 의해 작성되고 인정된 기관에 의해 승인되었으며, 주어진 범위 내에서 최적수준의 성취를 목적으로 공통적이고 반복적인 사용을 목적으로 규칙, 지침 또는 특성을 제공하는 문서

1.2 표준화(Standardization)란?

- 표준을 설정하고 이것을 활용하는 조직적 행위

- 관계되는 모든 사람들의 편익을 목적으로 특정한 활동을 향해 바르게 접근하기 위한 규칙을 작성하고 이를 적용하는 과정

- 표준화란 실제적이거나 잠재적인 문제들에 대하여 주어진 범위 내에서 최적의 수준을 성취할 목적으로 공통적이고 반복적인 사용을 위한 규정을 만드는 활동

1.3 표준화의 목적

- 호환성 또는 연계성 확보
- 상호 이해의 증진
- 다양성을 조정
- 사용 목적의 적합성 확보
- 건강, 안전, 환경의 보호
- 무역 관련 기술장벽의 제거

1.4 표준화의 효과

- 매출증대
- 생산비용 및 학습비용 감소

- 신기술 개발 촉진
- 거래비용 감소로 구매자 이익증진
- 생활의 편익제공 및 윤택한 삶 제공
- 세계경제 발전에 기여

1.5 표준의 분류

- 표준의 분류는 [그림 1]과 같다.

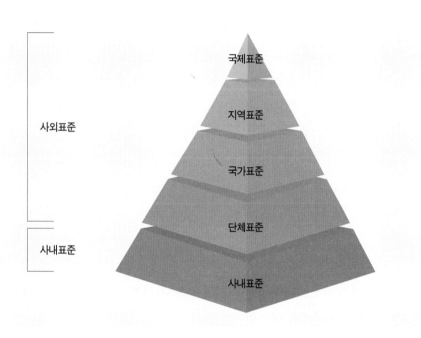

[그림 1] 표준의 분류

- **국제표준**

  전 세계 각국의 관련 단체가 회원이 될 수 있는 표준화 단체 즉, ISO나 IEC 같은 국제표준화기관
  이 제정하여 국제적으로 적용되는 표준이다.

- **지역표준**

  특정 국가의 관련 단체로 회원자격을 제한한 표준화 단체 즉, 전 세계 각국의 관련 단체가 회원
  이 될 수 있는 표준화 단체. 즉, 지역 표준화 단체가 채택한 표준이다. 유럽 CEN 표준, 아시아
  ACMC 표준 등이 이에 속한다.

- **국가표준**

국가표준기관이 채택한 표준이다. 즉, 특정 국가에서 제정하여 사용되는 표준으로 1901년에 세계 최초의 국가표준이 영국에서 제정되었다. KS, JIS, BS, ANSI, DIN 등이 이 표준에 속한다.

- **단체표준**

업계, 단체, 학회 등의 특정 단체에서 제정하여 사용하는 표준으로 UL, ASME, ASTM 표준 등이 세계적으로 유명한 단체표준이다.

- **사내표준**

특정 회사 내에서 사용되는 표준으로서 말하자면 한 회사의 규정이나 규격 등이 이에 해당된다.

2. 사내표준화

2.1 사내표준이란?

- 회사, 공장 등에서 재료, 부품, 제품 및 구매, 제조, 검사, 관리 등의 업무에 적용하는 것을 목적으로 정한 표준

- 회사 내의 질서를 유지하고 우수하고 균일한 품질의 제품을 경제적으로 만들어내기 위하여 회사 내의 모든 활동을 성문화시킨 규율. 즉, 사내 법률과 같은 것

2.2 사내표준화란?

- 사내에서 표준을 합리적으로 설정하고, 이를 지켜나가는 조직적 행위

- 사내 관계자들이 전체 이익을 목적으로 기술, 지식, 경험을 근본으로 해서 사내표준을 합리적으로 제정하고, 이를 조직적으로 활용하는 것
  - 표준을 정하고 (전사적 협력)
  - 표준을 준수하고 (일상적 관리)
  - 표준을 개정하는 것 (지속적 개선)

2.3 사내표준화 목적

• 고유기술 축적 및 기술력 향상
• 업무·작업의 효율화 및 합리화
• 제품의 품질안정 및 향상
• 비용절감
• 경영목표 달성 및 고객만족

2.4 사내표준화 대상

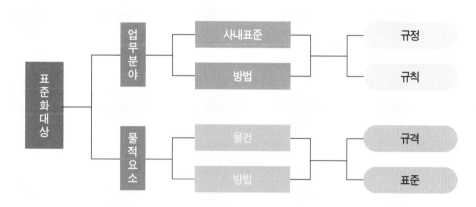

[그림 2] 사내표준화 대상

2.5 사내표준화 우선순위

• 사용빈도가 높은 것
• 계열화가 가능한 것(계열화는 소수화로 연결됨)
• 수량이 많은 것 : 금액, 시간, 양
• 많은 사람에 의해 행해지는 것
• 부적합 및 고객불만의 발생빈도가 높은 것

2.6 사내표준의 요건

• 실행 가능한 것이고, 항상 활용할 수 있을 것
• 객관적 데이터에 의해서 구체적으로 정해진 것
• 관계자의 의견을 모아 정해진 것

- 중점지향(급소)적인 내용일 것
- 경제성을 고려하여 정해질 것
- 강제력을 가질 것(반드시 준수될 것)
- 관련 사내표준과 서로 상충되거나 모순이 없을 것
- 상황 추이에 따라서 내용이 개정될 것

2.7 사내표준화 활동 4요소

- **표준화 Needs**

  회사 내에서 구성원들이 사내표준화에 Needs가 있어야 한다. 사내표준화의 Needs가 없는 상태에서 사내표준화를 추진하면 기대만큼의 효과를 거둘 수가 없다.

- **표준화 운영체계**

  사내표준의 검토, 승인, 등록, 배포, 제·개정 및 유지관리 등에 대한 운영체계가 확립되어야 한다.

- **표준화 추진조직**

  사내표준화를 전담할 조직(주관부서)이 명확해야 한다.

- **표준화 지원체계**

  사내표준화에 대한 경영자의 지원과 관리자의 적극적인 관심이 있어야 한다.

3. 사내표준 구축 및 운영

3.1 사내표준화 추진순서
- 사내표준 구조 및 분류체계 결정
- 사내표준 대상 선정 및 업무분장
- 사내표준 추진계획 수립
- 사내표준의 작성, 검토 및 승인
- 사내표준의 등록 및 배포
- 사내표준의 교육훈련 및 준수

3.2 사내표준 체계수립

회사 실정에 적합한 품질경영시스템을 수립하여 문서화하기 위해서는 먼저 사내표준 체계를 수립하여야 한다. KS 인증 또는 ISO 9001 인증에서 요구하는 품질경영시스템을 구축한 조직의 전형적인 사내표준 체계를 살펴보면 다음 [그림 3] 또는 [그림 4]와 같다.

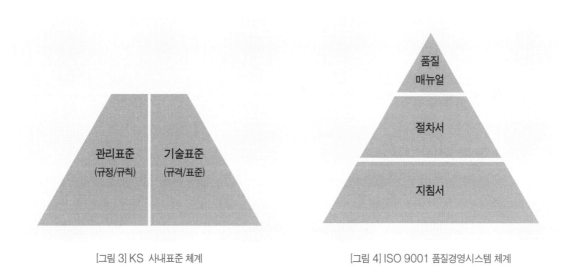

[그림 3] KS 사내표준 체계   [그림 4] ISO 9001 품질경영시스템 체계

• **관리표준**

  관리표준은 회사의 전반적인 경영, 조직 및 업무에 관한 기본적인 방침, 업무의 처리절차 및 준수사항을 명시한 문서로서 규정, 규칙, 세칙, 예규, 요령, 지침 등으로 구분한다.

• **기술표준**

  제품 및 자재의 품질기준과 검사방법을 정한 품질규격과 검사규격, 작업순서, 방법 및 조건 등에 대하여 구체적으로 정한 작업표준이 있으며, 그 외 QC 공정도, 시험표준, 보전표준 등이 여기에 포함된다.

• **품질매뉴얼**(Quailty Manual)

  조직의 품질경영시스템을 규정한 문서로서 개별조직의 규모 및 복잡성에 맞도록 세부 사항이나 형식이 달라질 수 있다.

• **절차서**(Documented Procedure)

활동을 수행하기 위해 규정된 방법을 기술한 문서로서 [그림 3]의 관리표준에서 규정 또는 규칙과 성격이 유사하다.

• **지침서**(Work Instruction)

특정 개인 또는 부서의 구체적인 업무나 작업의 수행방법을 제공하기 위한 문서로서 [그림 4]의 기술표준과 성격이 유사하며, 단위업무, 단위작업별로 작성한다.

3.3 사내표준 구분

• **관리표준**
  - 규정, 프로세스 Map

• **기술표준**
  - 품질규격, 검사규격(품질 및 검사규격)
  - QC 공정도, 작업표준, 시험표준, 보전표준 등

사내표준 목록

대분류		중분류		소분류		
기호	분류명	번호	분류명	번호	분류명	비고(인용표준)
A	기본	100	전사	101	최고 경영방침	
				102	방침 관리규정	
				103	회사표준 작성규정	
				104	회사표준 관리규정	
				105	내부품질 감사규정	
				106	교육·훈련규정	
				107	제안제도 운영규정	

대분류		중분류		소분류		
기호	분류명	번호	분류명	번호	분류명	비고(인용표준)
B	영업	100	영업	101	영업 업무 규정	
				102	출하 업무 규정	
				103	불만 처리 규정	
C	품질	100	품질	101	검사 설비 관리 규정	
				102	검사 및 시험 업무 규정	
				103	시정 및 예방 조치 규정	
				104	PL(제조물 책임) 규정	
				105	구매 정보 관리 규정	
				106	통계적 품질 관리 규정	
D	생산	100	제조	101	제품 식별 및 추적성 관리 규정	
				102	부적합품 관리 규정	
		200	설비	201	제조설비 관리 규정	
				202	윤활 관리 규정	
		300	포장/표시	301	포장 및 표시 규정	
	연구소	400	설계	401	설계 및 개발업무 규정	
E	관리	100	조직	101	조직 및 직무 분장	
		200	구매/자재	201	구매 업무 규정	
				202	자재 관리 규정	
				203	협력 업체 관리 규정	
		300	안전/보건	301	안전/보건/복지 관리 규정	
		400	환경	401	환경 관리 규정	
				402	청정 활동 규정	

대분류		중분류		소분류		
기호	분류명	번호	분류명	번호	분류명	비고(인용표준)
F	제품	100	제품 및 검사	101	투수성 코르크 바닥포장재	
G	재료	00	재료 및 인수검사	101	코르크 칩	
				102	우레탄 바인더	
				103	프라이머	
				104	첨가제	
H	공정	100	중간검사	101	1차 가공 코르크 칩	
				102	투수성 코르크 바닥 포장재	
I	작업	100	공정도	101	투수성 코르크 바닥 포장재	
		200	1차 가공 작업표준	201	분류	
				202	계량	
				203	배합	
				204	건조	
				205	포장	
		300	현장시공 작업표준	301	도포	
				302	계량	
				303	배합	
				304	포설	
				305	다짐	
				306	양생	
J	시험	100	원료 시험 표준	101	코르크 칩의 비중	
				102	코르크 칩의 함수율	
				103	우레탄 바인더의 이소시아네이트기 함량	
				104	우레탄 바인더의 비중	
				105	우레탄 바인더의 비휘발분	

대분류		중분류		소분류		
기호	분류명	번호	분류명	번호	분류명	비고(인용표준)
J	시험			106	우레탄 바인더의 점도	
		200	완제품 시험표준	201	두께	
				202	인장강도	
				203	신장률	
				204	투수계수	
				205	미끄럼 저항	
				206	마모감량	
				207	충격흡수성	
				208	수직방향변형	
				209	총 휘발성 유기화합물	
				210	다환 방향족탄화수소	
				211	중금속용출량	
				212	표시사항	

3.4 사내표준 작성 포인트

- 적용범위, 목적, 책임 및 권한을 명확히
- 간결하고, 알기 쉽게 표현
- 문장별로 5W1H를 준수
- 누가, 무엇을, 언제, 어디서, 어떻게, 왜
- 업무 흐름에 따라 순서적으로 기술
- 개정 빈도가 많지 않도록 배려
- 업무 수행부서가 작성을 주도

4. 관리표준 구성 및 작성방법

관리표준은 품질경영시스템(KS, ISO 등) 요구사항, 고객 요구사항, 품질방침 등을 만족시킬 수 있어야 하고, 이런 요구사항에 대해 누가, 무엇을, 어떻게 해서 확정되는가에 대해 간단, 명확하게 기술하여야 한다. 또한 타 사내표준과의 연계성(Interface)을 고려하여야 한다.

4.1 규정의 구성
1) 적용범위 (Scope)
2) 목적 (Objective)
3) 용어의 정의 (Definition)
4) 책임과 권한 (Responsibility & Authority)
5) 업무절차 (Procedure detail)
6) 기록 (Record)
7) 관련 표준 (Reference)
   첨부 - 양식 (Format)

1. 적용범위

1) 해당 규정이 적용하고 있는 대상과 포함하고 있는 업무의 영역을 기술한다.
2) 예외 부문 및 상황이 있는 경우 구체적으로 언급한다.

예)

이 규정은 표준산업의 품질경영시스템에 대한 내부심사(이하 "심사"라 한다)의 계획, 실시, 조치 등에 대하여 적용한다.

---

2. 목적

1) 해당 규정(규칙)의 업무수행 목적 또는 규정(규칙) 작성 의도에 대하여 간략하게 기술한다.
2) 해당 규정(규칙)을 제정하여 시행함으로써 얻고자 하는 효과, 추구하는 방향, 고유 필요성 등에 대하여 언급한다.

예)

내부심사를 통하여 당사 품질경영시스템의 활동 결과가 계획되고 수행되고 있는지의 여부와 유효성을 판단하는 데 그 목적이 있다.

---

3. 용어의 정의

해당 규정(규칙)에 사용된 용어 중 정확한 해석이 요구되는 용어에 대하여 기술한다.

예)

'부적합사항'이란 규정된 요구사항에 불충분한 것을 말한다.

4. 책임과 권한

해당 규정(규칙)에서 규정된 업무를 수행하기 위해 주관부서장과 관련부서장 간의 역할을 누락됨이 없이 기술한다.

5. 업무절차

1) 해당 규정(규칙)의 업무를 달성하기 위하여 수행하는 행위를 단계적으로 기술한다.

2) 업무가 이루어지는 순서대로 간략, 명확하게 기술하는 것이 중요하다.

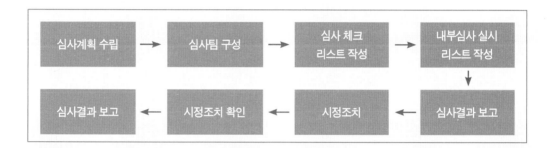

6. 기록

① 해당 규정(규칙)에서 규정된 업무수행 결과 나타난 기록을 작성한다.

② 통상 기록란에는 양식명, 양식번호, 보존기간, 보관장소가 포함된다.

③ 기록의 보존기간은 법적 규제 기간, 제품수명, 기록으로서의 보존 가치 등을 고려하여 설정한다.

예)

NO	양식명	양식번호	보존기간	보관장소
1	내부심사 체크리스트	B640-01	3년	QC팀

7. 관련 표준

① 기술할 내용이 많거나 복잡한 경우에는 규정의 하부표준(규칙, 세칙)에 별도 기술한다.

② 해당 규정(규칙)의 본문에 인용된 관련 사내표준을 기술한다.

예)

시정조치규정 (PJS-B-610)

주식회사 표준산업	전　사	문서번호	PJS-A-105
		개정일자	2022.01.20
	내부품질 감사규정	개정번호	0
		페이지	1/5

1. 적용범위

본 규정은 당사 관련 팀의 품질감사 계획, 실행, 시정조치 및 사후관리에 대하여 적용한다

2. 목적

본 규정은 품질감사를 통하여 회사의 품질활동 및 관련결과가 규정된 절차 및 품질계획과 부합하는지의 여부를 검증하고 품질시스템의 유효성을 판단하는 데 목적이 있다.

3. 용어의 정의

3.1 정기감사

품질시스템과 관련된 전 팀을 대상으로 연간 감사계획에 의거하여 연 1회 실시하는 감사를 말한다.

3.2 특별감사

아래 사항이 발생하였을 경우 또는 품질과 관련된 특정부문에 대해 대표이사가 지시하여 실시하는 감사를 말한다.

3.2.1 중요한 품질문제가 발생하거나 발생할 우려가 있는 경우

3.2.2 품질시스템상 중대한 변경이 있는 경우

3.2.3 중요한 시정조치가 이루어지지 않은 경우

4. 책임과 권한

4.1 대표이사

4.1.1 내부감사원 자격 인정 승인

4.1.2 내부품질감사 계획 검토

4.1.3 내부품질감사 결과 검토

4.2 품질관리팀장

4.2.1 각 팀장에게 감사결과를 통보하고 시정조치 요구

4.2.2 경영사항 검토를 위하여 품질감사 결과를 대표이사에게 보고

4.2.3 연도 품질감사계획을 수립하고 대표이사에게 보고

4.2.4 감사원의 자격관리 및 선임

4.3 감사팀장

내부품질감사 보고서(양식 A-106-04)를 작성하여 품질관리팀장에게 제출한다.

A210-01(Rev.0)	(주)표준산업	A4(210×297)

주식회사 표준산업	전 사	문서번호	PJS-A-105
		개정일자	2022.01.20
	내부품질 감사 규정	개정번호	0
		페이지	2/5

4.4 감사팀

4.4.1 감사원은 감사를 위한 충분한 권한 및 책임을 갖는다.

4.4.2 감사팀장은 감사원 중 선임인 자로 한다.

4.5 피감사 팀장

4.5.1 회사표준상의 업무수행 정도 파악 등 수검준비를 하여야 하며, 문서나 기록 제시 등의 감사원 요구사항에 대하여 적극 협조하여야 한다.

4.5.2 감사결과에 의한 시정조치에 대하여 시정조치계획을 수립하고 실시할 책임이 있다.

5. 업무절차

5.1 감사원의 자격기준 및 자격인정

5.1.1 감사원의 선정은 학력, 근무연수, 교육·훈련, 경험 등의 내용에 따라 자격기준을 정한다.

5.1.2 감사원은 피감사팀의 감사대상에 직접적인 책임이 없는 자 중에서 감사자격 요건을 갖춘 자를 선정하여야 한다.

구분	자격기준	비고
학력	고졸 이상	
근무 연수	5년 이상	

5.1.3 감사경력 및 단체나 국가기관에서 발행한 자격증 소지자, 품질 관리업무 경력, 통솔력, 판단력 등을 감사원 선정시 감안할 수 있다.

5.1.4 각 팀장을 감사원으로 구성하고 선임팀장을 감사팀장으로 할 수 있다.

5.1.5 감사원의 자격인정 승인권자는 대표이사로 한다.

5.2. 품질감사 계획

5.2.1 품질감사의 종류

1) 감사는 정기감사와 특별감사로 나눈다.

2) 정기감사는 연1회, 연도 품질감사 계획서(양식 A-105-01)에 따라 실시되어야 한다.

3) 특별감사는 3.2항에 의한 감사 사유 발생시 대표이사의 승인을 받아 실시한다.

5.2.2 감사팀 구성

1) 품질관리팀장은 연도 품질감사계획서에 의거하여 감사팀을 구성한다.

2) 감사팀은 감사원 2명 이상으로 구성되며 품질관리팀장이 대표이사의 승인을 얻어 선임한다.

A210-01(Rev.0)　　　　　　　　　　(주)표준산업　　　　　　　　　　A4(210×297)

주식회사 표준산업	전 사	문서번호	PJS-A-105
		개정일자	2022.01.20
	내부품질 감사 규정	개정번호	0
		페이지	3/5

3) 감사팀 편성은 사내 품질감사를 실시할 때만 구성하여 운영하고 감사결과 보고가 완료되면 해체한다.

5.2.3 감사계획 수립

    1) 정기 품질감사계획 수립

       품질관리팀장은 품질시스템의 요구사항에 대하여 다음 사항을 고려하여 감사범위, 감사대상, 감사방법, 감사기간 등을 고려한 연도품질감사 계획서를 작성하여 대표이사의 승인을 받아야 하다.

       (1) 감사대상 활동의 운영상태 및 중요성

       (2) 전회 감사보고서

       (3) 경영 검토사항

    2) 특별감사 계획수립

       품질관리팀장은 대표이사로부터 특정 부문에 대한 품질감사를 지시받는 등 특별감사 실시사유가 발생하였을 경우 감사범위, 감사대상, 감사방법, 감사기간 등의 계획을 수립하여 대표이사의 승인을 받는다.

5.2.4 품질감사 세부계획 수립 및 통보

    1) 품질관리팀장은 연도품질감사 계획서에 의거하여 품질감사 일정 계획서(양식 A-105-02)를 작성하고 대표이사의 승인을 얻은 후 피감사팀에 감사 실시 전 통보하여야 한다.

    2) 품질관리팀장은 품질감사 일정 계획서를 수립할 때 피감사팀별 시간계획, 감사 대상업무, 요구사항의 항목(감사분야), 감사팀 명단 등을 명시하고 전회 감사 시 지적사항을 포함하여야 한다.

5.3 품질감사 실시

5.3.1 감사팀장은 감사팀 사전회합을 주관하여 감사목적의 공유화, 감사대상 업무의 명확화, 감사방법 요령의 일체화, 감사팀 업무분장, 내부품질감사 점검표(양식 A-105-03) 작성, 내부품질감사 부적합 보고서(양식 A-105-05) 작성 등에 관한 정보교환이나 준수 등을 숙지시켜야 한다.

5.3.2 감사팀장은 피감사팀장을 포함한 팀원들과 시작 전 회의를 갖는다.

5.3.3 감사 시작 전 회의는 다음과 같은 사항이 수행되어야 한다.

    1) 감사범위 확인

    2) 감사일정 설명

    3) 기 실시된 감사 미결사항 협의

5.3.4 감사원은 내부품질감사 점검표의 항목에 의하여 감사를 실시하여야 한다.

주식회사 표준산업	전 사	문서번호	PJS-A-105
		개정일자	2022.01.20
	내부품질 감사 규정	개정번호	0
		페이지	3/5

5.3.5 감사원은 감사항목에 대하여 질의, 업무수행결과의 문서확인 및 현장확인을 통하여 객관적인 증거를 조사하거나 자료를 수립하여야 하며 부적합 여부를 확실히 하고 그 사실을 내부품질감사 부적합 보고서에 기록한다.

5.3.6 감사원은 감사결과를 상, 중상, 중, 중하, 하로 구분하여 내부품질감사 점검표에 기록하고 중 미만일 경우 그 내용을 내부품질감사 부적합 보고서에 기록한다.

5.3.7 피감사팀장은 부적합 사항을 확인하고 서명을 하여야 한다.

5.3.8 감사결과 부적합 사항의 판정은 다음과 같은 기준으로 결정한다.

     1) 경결함

        정상적인 품질시스템에서 회사표준을 부분적으로 지키지 않은 경우

     2) 중결함

        품질시스템이 있으나 회사표준을 이행하지 않고 있다고 판단되는 경우

5.3.9 감사가 끝나면 감사팀 및 피감사팀의 팀원들과 감사결과 회의를 갖는다.

     1) 감사결과에 대한 평가

     2) 지적사항에 대한 피감사팀의 의견

     3) 지적사항에 대한 시정조치방법 협의

5.3.10 감사팀장은 감사 시 발견된 부적합 사항에 대하여 작성된 내부품질감사 부적합 보고서를 검토하여야 한다.

5.3.11 감사팀장은 감사실시 후 감사결과를 요약한 내부품질감사 보고서(양식 A-105-04)를 작성하고 내부품질감사 부적합 보고서(양식 A-105-05)와 함께 품질관리팀장에게 제출한다.

5.4 품질감사 결과처리

5.4.1 품질관리팀장은 피감사팀장에게 내부품질감사 부적합 보고서를 통보하고 시정조치를 요구하며 피감사팀장은 시정조치 계획을 수립하여 확인 서명 후 품질관리팀장에게 통보한다.

5.4.2 품질관리팀장은 감사 실시 후 다음 사항을 포함하여 품질감사 결과를 대표이사에게 보고한다.

     1) 목적, 기간 등 감사일정

2) 부적합 사항과 분석결과 및 품질시스템의 유효성

3) 감사결과에 따른 시정조치 계획

4) 전회 감사시 요구된 미결사항 및 대책

주식회사 표준산업	전 사 내부품질 감사 규정	문서번호	PJS-A-105
		개정일자	2022.01.20
		개정번호	0
		페이지	5/5

5.4.3 품질관리팀장은 품질매뉴얼, 규정, 표준 등의 제,개정이 필요하다고 인정되는 경우 이를 검토하여야 한다.

5.5 시정조치

5.5.1 시정조치를 요구받은 피감사팀장은 시정조치 계획에 명기된 내부품질감사 부적합 보고서에 의거 일정계획에 따라 실행하여야 한다.

5.5.2 시정조치 완료 후 피감사팀장은 품질관리팀장에게 조치결과를 통보한다.

5.6 사후관리

5.6.1 품질관리팀장은 통보된 내부품질감사 부적합 보고서의 시정조치의 결과가 계획대로 이루어졌는지 확인하고 부적합시 재시정 조치를 요구하여야 한다.

5.6.2 품질관리팀장은 전회감사에서 취해진 시정조치의 실행과 유효성을 검증하여야 한다.

5.6.3 품질관리팀장은 품질감사 결과가 경영검토 자료로 활용할 수 있도록 한다.

6. 기록

No.	양식번호	양식명	보관팀	보존연한
1	양식 A-105-01	연도 품질감사 계획서	품질관리팀	3년
2	양식 A-105-02	품질감사 일정 계획서	품질관리팀	3년
3	양식 A-105-03	내부품질감사 점검표	품질관리팀	3년
4	양식 A-105-04	내부품질감사 보고서	품질관리팀	3년
5	양식 A-105-05	내부품질감사 부적합 보고서	품질관리팀	3년

7. 관련 표준

7.1 교육·훈련 규정 (FC-A-106)

7.2 시정 및 예방 조치 규정 (FC-C-103)

작성일	품질감사계획서 ( )년도									결재	담당	팀장	대표이사
. . .													
감사종류	☐ 정기감사 ☐ 특별감사												
피감사팀	감사항목	1월	2월	3월	4월	5월	6월	7월	8월	9월	10월	11월	12월	비고
감사적용 공통요건														

작성일	품질감사일정계획서		결재	담당	팀장	대표이사
. . .						
감사종류	☐ 정기감사 ☐ 특별감사					

피감사팀	일자	시간	감사팀	감사항목	비고

감사적용 공통요건	구분	1팀	2팀	3팀	특기사항
	감사원				
	감사원				
	감사원				

내부품질감사 점검표

일자	. . .	감사항목별 감사내용	☐ 정기감사 ☐ 특별감사				
감사항목	감사의 점검내용		평점				
			상	중상	중	중하	하
표준화 일반 (공통)	1. 사내표준의 실업무 적용의 준수, 사업계획 반영 정도						
	2. 업무의 자체점검 및 개선활동 정도(불만, 시정, 예방) 업무 정도						
	3. 연간교육계획 수립과 교육실행 이수 및 보고서작성, 설문서 작성						
	4. 팀별 청정활동 이행의 정도						
자재관리	1. 인수자재의 합·부정도.보관 및 운반이 자재특성과의 일치 정도						
	2. 인수검사의 방법, 로트구성, 시료채취방법을 기록 관리하여 설계반영 및 생산의 변경 정도						
공정관리	1. 공정별 관리기준의 이해와 준수, 관리데이터의 활용 정도						
	2. 작업표준 현장 비치 및 보존정도, 부적합품의 관리 정도						
	3. 공정별 중간검사의 이행 및 이해 정도						
	4. 자주검사의 검사규격 숙지 정도						
품질관리	1. 제품검사를 위한 로트의 구성, 시료 채취방법, 합·부적용, 부적합품의 관리						
	2. 제품검사의 기록유지 및 데이터의 통계적 기법 활용 정도						
	3. 시험검사자의 시험방법 숙련 정도						
제조설비 관리	1. 제조설비 관리표준 준수 설비점검 및 윤활급유의 실행과 기록						
	2. 현장의 안전보건규정과 폐설비, 폐유의 적법 처리의 준수 정도						
	3. 5S, 청정활동의 참여와 이행 정도						
검사설비 관리	1. 검사설비의 교정검사 주기 준수						
	2. 검사 설비 체크리스트 활용 및 윤활급유의 실행기록 및 폐유 적법처리 준수						
영업관리	1. 포장 및 표시의 용어의 이해와 이행여부 (제품, 납품서)						
	2. 미수금 관리의 적정 정도						
	3. 송용역의 적정 정도 (대수, 시간준수)						
	4. 문서규정 및 파일링 운영규정의 이해와 준수 정도						
평가방법	상(5), 중상(4), 중(3), 중하(2), 하(1) [5단계평가]	계					

내부품질감사 보고서				결재	담당	팀장	대표이사

감사종류	☐ 정기감사　☐ 특별감사			피감사팀			
감사(　)팀	감사팀장	1		감사일자		감사범위	
	감사원	2					
	감사원	3					

감사결과 요약	중결함 :　　　　건　　　　경결함 :　　　　건

주요 부적합 내용				

별도 사후관리	☐ 필요　☐ 불필요

감사의견				

※ 첨부 : 1. 부적합 보고서 (　　매), 2. 내부품질감사 점검표 (　　매)

내부품질감사 부적합 보고서		작성일	. . .
팀명		☐ 정기감사	☐ 특별감사
부적합사항			
관련문서 **(관련표준)**		**부적합 구분**	☐ 중결함 ☐ 경결함
감사팀장	성명 : 서명 : 일자 : . . .	**피감사팀 확인**	
시정조치 피감사팀			
	피감사팀	직위 : 성명 : 서명 : 일자 : . . .	
시정조치 결과확인	☐ 재시정조치요구 ☐ 차기감사시확인 ☐ 시정조치 완료		
	※ 확인자 의견 :		
	품질관리팀	직위 : 성명 : 서명 : 일자 : . . .	

5. 기술표준 구성 및 작성방법

5.1 품질·검사규격 구성

    1) 적용범위

    2) 용어의 정의(필요시)

    3) 종류, 등급 및 호칭

    4) 품질

    5) 검사 및 시험

    6) 불합격 LOT의 처리

    7) 포장 및 표시

    8) 기록

1. 적용범위

이 규격이 적용되는 대상에 대한 사용상의 범위를 명확히 규정한다.

2. 용어의 정의

필요시 용어의 정의를 한다.

3. 종류, 등급 및 호칭

이 규격에 적용되는 대상의 종류, 등급 및 호칭에 대하여 구분하며, 종류가 많을 때는 기호화해 두는 것이 좋다

4. 품 질

4.1 겉모양

자재 또는 제품의 외관성 결점 가운데 중결점 위주로 가능한 구체적으로 기술해야 한다.

4.2 모양 및 치수

기계부품이나 조립품 같은 것은 모양 및 치수가 매우 중요한 품질이고 치수에는 허용치를 설정하여 구체적으로 표시한다.

4.3 기계적 성질

인장강도, 연신율 등과 같은 기계적 성질과 사용목적을 다하기 위한 효능을 나타내는 성능을 명확하게 규정하고 허용치를 설정하여 표시한다.

4.4 물리적 성질

수분, 비중, 입도 등과 같은 물리적 성질을 명확하게 규정하고 허용치를 설정하여 표시한다.

4.5 화학적 성질

화학적 성분을 원자·분자별로 허용치를 설정하여 표시한다.

4.6 기 타

상기 이외의 품질특성이 있을 때는 별도 항을 설정하여 규정한다.

5. 검사 및 시험

5.1 검사란 규정된 법에 따라 시료를 시험하고 그 결과를 판정 기준과 비교하여 개개의 자재 또는 제품에 대해서는 양호, 불량으로 로트에 대해서는 합격, 불합격 판정을 내리는 행위를 말한다

5.2 시험이란 시료 또는 시험편에 대하여 그 특성을 조사하는 행위를 말한다.

5.3 검사 및 시험은 다음의 구성항목으로 세분화한다.

- 검사로트의 구성 및 검사 단위체

- 검사항목, 방식 및 조건, 주기

- 시료 채취방법

- 시험방법

5.3.1 검사 LOT 구성 및 검사단위체

1) 검사로트 구성은 같은 조건하에 제조된 자재 또는 제품으로 로트를 구성하는 것이 좋으며, 자재 또는 제품 품질이 안정되어 있으면 로트의 크기를 크게하고 반대의 경우는 작게 한다.

〈예〉 자재 : 납품업체별, 규격별, 종류별, 1일 생산량

제품 : 품목별, 규격별, 종류별 1회 입하량

2) 검사 단위체는 검사를 실시하 기 위해 채취하는 단위 개체로 즉 채취하는 시료 단위에 대하여 명확하게 기술한다.

〈예〉 1개의 나사, 1자루의 연필, 1개의 전구 등

5.3.2 검사항목, 방식 및 조건, 주기

1) 검사항목 : 자재 규격이나 제품규격에 규정한 품질특성을 검사항목으로 정한다.

2) 검사방식 및 조건

검사방법에는 전수검사와 샘플링검사가 있으며 샘플링검사를 택할시에는 검사의 타당성 검토 즉 좋은 품질의 로트가 불합격되는 확률과 나쁜 품질의 로트가 합격될 확률을 검사특성곡선으로 검토하여 확정하여야 한다.

3) 검사주기는 KS 표준 등을 고려하여 회사 실정에 적절하게 결정한다

〈예〉

순서	검사항목	검사방식 및 조건	검사주기
1	겉모양	KS Q ISO 2859-1 계수형 샘플링검사 절차 1회, G-II AQL =1.0%	1회/Lot
2	치수	체크검사 (n=3, c=0)	1회/Lot
3	기계적 성질	체크검사 (n=1, c=0)	1회/월
4	화학성분		

5.3.3 시료채취방법

1) 전수검사인 경우 시료채취방법은 규정하지 않는다.

2) 샘플링검사인 경우 검사방식 및 조건에 규정된 시료로 로트 전체를 대표할 수 있도록 랜덤하게 채취할 수 있는 시료채취 방법을 설정하여야 한다.

3) 샘플링의 종류에는 층별샘플링, 취락샘플링, 2단계 샘플링 등이 있다.

4) 시료채취방법은 KS Q 1003(랜덤 샘플링방법)에 따라 채취하며, 포장상태, 적재상태, 무게 등의 조건에 따라 가장 적절한 방법을 구체적으로 규정해야 한다.

5.3.4 시험방법

1) 채취한 시료로부터 요구하는 데이터를 얻기 위한 조사, 측정, 분석 등의 시험방법을 규정한다.

2) 검사항목별로 기술한다.

3) 자체 시험표준이나 KS 표준이 있으면 이를 인용한다.

5.3.5 판정

판정은 검사단위체의 판정과 검사로트의 판정으로 구분하여 규정할 수 있으나 품질규격과 검사규격을 합쳐서 작성할 경우에는 생략하여도 무방하다.

1) 검사단위체 판정:검사단위체 시험결과가 5.1.3항에 적합하면 적합품, 적합하지 않으면 부적합품으로 판정한다.

2) 검사로트의 판정:검사단위체 판정결과가 5.1.4 (2)항의 검사방식에 적합하면 합격, 적합하지 않으면 불합격으로 판정한다.

6. 불합격 로트의 처리

검사 결과 불합격인 경우 불합격 로트 및 부적합품의 조치방법을 기술한다.

7. 포장 및 표시

7.1 포장의 목적으로 방충, 단열, 방수, 방온 등 제품의 품질을 보존하기 위한 것과 수송, 취급, 보관상에 있어서 편리함에 있다.

7.2 표시는 제품·재료를 식별하기 위하여 제품 자체의 표시와 용기·포장 자체의 표시가 있다.

7.3 표시사항으로는 일반적으로 제조회사명 또는 그 약호, 제조 년월일, 제조번호 또는 LOT 번호, 종류·등급·기호, 수량·중량, 기타 필요사항 등이 있다.

8. 기록

주식회사 표준산업	재료 및 인수검사	문서번호	PJS-G-101
		개정일자	2022.01.20
	코르크 칩	개정번호	0
		페이지	1/3

1. 적용범위

이 표준은 당사에서 제조하는 투수성 코르크 바닥 포장재의 자재로 사용하는 코르크 칩에 대하여 적용한다.

2. 용어의 정의

2.1 코르크

코르크(cork)는 코르크참나무(Quercus suber)나 굴참나무(Quercus variabilis)의 수간과 가지에서 주기적으로 수확할 수 있는 수피(나무껍질) 보호층으로 코르크 제품의 원료가 된다.

2.2 코르크 칩

천연 코르크를 분쇄공정을 거쳐 일정한 크기의 칩(chip) 상태로 제조한 것 또는 코르크 제품 등에서 발생하는 각종 코르크를 분리 수거하여 가늘게 자르거나 분쇄하여 얻은 칩을 말한다.

2.3 상부용 코르크 칩

두께 15 ± 5 mm로 시공되는 포설형 투수성 코르크 바닥 포장재에 사용되는 상부용 코르크 칩을 말한다.

2.4 하부용 코르크 칩

어린이 놀이시설과 같이 고도의 탄성을 요구하는 경우에 두께 50 ± 10 mm로 시공되는 포설형 투수성 코르크 바닥 포장재의 하부 포장층에 사용되는 코르크 칩을 말한다.

3. 종류와 구성

코르크 칩의 종류 및 구성은 〈표 1〉과 같이 구분한다.

〈표 1〉 코르크 칩의 종류 및 구성

종류	포장 적용부위	입도 범위
상부용 코르크 칩	상부	2~4 mm
하부용 코르크 칩	하부	5~8 mm

A210-01(Rev.0) (주)표준산업 A4(210×297)

	재료 및 인수검사	문서번호	PJS-G-101
주식회사 표준산업		개정일자	2022.01.20
	코르크 칩	개정번호	0
		페이지	2/3

4. 품질

코르크 칩의 비중 및 함수율에 대한 품질기준 및 시험방법은 〈표 2〉와 같다.

〈표 2〉 코르크 칩의 품질

시험 항목	품질 기준	시험 방법
비중	0.30 이하	KS M ISO 1183
함수율(%)	15 이하	KS F 2199
입도(mm)	2~4 mm / 5~8 mm	KS M 0064

5. 검사 및 시험

5.1 검사로트의 구성

코르크 칩은 산지별 1회 입고량을 1검사 로트로 한다.

5.2 검사항목, 방식 및 조건, 주기 및 시험방법

시험 항목	검사방식 및 조건	검사 주기	시험 방법
비중	체크 검사 (n=1, c=0)	1회/로트	KS M ISO 1183
함수율			KS F 2199
입도			KS M 0064

5.3 시료채취방법

KS Q 1003(랜덤 샘플링 방법)에 의거 1차로 1포장 단위체(1 T/백)를 선택한 후 선택된 포장 단위체에서 15g 정도를 채취하여 검사용 시료로 사용한다.

5.4 판정

5.4.1 인크리먼트(Increment)의 판정

인크리먼트 시험결과가 4항에 적합하면 적합품, 적합하지 않으면 부적합품으로 판정한다.

5.4.2 검사로트의 판정

인크리먼트 판정 결과가 5.2항의 검사방식에 적합하면 합격, 적합하지 않으면 불합격으로 판정한다.

A210-01(Rev.0)   (주)표준산업   A4(210×297)

주식회사 표준산업	재료 및 인수검사	문서번호	PJS-G-101
		개정일자	2022.01.20
	코르크 칩	개정번호	0
		페이지	3/3

6. 불합격 로트의 처리

코르크 칩 검사 결과 발생되는 불합격 로트는 부적합품 관리 규정(FC-D-102)에 따른다.

7. 포장 및 표시

7.1 제품 이름

7.2 생산 업체명

7.3 생산 연월일

8. 기록

No.	양식번호	양식명	보관팀	보존연한
1	양식 G-101-01	재료 인수검사 성적서	품질관리팀	3년

재료 인수검사 성적서			결재	작성	검토	승인

품명		종류		규격	
납품업체명		납품수량		납품일자	
시료크기		검사자		검사일자	
적용제품				종합판정	

품목	검사항목	판정기준	검사수준	측정치	판정
코르크 칩	비중	0.30 이하			
	함수율	15 % 이하			
	입도	2~4 mm / 5~8 mm			
우레탄 바인더	이소시아네이트기 함량	7.0 % 이상			
	비중	0.98 이상			
	비휘발분	97.0 % 이상			
	점도	2,500 cP 이상			
프라이머	이소시아네이트기 함량	13.0 % 이상			
	비중	0.98 이상			
	점도	500 cP 이하			
첨가제	입도	0.5 mm 이하			
특이사항					

5.2 QC 공정도

5.2.1 QC 공정도 구성

  1) 공정명

  2) 도시기호

  3) 사용설비·재료

  4) 관리항목·기준·주기

  5) 검사항목·기준·방법

  6) 책임

  7) 기록

  8) 관련표준

1. 공정명

작업 공정별 공정명을 기입한다.

2. 도시기호(KS A 3002 공정도시기호 참조)

〈표 1-8〉의 공정도시기호를 기입한다.

〈표 1-8〉 공정도시기호

가 공	검 사	운 반	저 장
◯	◇ ☐	⇨ 또는 ◯	▽

3. 사용재료·설비

해당 공정의 작업을 위해 사용되는 투입·재료 및 설비를 기록한다.

4. 관리항목·기준·주기

  - 공정변수 및 원인 계 요인을 기입한다.

  - 공정별 관리항목에 대한 제조 및 가공조건 등 관리조건을 기입한다.

  - 공정별 관리항목에 대한 관리주기를 기입한다.

5. 검사항목·기준·방법

- 제품특성 및 결과 계 요인을 기입한다.

- 공정별 검사항목에 대한 규격 등 기술문서에 정해진 사양·공차를 기입한다.

- 검사방식, 검사 주기, 검사조건 등을 기입한다.

6. 책임

관리항목 및 검사항목에 대한 관리책임을 결정한다.

7. 관련 표준

공정별 관련되는 사내표준 관리번호를 기입한다.

| | | | | QC 공정도 | | 문서번호 | PJS-I-101 |
주식회사 표준산업 등 정보가 표 형태로 되어 있음

주식회사 표준산업	QC 공정도			문서번호	PJS-I-101
	투수성 코르크 바닥 포장재			개정일자	2022.01.20
				개정번호	0
				페이지	1/2

구분	No	공정명	도시기호	사용재료	사용설비	관리 항목	관리 기준	관리 주기	검사 항목	검사 기준	검사 방법	책임 생산	책임 QC	관련 표준
1 차 가 공	1-1	재료 입고	▽									●		PJS-E-201
	1-2	인수 검사	◇	• 코르크 칩 • 우레탄 바인더 • 프라이 머 및 첨 가제 (현장 시공용)	• 버니어 캘리퍼 스 • 전자비 중계 • 전자식 저울 • 건조기 • 점도계				재료 및 인수검사 (FC-G-101~104)에 따른다				●	PJS-G-101 ~104
	1-3	분류	○	• 코르크 칩	• 선별기	입도	2~4 / 5~8 mm	1회/ batch				●		PJS-I-201
	1-4	중간 검사	◇						입도	2~4 / 5~8 mm	batch 당 체 크검사 n=1, c=0		●	PJS-H-101
	1-5	계량	○	• 코르크 칩 • 우레탄 바인더	• 전자식 저울 • 계량컵	배합비	코르크 칩 (1) : 바인더 (0.025) 〈부피 기준〉					●		-I-202
	1-6	배합 (코팅)	○		• 교반기	회전속 도 시간	60 rpm 180분	1회/ batch				●		FC-I-203
	1-7	중간 검사	◇						코팅상태	재료 뭉침 및 끈적임 정도	매 교반시 체크검사 n=1, c=0		●	PJS-H-101
	1-8	건조	○		• 손수레	시간	24±2시간					●		PJS-I-204
	1-9	1차 가공품 검사	◇	• 1차 가 공 코르 크 칩	• 전자비 중계 • 함수율 측정기 • 버니어 캘리퍼 스				비중 함수율 입도	0.30 이하 15% 이하 2~4 / 5~8 mm	매 건조시 체크검사 n=1, c=0		●	FC-H-101
	1-10	포장	○		• 포장기							●		PJS-I-205
	1-11	포장 검사	◇						부피	40±0.5L/ bag				PJS-H-101
	1-12	출하 대기	▽									●		PJS-B-102

주식회사 표준산업	QC 공정도	문서번호	PJS-I-101
		개정일자	2022.01.20
	투수성 코르크 바닥 포장재	개정번호	0
		페이지	2/2

구분	No	공정명	도시기호	사용재료	사용설비	관리			검사			책 임		관련 표준
						항목	기준	주기	항목	기준	방법	생산	QC	
현장 시공 준비 작업	2-1	도포	○	• 프라이머	• 롤러							●		PJS-I-301
	2-2	중간검사	◇						도포상태	시공 부위 전체에 도포되어야 함	육안 검사		●	PJS-H-102
현장 시공	3-1	계량	○	• 1차 가공 코르크 칩 • 우레탄 바인더	• 전자식 저울 • 계량컵	배합비	코르크 칩 (1) : 바인더 (0.025) 〈부피 기준〉	1회/ 교반				●		PJS-I-302
	3-2	배합 (바인딩)	○		• 교반기	회전속도 시간	60 rpm 2분					●		PJS-I-303
	3-3	중간검사	◇	• 2차 가공 코르크 칩					바인딩상태	재료간 뭉침이나 끈적임이 없어야 함	육안 검사		●	PJS-H-102
	3-4	포설	○		• 손수레 • 쇠스랑							●		PJS-I-304
	3-5	다짐	○		• 열 롤러 • 미장칼	다짐 횟수	2회 이상					●		PJS-I-305
	3-6	중간검사	◇	• 완제품					평탄성	요철이 없어야 함	육안 검사		●	PJS-H-102
	3-7	양생	○			시간	24시간 이상					●		PJS-I-306
	3-8	중간검사	◇						표면굳기	표면이 무르지 않아야 함	관능 검사		●	PJS-H-102
	3-9	제품검사	◇						제품 및 검사PJS(-F-101)에 따른다				●	PJS-F-101

5.3 작업표준

5.3.1 작업표준 구성

1) 적용 범위

2) 사용재료

3) 사용장비 및 계측기

4) 작업순서, 방법 및 조건

   공정관리(QC 공정도 참고)

5) 작업 시 주의사항

6) 이상 시 조치사항

7) 별첨

1. 적용 범위

이 표준이 적용되는 작업의 범위에 대하여 간단, 명료하게 기술한다.

2. 사용 재료

이 표준에서 작업하는 제품이 어떠한 자재, 부품 등을 사용하여 만드는 것인가에 대하여 규정한다.

3. 사용장비 및 계측기

이 표준에서 규정한 작업을 하는데 필요한 작업설비와 품질을 조사, 측정하기 위한 계측기에 대하여 규정한다.

설비번호	설비명	대수	용량, 규격, 정도 등	비 고
W-01	전기로	1	500 t	납지금 용해
M-01	판수동저울	1	500 kg(0.5 kg)	중량 측정

4. 작업순서, 방법 및 조건

① 작업순서, 방법 및 조건의 설정은 작업자 개개인이 갖고 있는 기술과 경험을 잘 검토하여 표준화하는 것이 중요하다.

② 작업은 준비작업, 본 작업, 마무리 작업으로 구분하여 기술하는 것이 좋다.

③ 작업방법은 간단, 명료하게 끊어서 기술하여야 한다.

④ 작업조건은 가능한 수치로 표현하는 것이 좋다.

5. 공정관리

① 관리항목은 계획된 설계품질에 적합한 제품을 생산하기 위해 관리하는 원인 계 항목으로 주로 작업자 또는 감독자 에 의해 관리된다.

② 중요 공정관리 항목은 통계적 기법을 활용하여 관리 한다.

NO	관리항목	관리주기	관리기준	관리기록
1	소성온도	1회/시간	800±20분	저동온도 기록계
2	소성시간	1회/시간	60±5분	

6. 작업 시 주의사항

작업 시 안전이나 품질을 유지하기 위하여 주의하여야 할 사항 위주로 금지할 사항과 추천할 사항에 대하여 기술한다.

7. 이상 시 처리

작업 시 품질, 장비, 안전 등에 대해 이상이 발생 시 어떻게 처리해야 하는 지에 대해 규정한다.

8. 별첨

주식회사 표준산업	작 업 표 준	문서번호	PJS-I-202
		개정일자	2022.01.20
	계 량	개정번호	0
		페이지	3/3

1. 적용범위

이 표준은 당사에서 제조하는 투수성 코르크 바닥 포장재를 생산하는 1차 가공공정 중 계량의 작업표준 에 대하여 적용한다.

2. 사용재료

선별 과정을 거친 코르크 칩

3. 사용장비 및 계측기

설비명	규격	수량	보관팀	용도
계량컵	1L	1	품질관리팀	코르크 칩 계량용
전자식 지시저울	0.25~75kg(5g)	1		

4. 작업순서, 방법 및 조건

4.1 1리터 계량컵을 이용하여 선별 작업을 마친 코르크 칩의 리터당 단위 중량을 측정한다.

4.2 선별작업을 마친 코르크 칩을 포장재에 임의로 투입하고 전자저울을 이용하여 이들의 전체 중량을 측정한다. 이때 포장재의 무게는 별도로 기록해 놓는다.

4.3 상기 과정에서 기록한 수치를 이용하여 임의 포장된 순수한 코르크 칩의 부피를 산출한다.

4.4 교반기에 1회 투입되는 코르크 칩의 부피 1리터를 기준으로 우레탄 바인더는 2.5±0.5%를, 첨가제는 0.20±0.05%를 계량한다.

5. 작업 시 주의사항

5.1 계량컵 사용 시 재료 및 눈금은 눈높이에 수평이 되도록 하여 오차를 줄인다.

5.2 전자저울 사용 시 포장재 무게 및 계량용기의 영점을 반드시 확인하여 오차를 줄인다.

주식회사 표준산업	작 업 표 준	문서번호	PJS-I-202
		개정일자	2022.01.20
	계 량	개정번호	0
		페이지	3/3

6. 이상 시 조치사항

재계량한다.

7. 별첨

[별첨 1] 1차 가공-계량작업지도서

주식회사 표준산업	1차 가공	문서번호	PJS-I-202
		개정일자	2022.01.20
	계량작업지도서	개정번호	0
		페이지	3/3

작업 모식도	순서	작업방법
(1) 코르크 칩 계량 → (2) 우레탄 바인더 계량 → (3) 첨가제 계량	(1)	분류작업을 마친 생코르크의 무게를 계량하고, 단위 부피당 무게를 측정하여 1회 교반량에 해당하는 코르크의 부피를 측정한다.
	(2)	코르크의 측정된 부피를 이용하여 코팅용 우레탄바인더의 사용량을 계량한다.

이상 시 조치 사항	재계량	(3)	코르크의 측정된 부피를 이용하여 코팅 시 첨가될 무기질의 사용량을 계량한다.

수치표 (치수표)	코르크 칩 부피 1리터당 중량(g)	포장재 무게(g)	포장재에 투입한 코르크 칩 중량(g)	순회 검사	No.	점검 항목	관리 기준	점검 주기	검사 도구
	임의 포장된 코르크 칩의 부피 (L)	코르크 칩 1리터 대비 2.5% 우레탄 바인더 양(g)	코르크 칩 1리터 대비 0.2% 우레탄 바인더 양(g)		(1)	코르크 칩 단위중량 측정	계량컵 사용방법 숙지	1포장당 1회	계량컵, 전자식 지시 저울

5.4 시험표준

5.4.1 시험표준 구성

1) 적용범위

2) 시험장비

3) 시험조건

4) 시험편의 제작

5) 시험절차

6) 결과계산

7) 관련 표준

1. 적용범위

이 표준이 적용되는 시험의 범위에 대하여 간단, 명료하게 기술한다.

2. 시험장비

규정된 시험작업을 수행하는데 필요한 장비에 대하여 정리한다.

NO	장비명	규격/제원	대수	용도
1	전기로	500 ℃	1	납지금 용해
2	판수동저울	1,000 g(0.5)	1	중량 측정

3. 시험조건

규정된 시험의 본 작업수행 전에 준비해야 할 사항과 시험 시의 온도, 습도, 시간 등의 조건을 수치로 표시하는 것이 좋다.

4. 시험편의 제작

규정된 시험의 본 작업수행 전에 시편 제작 방법에 대하여 설명한다.

5. 시험절차

5.1 시험순서, 방법 및 조건을 정하는 것이 시험표준에서 가장 중요하다.

5.2 시험순서, 방법 및 조건의 설정은 관련 KS 표준을 참고하거나 시험 요원 개개인의 가지고 있는 지식과 경험을 근

거로 하는 것이 중요하다.

5.3 시험방법은 간단, 명료하게 끊어서 기술하는 것이 좋다.

5.4 시험조건을 수치로 표시하는 것이 좋다.

6. 결과 계산

시험작업 후 얻어진 데이터를 계산하여 결론을 얻기 위한 계산이나 각종 기록의 작성, 보관 등에 대해 언급한다.

7. 관련 표준

해당 시험표준에 인용 또는 참고된 관련 문서(외부 출처문서 포함)를 기술한다.

주식회사 표준산업	원료 시험표준	문서번호	PJS-J-101
		개정일자	2022.01.20
	코르크 칩의 비중	개정번호	0
		페이지	3/3

1. 적용범위

이 규정은 당사에서 제품 시험시 적용되는 코르크 칩의 비중 측정방법에 대하여 규정한다.

2. 시험장비

No.	설 비	제 원
1	분석저울	• 정확도 0.0001 g
2	비중병	• 측면 암 오버플로 모세관 장착
3	보조설비	• 고정 지지대 : 저울 접시 위에 비중병을 놓기 위한 것 • 온도계 : 눈금 간격이 0.1℃ 이고, 범위가 0~30℃ 인 것 • 액체 수조 : 온도를 ±0.5℃ 이내로 조절할 수 있는 것 • 데시케이터 : 진공시스템에 연결할 수 있는 것
4	전자비중계	• 정확도 0.0001 g (분석저울, 비중병, 보조설비 대신 사용할 수 있다)

3. 시험조건

시험은 KS M ISO 1183-1의 방법에 따라 시험하는 것을 원칙으로 한다.

4. 시험편의 제작

4.1 시험편은 제공된 형태로 측정해야 하며, 질량은 1~5 g 범위이어야 한다.

4.2 비중 측정을 위한 침지 액체는 기포 제거를 도와주는 습윤제를 0.1% 이하로 포함하는 새로운 증류수나 탈이온수 또는 다른 적절한 액체를 사용한다. 측정 중 시험편과 접촉하는 액체 또는 용액은 시험편에 영향을 주지 않아야 한다.

5. 시험절차

5.1 비어 있고 건조된 비중병의 질량을 측정한다.

5.2 적절한 양의 코르크 칩을 채운 비중병의 질량을 측정한다.

주식회사 표준산업	원료 시험표준	문서번호	PJS-J-101
		개정일자	2022.01.20
	코르크 칩의 비중	개정번호	0
		페이지	3/3

5.3 시험편을 침지 액체로 채운 다음, 데시케이터 안에 비중병을 놓고 진공을 걸어 모든 공기를 제거한다.

5.4 진공을 해제하고, 침지 액체로 비중병을 거의 완전히 채운다.

5.5 액체 수조에서 비중병을 (23±0.5)℃ 또는 (27±0.5)℃로 일정하게 유지한 다음, 비중병 용량의 한계까지 완전히 채운다.

5.6 건조되도록 비중병을 닦고, 시험편과 침지 액체를 포함한 비중병의 질량을 측정한다.

5.7 비중병을 비우고 세척한다.

5.8 비중병에 공기를 제거한 증류수 또는 탈이온수를 채우고, 앞에 설명한 대로 모든 잔류 공기를 제거한 다음, 시험 온도에서 비중병과 내용물의 질량을 측정한다.

5.9 시험편의 비중은 다음식으로 계산한다.

6. 결과 계산

$$코르크 칩의 비중 = \frac{m_S \times p_{IL}}{m_1 - m_2} \qquad (1)$$

m_S : 시험편의 겉보기 질량 (g)

m_1 : 빈 비중병을 채우는 데 필요한 액체의 겉보기 질량 (g)

m_2 : 시험편을 포함한 비중병을 채우는 데 필요한 액체의 겉보기 질량 (g)

p_{IL} : 침지 액체의 밀도 (g/cm³)

7. 관련 표준

KS M ISO 1183-1 "플라스틱 - 비발포 플라스틱의 밀도 측정 방법 - 제1부: 침지법, 액체 비중병 방법 및 적정법"

Chapter 4

KS 심사사항
항목별 해설

1. 품질경영

1.1 경영책임자가 표준화 및 품질경영에 대한 중요성을 인식하고 회사 전체 차원의 활동을 위하여 조직의
책임과 권한을 명확히 하고 있는가

□ 심사항목 해설

1.1.1 경영책임자가 표준화 및 품질경영에 대한 중요성을 인식하고

1) 경영자 면담과정에서 표준화 및 품질경영에 대한 중요성에 대한 인식상태

[준비 자료 : 경영자 면담(리더쉽과 의지표명)]

2) 표준화 및 품질경영시스템 구축을 위한 인력, 예산지원 실적과 내용

[준비 자료 : 인력, 예산지원 및 포상실적]

1.1.2 회사 전체 차원의 활동을 위하여 조직의 책임과 권한을 명확히 하고 있는가?

KS 평가항목 요구사항을 충족시킬 수 있으며 회사 규모, 제품, 활동 및 프로세스에 적합하도
록 조직이 구성되고, 조직별 업무분장이 명확히 설정

[준비 표준 : 조직 및 업무분장 규정]

[준비 자료 : 회사조직도 및 부서별 업무분장표]

1.2 [★ 핵심품질] KS 최신본을 토대로 사내표준 및 관리규정을 제·개정 관리하고, 관련 업무를 사내표준에
따라 추진하고 있는가?

□ 심사항목 해설

1.2.1 KS 최신본을 토대로

1) KS 인증시스템 구축에 관련된 KS 표준 최신본 확보

[준비 자료 : KS 표준 최신판 활용 현황표]

1.2.2 사내표준 및 관리규정을 제·개정[준비 표준 : 회사표준 관리규정]

1) 6개 사항 33개 평가항목에 준비할 수 있는 사내표준의 제정, 개정 필요 시 폐지

[준비 자료 : 사내표준 체계표, 사내 표준 재·개정 및 폐지 현황]

1.2.3 관련 업무를 사내표준에 따라 추진하고 있는가?

[준비 자료 : 사내표준 해당부서 업무에 적용 정도]

1.3 품질경영에 대한 계획을 수립·실행하고, 매년 자체 점검을 실시하여 그 결과를 표준화 및 품질경영 관리에 반영하고 있는가?

□ 심사항목 해설

1.3.1 품질경영에 대한 계획을 수립·실행하고 그 결과를 표준화 및 품질경영 관리에 반영하고 있는가? [준비 표준 : 방침관리규정]

1) 당해 연도 수립한 품질경영계획에 대한 문서의 존재 여부 확인

[준비 자료 : 방침관리 계획서]

2) 수립한 품질경영계획대로 각종 사업을 실천하고 있는지의 여부

[준비 자료 : 방침관리 실적 보고서]

3) 당해 연도 품질경영계획 수립 시 전년도 점검 결과 반영 여부

(신규 인증의 경우 미적용)

[준비 자료 : 전년도 문제점 및 대책서]

4) 세부추진 항목별 목표 미달 시 원인분석과 대책 수립 여부

[준비 자료 : 문제점 분석 및 개선계획서]

5) 각종 품질경영 추진과제를 핵심성과지표(KPI:Key Performance Index)로 계량화하여 추진하는 것이 바람직함

[준비 자료 : 부서별 KPI]

1.3.2 매년 자체 점검을 실시하여 그 결과를 표준화 및 품질경영 관리에 반영하고 있는가?

1) 내부심사 절차와 방법을 사내표준에 규정(준비 표준 : 내부품질감사 규정)

2) 사내표준에 규정된 주기에 따라 내부심사의 수행

　　[준비 자료 : 내부품질 감사계획서 및 결과보고서]

3) 내부심사 결과 지적한 주요 부적합을 시정하여 업무를 개선

　　[준비 자료 : 시정 및 예방조치 실적]

1.4 품질경영 부서(또는 품질관리담당자)의 업무내용과 책임·권한을 구체적으로 규정하고 있으며, 그 부서 (또는 품질관리담당자)가 전문성을 가지고 독립적으로 운영되고 있는가?

□ 심사항목 해설

1.4.1 품질경영 부서(또는 품질관리담당자)의 업무내용과 책임·권한을 구체적으로 규정하고 있으며

　　[준비 표준 : 조직 및 업무분장 규정]

1) 품질관리담당자 업무

　　- 사내표준화와 품질경영에 대한 계획의 입안 및 추진

　　- 사내표준의 제정·개정 등에 대한 총괄

　　- 상품 및 가공품의 품질수준 평가

　　- 각 공정별 사내표준화 및 품질관리의 실시에 관한 지도·조언 및 부문간의 조정

　　- 공정에서 발생하는 문제점 해결과 조치, 개선대책에 관한 지도 및 조언

　　- 종사자에 대한 사내표준화 및 품질경영에 관한 교육훈련 추진

　　- 부품을 제조하는 다른 업체에 대한 관리에 관한 지도 및 조언

　　- 불합격품 또는 부적합 사항에 대한 조치

　　- 해당 제품의 품질검사 업무 관장

1.4.2 그 부서(또는 품질관리담당자)가 전문성을 가지고 독립적으로 운영되고 있는가?

1) 업무는 전문성을 가지고 타 부서와 독립적으로 편성하여야 함

　　[준비 자료 : 품질관리 담당자 자격증, 재직증명서, 4대 보험 가입 증명서]

2) 종업원 20인 이하 소기업의 경우, 품질관리담당자 독립적 운영 시 적합

1.5 제안 활동 또는 소집단 활동 등을 통해 지속적인 품질 개선활동을 실시하고 있는가?

□ 심사항목 해설

1.5.1 제안 활동 또는 소집단 활동 등을 통해 지속적인 품질 개선 활동을 실시하고 있는가?

  [준비 표준 : 제안제도 운영 규정]

  1) 소집단 활동(제안, 학습조직, TFT, 분임조 등)을 수행하고 있는지의 여부

    [준비 자료 : 제안활동 보고서, 1인당 연간 제안건수 분석자료]

  3) 각종 개선 활동이 실질적 품질경영 성과에 기여하고 있는가?

    [준비 자료 : 제안활동 내용 효과 파악]

2. 자재관리

2.1 [★ 핵심품질] 주요 자재관리(부품, 모듈 및 재료 등) 목록을 사내표준에 규정하고 있고, 심사 전에 인증기관에 제출하여 적정성을 확인받았으며, 변경사항이 있을 경우 인증기관에 지속적으로 승인을 받고 그 기록을 보관하고 있는가?

□ 심사항목 해설

2.1.1 주요 자재관리(부품, 모듈 및 재료 등) 목록을 사내표준에 규정하고 있고

  1) 제품을 구성하고 있는 자재관리 목록은 작성되어 사내표준에 규정하고 있는지의 여부(자재명, 용도, 규격(Spec), 공급업체, 변경사항 등)

    [준비 자료 : 자재관리 목록표]

번호	자재명	용도	규격(Spec.)	공급업체	변경사항

2.1.2 심사 전에 인증기관에 제출하여 적정성을 확인받았으며

- 심사 전에 인증기관에 제출하여 적정성을 확인받았는지 여부

2.1.3 변경사항이 있을 경우 인증기관에 지속적으로 승인을 받고 그 기록을 보관하고 있는가?

- 변경사항이 있을 경우 인증기관에 지속적으로 승인을 받고 그 기록을 보관하고 있어야 한다.

2.2 자재에 대한 품질항목과 품질기준을 제품 특성에 맞게 KS를 활용하여 KS 인증제품 생산에 적합하도록 사내표준에 규정하고 있는가?

□ 심사항목 해설

2.2.1 자재에 대한 품질항목과 품질기준을 제품특성에 맞게 KS를 활용하여 KS 인증제품 생산에 적합하도록 사내표준에 규정하고 있는가?

1) 자재별 해당
2) 해당 제품을 생산하는데 사용되는 원·부자재 사내표준에 규정 여부

[준비 표준 : 재료 및 인수검사 규격]

3) 사내표준에서 규정한 검사항목과 품질수준이 한국산업표준 이상인지의 여부

- 원부자재가 한국산업표준 등 공적 표준에서 규정하지 않은 경우는 품질수준 설정 근거 입증 여부

2.3 사내표준에서 규정한 자재에 대한 인수검사 규정 내용이 제품의 품질을 보증할 수 있도록 합리적으로 되어 있는가?

□ 심사항목 해설

2.3.1 사내표준에서 규정한 자재에 대한 인수검사 규정 내용이 제품의 품질을 보증할 수 있도록 합리적으로 되어 있는가?

1) 원부자재의 인수검사 규정 제정 여부(준비 표준 : 재료 및 인수검사 규격)

2) 제품의 품질보증을 할 수 있도록 합리적 인지 여부

[준비 자료 : KS 표준 근거, 원부자재가 한국산업표준 등 공적 표준에서 규정하지 않은 경우는 품질수준 설정 근거 입증]

3) 로트 품질보증을 위해 원부·자재별로 로트의 크기, 시료채취방법, 샘플링검사방식 및 조건, 시료 및 원부자재의 합격 및 불합격 판정기준, 불합격 로트의 처리방법, 품질항목별 시험방법 등을 규정하여야 함

4) 외부공인시험기관에 시험의뢰를 할 경우, 시험의뢰 주기, 시료채취자, 시험기관을 규정하여야 함

5) 원료공급업체의 시험성적서 활용시 입고되는 원부자재와 시험성적서에 기재된 원부자재와의 로트 일치성 확인

2.4 인수검사를 자체에서 수행할 경우, 검사능력을 보유한 검사자가 인수검사를 실시하여 그 결과에 따라 합격, 불합격 로트를 구분하여 적합한 장소에 보관 관리하고 있는가?

□ 심사항목 해설

2.4.1 인수검사를 자체에서 수행할 경우, 검사능력을 보유한 검사자가 인수검사를 실시하여

1) 검사능력 : 검사표준 준수 여부(시료 채취, 시험절차, 판정), 시험·검사설비조작, 시험숙련도, 관련 계산식 활용, 응급처치 능력 등

2) 자체에서 직접 원부자재 인수검사를 수행할 경우 인수검사 담당자가 인수검사 규정에 규정한 내용대로 시료 채취, 로트 판정, 자체에서 시험하는 품질항목에 대해 시험을 수행할 수 있는 능력을 보유하여야 하고, 사내표준에 인수검사 담당자의 업무수행 자격을 구체적으로 규정하여야 함

[준비 자료 : 사내검사원 자격인증서]

2.4.2 그 결과에 따라 합격, 불합격 로트를 구분하여 적합한 장소에 보관 관리하고 있는가?

[준비 표준 : 부적합품 관리 규정]

1) 인수검사를 자체에서 수행하지 않은 경우 그 자재를 적합한 장소에 보관한 경우에 적합 (예)으로 평가

2) 인수검사 결과 합격, 불합격 로트는 구분하여 적절한 환경에서 보관

[준비 자료 : 원자재 부적합품 식별 TAG 부착 및 원부자재 구분 보관 사진]

3) 입고한 원부자재에 대하여 제조회사, 입고일자, 로트번호, 인수검사일자 및 결과 등 인식 표시를 하여 자재별로 식별할 수 있어야 함

[준비 자료 : 원부자재 구분 보관 장소 및 표시]

4) 원부자재 보관 및 보존환경이 적합한지의 여부

[준비 자료 : 원부자재 보관 및 보존환경]

2.5 자재 인수검사 규정에 따라 실시한 결과(공인시험·검사기관 시험성적서, 공급업체의 시험성적서 포함)를 기록·보관하고 있는가?

□ 심사항목 해설

2.5.1 자재 인수검사 규정에 따라 실시한 결과(공인시험·검사기관 시험성적서, 공급업체의 시험성적서 포함)를 기록·보관하고 있는가?

1) 인수검사에 규정한 인수검사 성적서(자체 인수검사 성적서, 공인시험·검사기관 시험성적서, 공급업체의 시험성적서 포함)를 기록, 보관하고 있는지의

[준비 자료 : 자재별 성적서 첨부 (자체 인수검사 성적서, 공인시험·검사 기관 시험성적서, 공급업체의 시험성적서)]

2.6 인수검사 결과를 분석, 활용하고 있는가?

☐ 심사항목 해설

2.6.1 인수검사 결과를 분석, 활용하고 있는가?

1) 인수검사 결과(시험성적서 포함)를 일정 주기를 정하여 합격률, 사용 중 자재 부적합
   (품)률, 제품 품질과 직접 관련 품질 특성치 등을 분석하고 있는지의 여부

   [준비 자료 : 공급업체별 자재 주요 품질특성의 통계적 분석]

2) 인수검사 분석 결과(시험성적서 포함)를 토대로 자재 공급업체 변경, 제조공정, 제품의 품질
   설계, 작업방법 변경 등에 활용하고 있는지의 여부

   [준비 자료 : 공급업체 변경, 제조공정, 제품의 품질설계, 작업방법 변경 등에 활용한 자료]

3) 품질미달 자재의 완제품 품질 유지에 미치는 영향, 가격 대비 품질수준, 공정 및 작업방법
   변경사항, 원자재 공급업체 변경 여부 등

   [준비 자료 : 품질 미달 자재가 완제품 품질 유지에 미치는 영향 파악 자료]

4) 상기 목적 이외에 원부재료의 인수검사 시험결과값은 제품의 품질설계, 작업 및 공정조건
   설정에 중요한 자료로 활용할 수 있음

3. 공정·제조설비관리

3.1 공정별 관리항목과 항목별 관리사항들을 사내표준에 규정·이행하고, 그 결과를 기록하여 보관하고 있으
며 주요 제조설비명을 사내표준에 구체적으로 규정하고 있는가?

☐ 심사항목 해설

3.1.1 공정별 관리항목과 항목별 관리사항들을 사내표준에 규정·이행하고 그 결과를 기록하여 보
관하고 있으며

1) QC 공정도 작성 및 그 내용의 적절성

[준비 표준 : QC 공정도]

2) 관리방법, 관리주기, 관리기준, 관리결과의 해석, 관리데이터의 활용방법 등을 QC 공정도로 작성

3) 외주 공정이 있는 경우 외주공정 선정기준, 관리방법을 규정한 사내표준 보유 및 준수 여부

[준비 표준 : 협력업체 관리규정]

4) 외주 공정관리기준에는 해당 공정을 외주 처리할 수 있는 공정 선정기준, 외주품의 품질 기준과 검사방법 등을 반드시 포함하여야 함

5) 실제 공정별 관리방법과 내용이 QC 공정도의 내용과 일치 정도

6) 공정관리사항의 이행 및 기록의 보관

[준비 자료 : 공정관리 및 중간검사성적서]

3.1.2 주요 제조설비명을 사내표준에 구체적으로 규정하고 있는가?

1) 주요 제조설비명을 제조설비표준에 구체적 규정 여부

[준비 표준 : 제조설비 관리규정]

3.2 공정별 중간검사에 대한 검사항목과 항목별 검사방법을 사내표준에 규정·이행하고, 그 결과를 기록·보 관하고 있는가?

□ 심사항목 해설

3.2.1 공정별 중간검사에 대한 검사항목과 항목별 검사방법을 사내표준에 규정·이행하고

[준비 표준 : 공정별 중간검사표준]

1) 중간검사 규정에는 로트의 구성, 시료채취 방법, 샘플링 검사일 경우 샘플링 검사방법, 검 사조건, 시험방법, 로트 및 시료의 합부판정기준, 불합격 로트의 처리방법, 검사결과의 기 록 및 보관 등을 규정하여야 한다 (준비 표준 : 공정별 중간검사표준)

2) 실제 공정별 중간검사방법과 내용이 사내표준 규정 내용과 일치 정도

[준비 자료 : 실제 현장에서 확인]

3.2.2 그 결과를 기록·보관하고 있는가?

1) 중간검사 실시 및 중간검사 성적서 기록의 보관 상황

[준비 자료 : 공정별 중간검사 성적서]

3.3 주요 공정관리(자체공정 및 외주공정 포함) 항목에 대하여 공정능력지수를 파악하고 공정 및 제품품질 관리에 활용하고 있는가?

□ 심사항목 해설

3.3.1 주요 공정관리(자체공정 및 외주공정 포함) 항목에 대하여 공정능력지수를 파악하고

1) 공정의 주요 품질특성을 선정하여 선정된 품질특성의 데이터를 일정기간 수집하여 공정 능력을 파악하고 있는지의 여부

[준비 자료 : 중간검사 항목 중요품질 특성 통계적 분석(공정능력 분석)]

3.3.2 공정 및 제품품질관리에 활용하고 있는가?

1) 통계적 분석결과(공정능력지수)를 제품설계, 공정개선, 원자재 또는 생산방법 설계 등에 활용 여부

[준비 자료 : 통계적 분석 결과(공정능력지수)를 제품설계, 공정개선, 원자재 또는 생산방법 설계 등에 활용한 실적(분석결과의 FEED BACK 실적)]

3.4 [★ 핵심품질] 공정별 작업표준을 사내표준에 규정하고 있고 현장작업자가 작업표준을 이해하며 표준대 로 작업을 실시하고 있는가?

□ 심사항목 해설

3.4.1 공정별 작업표준을 사내표준에 규정하고 있고

1) 공정별 작업표준을 사내표준에 규정하고 있고 실제 공정별 작업표준방법과 내용이 사내

표준 내용과 일치 정도[준비 표준 : 공정별 작업표준]

2) 작업표준에는 작업내용, 작업방법, 이상 발생 시 조치사항, 작업 교대 시 인수·인계사항 등을 규정하고 있어야 함

3.4.2 현장작업자가 작업표준을 이해하며 표준대로 작업을 실시하고 있는가?

1) 현장작업자가 작업표준을 이해하고 작업표준대로 작업을 실시하고 있는지의 여부

[준비 자료 : 현장에 작업표준 게시 및 현장에서 현장작업자가 작업표준을 이해하고 작업표준대로 작업을 실시하고 있는지 확인]

- 작업표준에는 작업내용, 작업방법, 이상발생 시 조치사항, 작업 교대 시 인수·인계사항 등을 규정하고 실제작업 내용과 일치 여부

- 자주 검사가 시행되는 경우 작업표준에 공정관리항목 및 중간검사항목을 기술하는 것이 바람직 함

- 품목에 따라 일괄 작업을 할 경우 작업표준 대신에 설비운전표준을 작업표준으로 대체할 수 있음(예 : 레디믹스트 콘크리트, 가열 아스팔트 혼합물 등)

2) 외국인 노동자가 작업을 할 경우 외국인 노동자가 작업표준을 이해할 수 있도록 사진, 그림 등 활용

3.5 부적합품은 적정한 식별관리를 하고 있으며, 공정 부적합에 대한 원인분석과 재발방지 조치를 구체적으로 취하고 있는가?

□ 심사항목 해설

3.5.1 부적합품은 적정한 식별관리를 하고 있으며 [준비 표준 : 부적합품 관리 규정]

1) 유형별 부적합 견본 보유(한도 견본) 및 관리가 필요한 제품의 경우 이를 확인

- 부적합 견본은 반드시 실물일 필요는 없으며, 궁극적으로 작업자가 식별 관리를 할 수 있도록 사진이나 그림 등을 활용할 수도 있음

[준비 자료 : 부적합품 견본이 필요한 공정에 대해 부적합품 견본 비치]

3.5.2 공정 부적합에 대한 원인분석과 재발방지 조치를 구체적으로 취하고 있는가?

1) 공정 부적합품에 대한 원인조사, 재발 방지 대책 수립 및 실시 여부

- 공정 부적합품에 대한 재발 방지 대책 수립 및 실시의 적절성 여부

[준비 자료 : 부적합품에 대한 원인 조사 및 재발 방지대책 수립]

3.6 사내표준에 규정되어 있는 제조설비를 보유하고 있으며, 제조 공정별로 설비배치 상태가 합리적인가?

□ 심사항목 해설

3.6.1 사내표준에 규정되어 있는 제조설비를 보유하고 있으며

1) 제품생산에 필요한 제조설비의 확보 여부

- 외주가공이 허용된 제조설비는 보유하지 않아도 된다

[준비 자료 : 제조설비 목록표]

2) 보유한 설비가 해당제품 생산에 지장이 없는 적절한 용량 확보 여부

[준비 자료 : 제조설비 생산에 지장 없는 용량 확보 여부]

3.6.2 제조 공정별로 설비배치 상태가 합리적인가?

1) 설비의 배치가 공정 순서대로 배치하고 있는가?

[준비 자료 : 제조설비 LAYOUT 사진]

3.7 설비의 운전과 관리에 대한 기준을 사내표준에 규정하고 설비별 운전 표준에 따라 설비를 적정하게 운전하고 있으며, 설비의 이력 · 제원, 수리 및 부품 교환 내역 등을 기록한 설비 관리대장(또는 이력카드)을 관리하고 있는가?

□ 심사항목 해설

3.7.1 설비의 운전과 관리에 대한 기준을 사내표준에 규정하고 설비별 운전표준에 따라 설비를 적정하게 운전하고 있으며 [준비 표준 : 제조설비 관리 규정]

1) 설비의 운전과 관리에 대한 규정과 기준의 설정 여부

2) 운전표준 보유 및 내용의 적절성 여부

3) 실제 설비 운전 시 설비 운전 표준과의 차이 여부

4) 설비점검 기록 및 관리를 통해 예방보전 활용 여부

3.7.2 설비의 이력·제원, 수리 및 부품 교환 내역 등을 기록한 설비 관리대장(또는 이력카드)을 관리하고 있는가?

1) 관리대장 보유(또는 설비이력카드) 보유 및 기록내용의 적절성 여부

　　[준비 자료 : 제조설비 대장]

2) 정밀도 유지가 필요한 설비에 부착된 측정설비는 적정하게 교정하여야 한다.

　　[준비 자료 : 정밀도 유지가 필요한 설비에 부착된 측정설비 검교정 성적서]

3) 설비 도면, 설비 Operation메뉴얼, 설비 Mainterrance 매뉴얼, Spare Part 리스트의 보유 권고

3.8 설비의 예방보전을 위해 설비윤활관리에 대하여 규정하고, 설비관리 능력 및 전문지식을 보유한 담당자를 지정하여 윤활관리를 실시하고 있으며, 주기적으로 점검, 기록, 관리하고 있는가?

□ 심사항목 해설

3.8.1 설비의 예방보전을 위해 설비윤활관리에 대하여 규정하고

　　[준비 표준 : 윤활관리규정(제조설비 관리 규정에 포함하여 작성 해도무방함)]

1) 윤활관리방법에 대한 사내표준 규정 여부

　　- 설비의 원활한 운전을 위하여 각 설비 별, 부위별로 적정 윤활유의 선택기준, 윤활유의 양, 윤활 주기, 폐윤활유 처리 방법 등을 규정(설비관리에 포함 관리 가능)하여 실시

　　- 설비의 윤활관리가 필요 없는 품목은 평가항목에서 제외

2) 윤활 관리표준 보유 및 내용의 적절성 여부

3) 사내표준에서 규정한 윤활관리 표준내용과 동일하게 윤활관리 실시 여부

3.8.2 설비관리 능력 및 전문지식을 보유한 담당자를 지정하여 윤활관리를 실시하고 있으며 주기

적으로 점검, 기록, 관리하고 있는가?

    1) 윤활관련 자격을 보유 또는 전문교육을 이수하고 전문지식을 가지고 윤활관리 실시

    [준비 자료 : 윤활 관리자 교육 수료증, 윤활관리 점검 기록표]

4. 제품관리

4.1 제품의 설계 및 개발 절차, 해당 제품의 품질항목과 기준을 KS에 적합한 수준으로 사내표준에 규정하고 있는가?

□ 심사항목 해설

4.1.1 제품의 설계 및 개발 절차,

    1) 제품의 설계 및 개발 프로세스가 있는 경우에는 해당 제품의 특성에 적합하게 설계 및 개발 절차를 사내표준에 규정하고, 이행하여야 함.

    [준비 자료 : 해당시 설계 및 개발업무 규정]

4.1.2 해당 제품의 품질항목과 기준을 KS에 적합한 수준으로 사내표준에 규정하고 있는가?

    1) 해당 제품의 한국산업표준(KS)에 규정한 품질항목과 기준을 사내표준에 규정 여부

    [준비 표준 : 제품 및 제품검사 규격(제품 및 제품검사 규격에 한국산업표준(KS)에서 규정한 품질특성 항목의 누락이 없을 것)]

    2) 품질수준을 한국산업표준(KS)에서 규정한 내용 이상으로 규정 여부

    [준비 자료 : 제품 및 제품검사 규격에서 규정한 품질특성 항목 SPEC이 KS 표준 SPEC 동등 이상일 것]

4.2 로트 품질을 보증할 수 있도록 제품검사 내용을 사내표준에 규정하고 있는가?

□ 심사항목 해설

4.2.1 로트 품질을 보증할 수 있도록 제품검사 내용을 사내표준에 규정하고 있는가?

1) 제품검사 규정 내용이 로트 품질을 보증할 수 있도록 로트의 구성 및 크기, 시료 채취방법, 샘플링 검사방식 및 조건, 시료 및 로트의 합격 및 불합격 판정 기준, 불합격 로트의 처리방법 등을 규정하고 있는지 여부

[준비 표준 : 제품 및 제품검사 규격]

2) 제품 품질 항목별 시료 채취방법 및 시험방법을 KS 표준에서 규정한 방법을 사내표준에 인용하고 이에 따라 실시하고 있는지 여부

- 시료 채취방법 및 시험방법 KS 표준 준수 여부

[준비 자료 : 시료 채취 방법 및 시험방법 KS표준 확보 및 준수]

3) 외부 공인시험기관에 시험의뢰를 할 경우 시험의뢰 주기, 시험의뢰 내용 및 시험기관의 종류를 규정하여야 함

4) 계약에 의해 외부설비를 사용하는 경우는 시험검사 주기는 설비를 보유한 업체가 실시하는 주기와 동등한 수준으로 설정하여 실시하여야 한다.

4.3 제품시험은 제품품질 항목별로 KS 표준과 사내표준에 규정한 기준과 절차·방법에 따라 실시하고 있고, 검사 후 합격·불합격 로트를 구분하여 적절한 장소에 보관하고 있으며, 품질미달 제품이 사용자에게 미치는 영향을 파악하고 있는가?

□ 심사항목 해설

4.3.1 제품시험은 제품품질 항목별로 KS 표준과 사내표준에 규정한 기준과 절차방법에 따라 실시하고 있고

1) 자체에서 수행하는 제품검사일 경우 검사요원이 KS 표준과 사내표준에 규정한 기준과 절차·방법에 따라 시료 채취부터 시험, 시험 결과를 토대로 한 로트의 판정방법 등에 대해 실제적으로 할 수 있는 능력을 평가하는 것임

2) 제품검사를 사내표준에 규정한 내용대로 검사를 실시하고 그 기록을 보관하고 있는지 여부 [준비 자료 : 제품검사 성적서]

3) 공인시험·검사기관 의뢰 항목의 성적서는 검사방법에서 정한 주기(횟수)에 일치되는 수만큼 보유하여야 한다.

4.3.2 검사 후 합격·불합격 로트를 구분하여 적절한 장소에 보관하고 있으며

1) 제품검사결과 합격, 불합격 로트를 구분하여 적절한 장소에 보관하고 있는지 여부

[준비 자료 : 불합격 로트 보관장소 지정, 부적합 보관 사진]

2) 검사 완료 제품에 대해 합격, 불합격 표시를 구분하여 보관하고 있는지의 여부

[준비 자료 : 검사 완료 제품에 대해 합격, 불합격 표시]

4.3.3 품질미달 제품이 사용자에게 미치는 영향을 파악하고 있는가?

1) 품질 미달 제품이 사용자 및 부품인 경우 최종 제품에 미치는 영향 등을 파악하고 있는지 여부 [준비 자료 : 품질 미달 제품이 사용자 및 최종 제품에 미치는 영향 등을 파악]

4.4 [★ 핵심품질] 제품검사담당자가 자체에서 실시하는 제품시험을 수행할 수 있는 능력을 보유하고 있는가?

□ 심사항목 해설

4.4.1 제품검사담당자가 자체에서 실시하는 제품시험을 수행할 수 있는 능력을 보유하고 있는가?

1) 제품검사담당자가 제품시험을 수행할 수 있는 능력을 보유하고 있는지 여부

- 자체에서 직접 수행하고 있는 검사항목에 대해 시료채취, 공시체 제작, 시험(자체에서 수행하는 경우에만 해당), 검사업무의 수행능력이 있는지의 여부
- 검사능력 : 검사표준 준수 여부(시료 채취, 시험절차, 판정), 시험·검사 설비조작, 시험 숙련도, 관련 계산식 활용, 응급처치 능력 등

[준비 자료 : 사내 검사원 자격 인정서]

4.5 [★ 핵심품질] 중요 품질항목에 대한 현장 입회시험을 실시하여 그 결과가 KS표준에 적합하고, 과거 자체적으로 시행한 품질검사 결과의 평균값과 비교하여 사내표준에서 정한 허용값 한계 내에 있는가?

□ 심사항목 해설

4.5.1 중요 품질항목에 대한 현장 입회시험을 실시하여 그 결과가 KS 표준에 적합하고

1) 제품 중요 품질항목 (중 결함, 치명결함)에 대해 현장 입회시험 결과가 KS 표준에 적합 여부

[준비 자료 : 제품검사 주요 항목의 통계적 분석]

4.5.2 과거 자체적으로 시행한 품질검사 결과의 평균값과 비교하여 사내표준에서 정한 허용값 한계 내에 있는가?

1) 현장 입회시험 결과와 자체 시행한 품질검사 결과 평균값과 비교, 사내표준에서 정한 허용값 내에 적합한지를 확인

[준비 자료 : 현장 입회시험 결과와 자체 시행한 품질검사 결과 평균값과 비교한 자료]

4.6 제품검사 결과 데이터를 분석하여 제품품질 및 품질시스템 개선에 반영, 활용하고 있는가?

□ 심사항목 해설

4.6.1 제품검사 결과 데이터를 분석하여

1) 데이터 분석(일정 주기를 정하여 평균값, 표준편차, 불량률 등의 분석 여부)

[준비 자료 : 제품검사 주요 항목의 통계적 분석]

2) 품질 항목별로 공정능력지수를 산출하여 나타내는 것이 제품의 품질수준을 입증하는데 좋은 수단이 될 수 있음

3) 자사에서 실시하는 검사에 한정하고, 외부공인시험 검사 결과는 불확도를 표현한 성적서일 경우 통계적 분석을 실시한 것으로 간주하여도 무방함

4.6.2 제품품질 및 품질시스템 개선에 반영, 활용하고 있는가?

1) 통계적 분석 결과(공정능력지수)를 제품설계, 공정개선, 원자재 또는 생산방법, 설계, 품질시스템 개선 등에 반영, 활용하고 있는지 여부

[준비 자료 : 제품검사 주요 항목의 통계적 분석 자료 FEED BACK]

5. 시험·검사설비관리

5.1 [★ 핵심품질] KS에서 정하고 있는 제품 품질항목에 대한 시험·검사가 가능한 설비를 인증심사기준에 따라 사내표준에 구체적으로 규정하고 보유하고 있는가?

□ 심사항목 해설

5.1.1 KS에서 정하고 있는 제품 품질항목에 대한 시험·검사가 가능한 설비를 인증심사기준에 따라 사내표준에 구체적으로 규정하고 보유하고 있는가?

　1) 시험·검사가 가능한 설비를 인증심사기준에 따라 사내표준에 구체적으로 규정 및 보유 여부 [준비 표준 : 검사설비 관리 규정]

　　[준비 자료 : 개별 심사기준에서 규정한 설비보유 현황(시험/검사설비 현황)]

　2) 시험·검사설비를 외주하는 경우에는 아래 사항 적용

　　- 외부기관과 사용계약 체결 또는 공인시험기관 의뢰 시 조건 충족 여부

　　- 외부기관(업체 포함)과의 사용계약 또는 공인시험·검사기관 시험성적서를 활용하는 설비에 대하여, 시험검사 의뢰 내용, 시험검사주기 등 외부설비 이용에 대하여 구체적으로 규정하여 실시

　　- 시험검사 의뢰는 해당 설비로 실시하는 인수검사, 공정검사, 제품검사에 대하여 각각 구분하여 실시

　　- 시험검사 의뢰 주기는 설비를 자체에서 보유한 업체가 실시하는 수준과 동일한 횟수로 시험검사를 의뢰하여 성적서를 보유

　　- 시험검사 주기를 KS 또는 인증심사기준에 명시한 경우에는 그 주기를 따름

5.2 시험·검사 설비의 설치장소 및 환경이 적정하고, 성능 유지를 위해 각 설비의 관리 항목을 규정, 주기적으로 점검하고, 그 결과를 기록 · 보관하여 설비관리에 활용하고 있는가?

□ 심사항목 해설

5.2.1 시험·검사 설비의 설치장소 및 환경이 적정하고

1) 설치장소 및 환경

- 시험실 확보

- 온도, 습도, 조명, 진동 등 해당 표준에서 규정한 시험·측정 조건 준수

- 전기, 수도 등 시험·검사 설비 작동에 필요한 자원 제공

2) 시험·검사 설비의 설치장소 및 환경이 시험 결과값에 영향을 주거나, 표준에서 규정한 내용 준수 여부

5.2.2 성능 유지를 위해 각 설비의 관리항목을 규정, 주기적으로 점검하고

1) 시험·검사 설비의 성능유지를 위하여 각 설비의 점검항목·점검 주기·점검 방법 등을 구체적으로 규정(준비 자료 : 시험/검사설비 점검 실적)

5.2.3 결과를 기록·보관하여 설비관리에 활용하고 있는가?

1) 점검기준에 따른 점검기록 유지 여부 및 보관 여부

[준비 자료 : 시험/검사설비 점검 일지 및 그 기록의 보관 및 F/B]

5.3 시험·검사설비의 측정표준 소급성(정밀·정확도 유지) 체계를 구체적으로 규정 (대상설비, 주기 등)하고 교정주기에 따라 외부 공인기관의 교정 후 교정성적서를 관리하고 있으며 교정 결과를 측정에 반영 활용하고 있는가?

□ 심사항목 해설

5.3.1 시험·검사설비의 측정표준 소급성(정밀·정확도 유지) 체계를 구체적으로 규정(대상설비, 주기 등)하고

1) 정밀·정확도 유지를 위해 교정주기를 정하고 교정성적서 또는 표준물질 인증서를 체계적으로 관리

5.3.2 교정주기에 따라 외부 공인기관의 교정 후 교정성적서를 관리하고 있으며

1) 교정대상 시험검사 설비를 자격 있는 기관에서 주기 내에 교정 실시하고 교정검사성적서 및 표준물질인증서 확보 여부

- 화학분석장비의 경우 인증표준물질과 인증서를 보유하여야 함

[준비 자료 : 교정검사성적서, 표준물질인증서 확보 및 화학분석장비의 경우 인증 표준물 질과 인증서를 보유하여야 함]

5.3.3 교정결과를 측정에 반영 활용하고 있는가?

1) 교정 또는 표준물질인증서의 성적내용(불확도 또는 보정값)을 측정에 반영하여 활용하고 있 는지 확인

- 최소 눈금 또는 분해능(측정장비가 최소로 표현할 수 있는 단위)이 최소측정단위보다 한 단계 높은 정밀도일 경우에는 측정 불확도를 산정하지 않아도 무방

용어의 정의

- 소급성(遡及性) : 연구개발, 산업생산, 시험검사 현장 등에서 측정한 결과가 명시된 불확정 정도의 범위 내에서 국가측정표준 또는 국제측정표준과 일치되도록 연속적으로 비교하고 교정(較正)하는 체계를 말함
- 표준물질 : 장치의 교정, 측정방법의 평가 또는 물질의 물성값을 부여하기 위하여 사용되는 특성치가 충분히 균질하고 잘 설정된 재료 또는 물질을 말함
- 측정 불확도 : 측정결과에 관련하여, 측정량을 합리적으로 추정한 값의 분산(dispersion) 특 성을 나타내는 파라미터로 정의함

6. 소비자 보호 및 환경·자원관리

6.1 [★ 핵심품질] 소비자 불만 처리 및 피해보상 등을 사내표준에 규정하고 불만제품 로트를 추적, 원인을 파악하고 개선 및 재발방지조치를 하고 있는가?

□ 심사항목 해설

6.1.1 소비자 불만 처리 및 피해보상 등을 사내표준에 규정하고

1) 소비자 불만 및 피해보상에 대한 사내표준 보유 여부

[준비 자료 : 소비자 불만처리 규정, PL 규정]

- KS Q ISO 10002(고객만족-조직의 불만 처리에 대한 지침) 등을 토대로 사내표준에 규정

2) 소비자 불만 및 피해보상 규정 내용의 적절성

- 소비자 불만 및 피해보상 규정내용 중 한국산업표준에서 규정한 내용 누락

- KS Q 10002에서 규정한 사항 중 인용하여야 할 부분은 소비자 불만 해소를 위해 의사소통, 불만접수, 불만처리 과정의 확인, 불만에 대한 최초 평가, 불만조사, 불만에 대한 준비, 원인분석 등임

6.1.2 불만 제품 로트를 추적, 원인을 파악하고 개선 및 재발방지 조치를 하고 있는가?

1) 해외 인증업체는 한국 내 판매업체가 소비자 불만 처리 업무를 수행

2) 소비자가 제기한 불만제품에 대하여 제품 로트를 추적, 원인을 파악하여 여부

[준비 자료 : 시정조치 및 예방조치의 실시]

- 불만 제기 제품에 대하여 원자재의 입고 일자 및 인수검사 결과, 제조일시 및 사용설비, 공정관리 및 중간검사, 제품검사, 출고일시, 판매장소 파악

- 주요 불만에 대한 원인분석을 실시하여 이를 개선

6.2 소비자에게 제공하는 제품 구매정보(규격, 사용법, 시공방법, 설명서 등) 및 인증심사 기준의 제품인증 표시방법을 사내표준에 규정하고, 적정하게 제공·표시하고 있는가?

□ 심사항목 해설

6.2.1 소비자에게 제공하는 제품 구매정보[규격, 사용법, 시공방법, 설명서 등] 및 인증심사기준의 제품인증 표시방법을 사내표준에 규정하고 [준비 자료 : 시정조치 및 예방조치서]

1) KS A ISO/IEC Guide 14(소비자를 위한 상품 및 서비스의 구매정보에 대한 지침) 및 KS A
   ISO/IEC Guide 37(소비자 제품의 사용설명서에 대한 지침)등을 토대로 사내표준에 규정
   - 소비자 정보제공 주요내용
     - 필수적인 성능 특성
     - 내용물, 성능, 원료 또는 크기와 같은 제품 특성
     - 유지 보전 및 청소에 관한 정보
     - 예비 또는 대체 부품에 대한 정보 및 이들 부품 입수방법
     - 알려진 위험 및 위험성을 포함한 안전 관련 사항
     - 보증 또는 보증서
     - 물 전기 등 자원 사용량
     - 환경적 이슈

6.2.2 적정하게 제공·표시하고 있는가?

1) 제품 사용설명서 또는 시공 방법 설명서 제공이 필요하지 않은 제품은 KS 별 인증 심사기
   준의 표시사항을 제품 및 포장에 표시
   - 사용설명서 주요내용
     기능 및 작동, 운반, 조립, 설치, 청소, 유지 보전, 고장 진단, 수리, 안전과 환경의 고려가
     필요한 제품 및/또는 파기물의 파기/처분 등
2) 소비자에게 제공해야 할 구매 정보를 사내표준에서 규정한 사항을 카탈로그 송장 등 다양
   한 방법을 통하여 소비자 또는 고객에게 전달 여부
   [준비 표준 : 구매 정보 관리 규정]

6.3 제품 요구사항에 대한 적합성을 달성 하기 위해 필요한 작업환경 및 종업원 안전, 보건, 복지를 고려한 청정 작업 환경에 대하여 규정 하고 지속적으로 관리하고 있는가?

□ 심사항목 해설

6.3.1 제품 요구사항에 대한 적합성을 달성하기 위해 필요한 작업환경

1) 작업장 환경관리(대상, 범위, 기준, 주기, 평가방법) 등을 사내표준에 규정

[준비 표준 : 환경 관리 규정]

6.3.2 종업원 안전, 보건, 복지를

1) 종업원 안전관리규정 내용이 산업안전보건법에서 규정하고 있는 내용을 사내표준에 규정한지의 여부 [준비 표준 : 안전, 보건 및 복지 관련 규정]

2) 산업안전보건법에는 사업장의 규모 등에 따라서 사업장의 안전보건을 확보하기위한 업무를 총괄적으로 관리하는 안전보건 관리책임자, 사업장의 안전 확보를 위한 기술적 사항을 관리하는 안전관리자, 특정한 작업에 종사하는 근로자의 지휘 등을 하는 안전담당자 등의 지정이 의무화 되어 있음.

[준비 자료 : 안전관리자 지정]

- 안전관리규정 내용대로 종업원 안전관리를 실시하고 있는지의 여부

- 유해인자로부터 근로자의 건강을 보호하고 쾌적한 작업환경을 조성하기 위하여 인체에 해로운 작업을 하는 작업장인 경우 작업환경 측정을 산업안전보건법에 따라 실시하고 있는지의 여부(해당하지 않은 경우에는 평가 제외)

3) 전기·기계 안전 요건, 종업원의 안전 장비 보급, 안전관리 교육 등을 사내표준에 규정

[준비 자료 : 안전 보건 계획서, 안전 보호구 지급대장, 안전 교육 일지]

4) 보건, 복지도 언급이 필요함

6.3.3 청정 작업 환경에 대하여 규정하고 지속적으로 관리하고 있는가?

1) 청정활동 내용, 주기 방법 등 청정활동을 사내표준에 규정하고 있고

[준비 표준 : 청정 활동 규정]

2) 사내표준에 규정한 내용대로 청정활동을 실시하고 있는지 여부

[준비 자료 : 청정 활동 실시 내용]

6.4 사내표준에 따라 임직원의 사내·외 연간 교육훈련계획을 수립하여 적정하게 실시하고 있으며, 생산·품질 경영 부서의 팀장급 이상 경영간부가 산업표준화 및 품질경영 교육을 최근 3년 이내에 이수하였는가?

□ 심사항목 해설

6.4.1 사내표준에 따라 임직원의 사내·외 연간 교육훈련계획을 수립하여 적정하게 실시하고 있으며

　　1) KS Q 10015(품질경영-교육훈련지침)를 토대로 사내표준에 규정

　　　[준비 표준 : 교육훈련 규정]

　　2) 연간 계층별·분야별(자재·공정·제품품질·설비관리·제품생산기술 등) 사내외교육 훈련계획 수립 및 실시

　　　[준비 자료 : 연간 계층별·분야별 사내외 교육훈련 계획, 실적 및 수료증]

　　　- 사내교육 훈련 시 강사, 교재 등 내용의 적절성 여부도 동시에 평가

　　　[준비 자료 : 강사, 교재 등 내용의 적절성]

6.4.2 생산·품질경영 부서의 팀장급 이상 경영간부가 산업표준화 및 품질경영 교육을 최근 3년 이내에 이수하였는가?

　　1) 산업표준화 및 품질경영 교육(산업표준화법 시행령 별표 2)

　　　- 경영간부의 30% 이상 교육이수 및 미이수 경영간부에 전파교육 완료시 적합(예)으로 평가

6.5 자격을 갖춘 품질관리담당자가 3개월 이상 품질관리 업무를 수행하고 있고, 직무에 필요한 지식의 보유 및 업무수행능력을 갖추고 있는가?

□ 심사항목 해설

6.5.1 자격을 갖춘 품질관리담당자가 3년 주기의 정기교육을 이수하고 최소 3개월 이상 품질관리 업무를 수행하고 있고

　　1) 품질관리담당자의 자격은 다음과 같음

　　　- 국가기술자격법에 의한 품질관리기술사, 품질경영기사, 품질경영산업기사 자격취득자

　　　- 품질관리담당자 양성교육(100시간) 이수한 자로서 소정의 시험에 합격한 자

　　2) 전임자의 근무경력을 포함하되, 업무 공백이 1개월을 초과하지 않는 경우만 인정

6.5.2 직무에 필요한 지식의 보유 및 업무수행능력을 갖추고 있는가?

1) 품질관리담당자 자격 및 직무에 필요한 지식(산업표준화법 시행령 별표 2 및 시행규칙 별표 8)

- 사내표준화와 품질경영에 대한 계획의 입안 및 추진

- 사내표준의 제정·개정 등에 대한 총괄

- 제품 및 가공품의 품질수준 평가

- 각 공정별 사내표준화 및 품질관리의 실시에 관한 지도·조언 및 부문 간의 조정

- 공정에서 발생하는 문제점 해결과 조치, 개선대책에 관한 지도 및 조언

- 종사자에 대한 사내표준화 및 품질경영에 관한 교육훈련 추진

- 부품을 제조하는 다른 업체에 대한 관리에 관한 지도 및 조언

- 불합격품 또는 부적합 사항에 대한 조치

- 해당 제품의 품질검사 업무 관장

Chapter 5

KS 심사사항
항목별 준비자료

심사사항 항목별 준비자료

1. 품질경영

심사사항	평가항목	평가항목 해설
(가) 품질경영 관리	1.1 경영책임자가 표준화 및 품질경영에 대한 중요성을 인식하고 회사 전체 차원의 활동을 위하여 조직의 책임과 권한을 명확히 하고 있는가?	1) 경영자 면담과정에서 표준화 및 품질경영에 대한 중요성에 대한 인식상태 2) 표준화 및 품질경영 시스템 구축을 위한 인력 및 예산지원 실적과 내용 3) KS 평가항목 요구사항을 충족시킬 수 있으며 회사 규모, 제품, 활동 및 프로세스에 적합하도록 조직이 구성되고, 조직별 업무 분장이 명확히 설정
	1.2 한국산업표준Ⓚ 최신본을 토대로 사내표준 및 관리규정을 제,개정 관리하고, 관련 업무를 사내표준에 따라 추진하고 있는가? 〈핵심품질〉	1) 한국산업표준 보유 및 활용 현황표 2) 관리표준, 기술표준 3) 사내 표준 재,개정 폐지 현황
	1.3 품질경영에 대한 계획을 수립,실행하고 매년 자체점검을 실시하여 그 결과를 표준화 및 품질경영 관리에 반영하고 있는가?	1. 품질경영계획 수립 및 실행 1) 당해 연도 수립한 품질경영계획에 대한 문서의 존재 여부 확인 2) 수립한 품질경영계획대로 각종 사업을 실천하고 있는지의 여부 3) 당해 연도 품질경영계획 수립 시 전년도 점검결과 반영여부(신규 인증의 경우 미 적용) 4) 세부사업 항목별 목표달성 미달 시 원인분석과 대책수립 여부 5) 세부사업별로 계량화하고 수치화한 품질목표 값 측정 여부 2. 매년 자체점검을 실시하여 그 결과를 표준화 및 품질경영 관리에 반영 1) 내부심사 절차와 방법에 다음 내용이 수록되어 있는지의 여부 2) 내부심사의 목적, 내부심사 대상과 범위, 내부심사 프로그램 수행 책임, 자원 및 절차, 심사원의 자격과 구성, 심사수행 방법, 심사결과의 기록, 심사보고서 작성, 승인 배포, 부적합사항 이행 확인 방법과 절차
	1.4 품질경영 부서(또는 품질관리담당자)의 업무내용과 책임,권한을 구체적으로 규정하고 있으며, 그 부서(또는 품질관리담당자)가 전문성을 가지고 독립적으로 운영되고 있는가?	자격을 보유한 품질관리담당자라도 시행규칙 별표8에 규정한 다음 업무를 차질없이 수행하기 위해서는 해당제품의 표준에 수록된 모든 내용을 일차적으로 이해하여야 하고, 각종 품질관리기법과 방법을 해당제품의 품질관리에 적용하는 능력을 보유하여야 함
	1.5 제안 활동 또는 소집단 활동 등을 통해 지속적인 품질 개선활동을 실시하고 있는가?	1) 임직원의 업무에 대한 지속적 개선활동(제안, 학습조직, TFT, 분임조 등)을 수행하고 있는지의 여부 2) 각종 개선활동이 실질적 품질경영 성과에 기여하고 있는지의 여부

준비자료	관련표준
1) 경영자 면담(리더쉽과 의지표명) 2) 회사 조직도 및 부서별 업무분장표 3) 인력, 품질관련 각종 포상실적 부서별 업무분장 파일 각종 포상 실적 사진 파일	조직 및 직무분장 규정
1) KS 표준 최신판 활용 현황표 2) 사내표준 체계표 3) 사내표준 재.개정 폐지 현황 사내표준 제,개 폐 파일	회사표준 관리 규정
1) 방침관리 추진 계획서(분기/년) 2) 방침관리 계획 대 실적 보고서(매월) 3, 4) 문제점 분석 및 대책서(분기/년) 5) kpi 지표 방 침 관 리 파 일	방침 관리 규정
1) 내부 품질 감사 계획서 　 내부품질감사 실시 실적 　 결과보고서, 시정 및 예방조치 결과 내부품질감사 파일	내부품질 감사 규정
1) 품질관리 담당자 자격증 　 (재직증명서 및 보험납부확인서) 품질관리 담당자 파일	조직 및 직무분장 규정
1) 제안 활동 보고서 2) 제안 활동 효과 파악 제 안 활 동 파 일	제안제도 운영 규정

2. 자재관리

심사사항	평가항목	평가항목 해설
(나) 자재관리	2.1 주요 자재관리(부품, 모듈 및 재료 등) 목록을 사내표준에 규정하고 있고 심사 전에 인증기관에 제출하여 적정성을 확인 받았으며, 변경사항이 있을 경우 인증기관에 지속적으로 승인을 받고 그 기록을 보관하고 있는가? 〈핵심품질〉	1) 제품을 구성하고 있는 자재관리 목록은 작성되어 사내표준에 규정하고 있는지의 여부 - 자재명, 농도, 규격(Spec), 공급업체, 변경사항 등 2) 심사 전에 인증기관에 제출하여 적정성을 확인 받았는지 여부 3) 변경사항이 있을 경우 인증기관에 지속적으로 승인을 받고 그 기록을 보관하고 있는지 여부
	2.2 자재에 대한 품질항목과 품질기준을 제품 특성에 맞게 한국산업표준을 활용하여 KS인증제품 생산에 적합하도록 사내표준에 규정하고 있는가?	1) 해당 심사기준에서 규정한 원·부자재의 사내표준 규정 여부 2) 원부자재 사내표준의 규정내용에 심사기준에서 규정한 검사항목과 품질수준 설정여부
	2.3 사내표준에서 규정한 자재에 대한 인수검사 규정 내용이 제품의 품질을 보증할 수 있도록 합리적으로 되어 있는가?	1) 해당 심사기준에서 규정한 원부자재의 인수검사 규정 제정 여부 2) 해당 인수검사 규정 제품의 품질보증을 할 수 있도록 합리적인지 여부
	2.4 인수검사를 자체에서 수행할 경우 검사능력을 보유한 검사자가 인수검사를 실시하여 그 결과에 따라 합격,불합격 로트를 구분하여 적합한 장소에 보관 관리하고 있는가?	1) 인수검사 담당자가 사내표준에서 규정한 내용대로 인수검사를 수행할 능력이 있는지의 여부 2) 원부자재가 인수검사결과 여부를 식별할 수 있도록 보관하고 있는 원부자재가 인수 검사 결과를 구분하여 보관하고 있는지의 여부 3) 원부자재 보관 및 보존 환경이 적합한지의 여부
	2.5 자재 인수검사 규정에 따라 실시한 결과(공인시험-검사기관 시험성적서, 공급업체의 시험성적서 포함)를 기록-보관하고 있는가?	1) 인수검사에 규정한 인수검사 성적서(공인시험·검사기관 시험성적서, 공급업체의 시험성적서 포함)를 기록, 보관하고 있는지의 여부
	2.6 인수검사 결과를 분석-활용하고 있는가?	1) 인수검사 결과(시험성적서 포함)를 일정 주기를 정하여 분석하고 있는지의 여부 2) 인수검사 분석 결과(시험성적서 포함)를 토대로 자재 공급업체 변경, 제조공정, 제품설계 작업방법 변경 등에 활용하고 있는지의 여부

준비자료	관련표준
1) 자재관리 목록표 2, 3) 인증기관에 제출 및 지속적 승인 자재관리 목록 파일	자재 관리 규정
1) 재료 및 인수검사 규정 2) 심사기준과 검사항목 및 품질기준 일치	재료 및 인수검사 규정
1) 재료 및 인수검사 규정	재료 및 인수검사 규정
1) 사내 검사원 자격 인정서 2) 원자재 부적합품 식별 TAG 부착 사진 3) 원부자재 구분 보관 사진	재료 및 인수검사 규정 부적합품 관리 규정
1) 우레탄 바인더 공인기관 시험성적서 　　인수검사성적서(종합) 　　자체 시험성적서 코르크 / 첨가제 　　공급선 시험성적서 바인더 / 프라이머 주요 원자재 별 인수검사 성적서 파일	재료 및 인수검사 규정
1, 2) 공급업체 주요품질 특성 통계적 분석 　　- 분석결과 F/B 실적 통계적 분석 실적 파일	재료 및 인수검사 규정

3. 공정·제조설비관리

심사사항	평가항목	평가항목 해설
(다) 공정-제조 설비 관리	3.1 공정별 관리항목과 항목별 관리사항을 사내표준에 규정-이행하고 그 결과를 기록하여 보관하고 있으며, 주요 제조설비명을 사내표준에 구체적으로 규정하고 있는가?	1) 개별 심사기준에서 규정한 공정별 관리규정 내용의 사내표준에 규정 및 적절성 2) 외주공정이 허용된 경우 공정의 외수처리 3) 주요 제조설비명을 사내표준에 구체적 규정 여부 4) 공정관리 사항의 이행 및 기록의 보관 상황
	3.2 공정별 중간검사에 대한 검사항목과 항목별 검사 방법을 사내표준에 규정-이행하고, 그 결과를 기록-보관하고 있는가?	1) 개별 심사기준에서 규정한 중간검사 항목에 대한 사내표준 내용의 적절성 2) 중간검사 실시 및 기록의 보관 상황
	3.3 주요 공정관리(자체공정 및 외주공정 포함) 항목에 대하여 공정능력지수를 파악하고 공정 및 제품품질 관리에 활용하고 있는가?	1) 제품의 주요 품질특성을 선정하여 선정된 품질특성의 데이터를 일정기간 수집하여 공정능력을 파악하고 있는지의 여부 2) 통계적 분석결과(공정능력지수)를 제품설계, 공정개선, 원자재 또는 생산방법 설계 등에 활용 여부
	3.4 공정 별 작업표준을 사내표준에 규정하고 있고 현장작업자가 작업표준을 이해하며 표준대로 작업을 실시하고 있는가?〈핵심품질〉	1) 공정별 작업표준을 사내표준에 규정하고 있는지의 여부 2) 개별 심사기준에서 규정한 공정에 대해 작업표준(또는 운전 표준)의 사내표준 내용의 적절성 3) 실제 공정별 작업표준 방법과 내용이 사내표준규정 내용과 일치 정도 4) 현장작업자가 작업표준을 이해하고 작업 표준대로 작업을 실시하고 있는지의 여부 5) 실제 작업내용과 작업표준 내용 일치 및 현장작업자가 작업표준 내용 이해 여부 6) 외국인 노동자가 근무하는 경우 작업표준을 이해할 수 있도록 사진, 그림 포함 여부
	3.5 부적합품은 적정한 식별 관리를 하고 있으며, 공정 부적합에 대한 원인분석과 재발방지 조치를 구체적으로 취하고 있는가?	1) 공정에서 발생된 부적합품(유형별 부적합 견본 보유는 필요한 제품에 한정)에 대하여 식별관리 여부 2) 부적합품 견본이 필요한 공정에 대해 부적합품 견본 비치 여부 3) 공정 부적합품에 대한 원인조사, 재발방지 대책 수립 및 실시 여부 4) 공정 부적합품에 대한 재발방지 대책 수립 및 실시의 적절성 여부
	3.6 사내표준에 규정되어 있는 제조설비를 보유하고 있으며, 제조 공정별로 설비배치 상태가 합리적인가?	1) 개별 심사기준에서 규정한 제조설비의 확보 여부 2) 설비의 배치가 공정 순서대로 배치하고 있는지의 여부 3) 보유한 설비가 해당제품 생산에 지장이 없는 적절한 용량 확보 여부

준비자료	관련표준
1) 협력업체 관리 실적 2) 제조설비 목록표 3) 공정 및 중간검사 성적서 협력업체 관리 파일, 공정 및 중간검사 파일	QC공정도 협력업체관리규정 제조설비 관리 규정
1) 1차 가공 코르크 칩 중간검사 기록지 　시공현장별 중간검사 성적서 2) 1차 가공 공정 및 중간검사 성적서 파일 　시공현장 공정 및 중간검사 성적서 파일	중간검사 규정
1) 중간검사 항목의 중요품질 특성 통계적 분석 　(CPK 분석) 2) 분석 결과 FEED BACK 통계적 분석(공정능력 분석) 파일	중간검사 규정
1, 2, 3) 공정별 작업표준 4, 5, 6) 작업자 해당 표준 숙지 　　　　작업 표준 현장에 게시	작업 표준
1) 부적합품 보관 장소 2) 부적합품 견본 비치 3,4)부적합품에 대한 시정 및 예방조치 　부적합품 관리 파일	부적합품 관리 규정
1) 제조설비 목록표 2) 제조설비 레이아웃 사진 3) 생산에 지장 없는 용량 확보 제조설비 관리 대장 파일	제조설비 관리 규정

심사사항	평가항목	평가항목 해설
	3.7 설비의 운전과 관리에 대한 기준을 사내표준에 규정하고 설비별 운전 표준에 따라 설비를 적정하게 운전하고 있으며, 설비의 이력-제원, 수리 및 부품 교환내역 등을 기록한 설비 관리대장(또는 이력카드)을 관리하고 있는가?	1) 설비의 운전과 관리에 대한 규정과 기준의 설정 여부 2) 운전표준 보유 및 내용의 적절성 여부 3) 실제 설비운전 시 설비운전 표준과의 차이 여부 4) 설비점검 기록 및 관리를 통해 예방보전 활용 여부 5) 설비이력카드, 관리대장 보유 및 기록내용의 적절성 여부
	3.8 설비의 예방보전을 위해 설비윤활관리에 대하여 규정하고, 설비관리 능력 및 전문지식을 보유한 담당자를 지정하여 윤활관리를 실시하고 있으며, 주기적으로 점검, 기록, 관리하고 있는가?	1) 윤활관리 방법에 대한 사내표준의 규정 여부 2) 윤활관련 자격을 보유 또는 전문교육을 이수하고 전문지식을 가지고 윤활관리 실시 3) 윤활관리 전문가가 윤활관리를 실시하고 있는지의 여부

준비자료	관련표준
1, 2, 3) 제조설비 관리규정 4) 제조설비점검 기록표 5) 제조설비 관리대장 제조설비 관리 대장 파일	제조설비 관리 규정
1) 윤활관리 규정 2) 윤활 관리자 교육 수료증 3) 윤활 관리 점검 기록표 윤활 관리 파일	윤활관리 규정

4.제품관리

심사사항	평가항목	평가항목 해설
(라) 제품관리	4.1 제품의 설계 및 개발절차, 해당제품의 품질항목과 기준을 한국산업표준(KS)에 적합한 수준으로 사내표준에 규정하고 있는가?	1) 해당 제품의 한국산업표준(KS)에 규정한 품질항목과 기준을 사내표준에 규정 여부 - 한국산업표준(KS)에 규정한 품질항목과 사내표준 규정 여부 2) 품질수준을 한국산업표준(KS)에서 규정한 내용 이상으로 규정 여부 - 사내표준에서 규정한 품질항목과 기준을 KS표준에 규정한 품질항목과 수준 비교
	4.2 로트 품질을 보증할 수 있도록 제품검사 내용을 사내표준에 규정하고 있는가?	1) 제품검사 규정 내용이 로트 품질을 보증할 수 있도록 로트의 구성 및 크기, 시료 채취방법, 샘플링 검사방식 및 조건, 시료 및 로트의 합격 및 불합격 판정기준, 불합격로트의 처리방법 등을 규정하고 있는지 여부
	4.3 제품시험은 제품품질 항목별로 KS표준과 사내표준에 규정한 기준과 절차·방법에 따라 실시하고 있고, 검사 후 합격-불합격 로트를 구분하여 적절한 장소에 보관하고 있으며, 품질미달 제품이 사용자에게 미치는 영향을 파악하고 있는가?	1) 제품검사를 사내표준에 규정한 내용대로 검사를 실시하고 그 기록을 보관하고 있는지 여부 2) 검사를 완료 제품에 대해 합격, 불합격 표시를 구분하여 보관하고 있는지의 여부 3) 제품 품질항목 및 수준 설정 근거, 품질미달 제품이 사용자 및 최종제품에 미치는 영향 등을 파악하고 있는지 여부
	4.4 제품검사 담당자가 자체에서 실시하는 제품시험을 수행할 수 있는 능력을 보유하고 있는가? 〈핵심품질〉	1) 제품검사 담당자가 제품시험을 수행할 수 있는 능력을 보유하고 있는지 여부 - 자체에서 직접 수행하고 있는 검사항목에 대해 시료채취, 공시체 제작, 시험(자체에서 수행하는 경우에만 해당), 검사업무의 수행능력이 있는지의 여부 - 검사능력 : 검사표준 준수여부(시료 채취, 시험절차, 판정), 시험·검사 설비조작, 시험 숙련도, 관련 계산식 활용, 응급처치 능력 등
	4.5 중요 품질항목에 대한 현장 입회시험을 실시하여 그 결과가 KS 표준에 적합하고, 과거 자체적으로 시행한 품질 검사결과의 평균값과 비교하여 사내표준에서 정한 허용 값 한계 내에 있는가? 〈핵심품질〉	1) 제품 중요 품질항목에 대해 현장 입회시험 결과가 KS표준에 적합 여부 2) 현장 입회시험 결과와 자체 시행한 품질검사결과 평균값과 비교, 사내표준에서 정한 허용값의 적절성 여부
	4.6 제품검사 결과 데이터를 분석하여 제품품질 및 품질시스템 개선에 반영, 활용하고 있는가?	1) 자체에서 수행한 제품검사 결과를 분석하고 있는지 여부 2) 주요 품질항목에 대한 제품검사 결과의 통계적 분석 실시 여부 3) 통계적 분석결과(공정능력지수)를 제품설계, 공정개선, 원자재 또는 생산방법 설계, 품질시스템 개선 등에 반영, 활용하고 있는지 여부

준비자료	관련표준
1.2) 설계 및 개발 업무 규정 　　　제품 및 검사 규격	설계 및 개발업무 규정 (해당시) 제품 및 검사 규정
1) 제품 및 검사 규격	제품 및 제품검사 규정
1) 1차 가공 코르크 칩 제품검사 성적서 　　투수성 코르크 바닥 포장재 제품검사 성적서 　　제품검사 기록지 2) 부적합품 보관 사진 3) 품질 미달이 고객에 미치는 영향 - 제품검사 성적서 파일 - 품질미달이 고객에게 미치는 영향에 관한 　자료 파일	제품 및 제품검사 규정
1) 사내 검사원 자격 인정서	시험표준
1.2) 공인기관 시험성적서 1.2) 제품검사 항목의 통계적 분석 현장 입회시험 결과와 자체 시행한 품질검사 결과 평균값과 비교 파일	
1.2.3) 제품검사 항목의 통계적 분석 　　　분석결과 F/B 실적 제품검사 통계적 분석 파일	

5. 시험·검사설비관리

심사사항	평가항목	평가항목 해설
(마) 시험-검사설비 관리	5.1 한국산업표준㉿에서 정하고 있는 제품 품질항목에 대한 시험-검사가 가능한 설비를 인증심사기준에 따라 사내표준에 구체적으로 규정하고 보유하고 있는가? 〈핵심품질〉	1) 시험·검사가 가능한 설비를 인증심사기준에 따라 사내표준에 구체적으로 규정 및 보유 여부 2) 개별 심사기준에서 규정한 설비보유 여부 3) 외부기관과 사용계약 체결 또는 공인시험기관 의뢰 시 조건충족 여부
	5.2 시험-검사 설비의 설치장소 및 환경이 적정하고, 성능유지를 위해 각 설비의 관리항목을 규정, 주기적으로 점검하고, 그 결과를 기록-보관하여 설비관리에 활용하고 있는가?	1) 시험·검사 설비의 설치장소 및 환경이 적정한지 여부 2) 시험·검사 설비의 설치장소 및 환경이 시험 결과값에 영향을 주거나, 표준에서 규정한 내용 준수 여부 3) 시험·검사 설비의 성능유지를 위하여 각 설비의 점검항목·점검주기·점검방법 등을 구체적으로 규정 4) 점검기준에 따른 점검 기록유지 여부 및 보관 여부
	5.3 시험-검사설비의 측정표준 소급성(정밀·정확도 유지) 체계를 구체적으로 규정(대상설비, 주기 등)하고 교정주기에 따라 외부 공인기관의 교정 후 교정성적서를 관리하고 있으며 교정결과를 측정에 반영 활용하고 있는가?	1) 보유하고 있는 시험·검사 설비가 소급성을 유지하고 있는지 여부 2) 교정대상 시험검사 설비의 자격있는 기관에 주기 내에 교정 실시 교정검사성적서 및 표준물질인증서 확보 여부 3) 교정이 필요한 장비는 교정성적서(화학분석 설비의 경우 필요시 표준물질인증성적서)를 활용하고 있는지 여부 4) 필요한 경우 교정 결과값 및 표준물질인증서의 불확도 값을 시험결과 값 산출에 반영 여부

준비자료	관련표준
1, 2, 3) 시험·검사설비 현황 시험·검사 설비관리 대장 파일	검사 설비 관리 규정
1, 2) 시험·검사설비 설치 장소 사진 3, 4) 시험·검사설비별 점검 실적 시험·검사설비 점검 기록 파일	검사 설비 관리 규정
1, 2, 3) KOLAS 인증 기관 교정 성적서 4) 불확도값 시험결과에 반영 시험·검사 설비관리 대장 파일 (공인기관 성적서 시험·검사설비 별 첨부)	검사 설비 관리 규정

6. 소비자보호 및 환경·자원관리

심사사항	평가항목	평가항목 해설
(바) 소비자보호 및 환경·자원 관리	6.1 소비자불만 처리 및 피해보상 등을 사내표준에 규정하고 불만 제품 로트를 추적, 원인을 파악하고 개선 및 재발방지 조치를 하고 있는가? 〈핵심품질〉	1) 소비자 불만 및 피해보상에 대한 사내표준규정 보유 여부 2) 소비자 불만 및 피해보상 규정 내용의 적절성 3) 소비자가 제기한 불만 내용에 대해 사내표준에 규정한 내용대로 처리 4) 소비자가 제기한 불만제품에 대하여 제품 로트를 추적, 원인을 파악하여 시정조치 및 예방조치의 실시 여부
	6.2 소비자에게 제공하는 제품 구매정보 (사양, 사용법, 시공방법, 설명서 등) 및 인증심사기준의 제품인증 표시방법을 사내표준에 규정하고 적정하게 제공·표시하고 있는가?	1) 소비자에게 제공해야 할 제품구매정보(해당하는 경우 사용설명서 또는 시공방법 설명서 포함)를 사내표준에 규정하고 있는지 여부 2) 소비자에게 제공해야 할 구매정보 및 제공내용과 제공방법의 사내표준 존재 여부 3) 사내표준에서 규정한 소비자 정보제공 및 사용설명서 규정 내용이 한국산업표준에서 규정한 내용의 충족 여부 4) 소비자에게 제공해야 할 구매 정보를 사내표준에서 규정한 사항을 카탈로그 송장 등 다양한 방법을 통하여 소비자 또는 고객에게 전달 여부
	6.3 제품 요구사항에 대한 적합성을 달성하기 위해 필요한 작업환경 및 종업원 안전, 보건, 복지를 고려한 청정 작업환경에 대하여 규정하고 지속적으로 관리하고 있는가?	1) 종업원 안전관리규정 내용이 산업안전보건법에서 규정하고 있는 내용을 사내표준에 규정한지의 여부 2) 안전관리규정 내용대로 종업원 안전관리를 실시하고 있는지의 여부 3) 유해인자로부터 근로자의 건강을 보호하고 쾌적한 작업환경을 조성하기 위하여 인체에 해로운 작업을 하는 작업장인 경우 작업환경 측정을 산업안전보건법에 따라 실시하고 있는지의 여부(해당하지 않은 경우에는 평가 제외) 4) 청정활동 내용, 주기 방법 등 청정활동을 사내표준에 규정하고 있고, 사내표준에 규정한 내용대로 청정활동을 실시하고 있는지 여부
	6.4 사내표준에 따라 임직원의 사내·외 연간 교육훈련계획을 수립하여 적정하게 실시하고 있으며, 생산·품질 경영부서의 팀장급 이상 경영간부가 산업표준화 및 품질경영교육을 최근 3년 이내에 이수하였는가?	1) 임직원의 교육훈련 계획 수립에 대해 사내표준에 규정 여부 2) 교육훈련계획 수립과 이행에 대한 사항을 사내표준에 규정하고 있는지의 여부 3) KS Q 10015에서 규정한 사내표준에 규정한 내용이 교육·훈련 지침, 교육·훈련 설계 및 기획 시 검토사항 등 주요내용 포함 여부 4) 사내표준을 근거로 계층별, 분야별 연간 교육훈련계획의 수립 여부 5) 교육훈련계획에 따라 표준화, 품질경영, 제품생산기술 교육·훈련 실시 여부 6) 경영간부의 30 % 이상이 산업표준화법에서 정하고 있는 교육을 최근 3년 이내에 이수 여부

준비자료	관련표준
1, 2) 불만 처리 규정 3, 4) 불만 처리 실적 　　　시정 및 예방조치서 불만처리 파일 , PL 파일	불만 처리 규정 PL규정
1, 2, 3) 구매정보 관리규정 4) 구매 정보 제공 구매 정보 제공 파일	구매 정보 관리 규정
1.2.3) 안전 보건 계획서, 안전 교육 일지, 안전 보 　　　호구 지급대장 4) 5S 점검 실적 안전관리 파일 환경관리 파일 5S활동 파일	안전/보건/복지 관리 규 정 청정 활동 규정 환경관리 규정
1) 교육훈련 규정 2, 3, 4, 5) 사내외 년간 교육훈련 계획수립 　　　사내외 교육훈련 실적 　　　전달 교육 실적 6) 경영간부 품질경영교육 수료증 교육훈련 파일	교육·훈련 규정

심사사항	평가항목	평가항목 해설
	6.5 자격을 갖춘 품질관리담당자가 3개월 이상 품질관리 업무를 수행하고 있고, 직무에 필요한 지식의 보유 및 업무수행능력을 갖추고 있는가?	1) 품질관리담당자가 산업표준화법에서 규정한 자격을 보유하고 있는지 여부 2) 자격을 갖춘 품질관리담당자가 3년 주기의 정기교육을 이수하고 최소 3개월 이상 근무했는지 여부 3) 품질관리담당자가 규정된 기간 동안 해당업무 수행 여부 4) 자격을 갖춘 품질관리담당자가 시행규칙 별표8의 업무 수행에 필요한 지식을 보유하고 있는지 여부 5) 자격을 갖춘 품질관리담당자가 산업표준화법 시행규칙 별표8에 규정한 품질관리담당자 업무를 적정하게 수행하고 있는지 여부

준비자료	관련표준
1) 품질관리 담당자 자격증 2) 정기교육 이수 3) 3개월 이상 해당 업무수행 4, 5) 필요한 지식 및 업무수행	조직 및 직무 분장 규정

Chapter 6

KS 인증 공장 심사 8단계

1. KS 인증 공장 심사

1.1 시작회의

시작회의 시 심사원이 진행하는 내용은 아래와 같으며, 참석대상자는 최고경영자, 경영간부, 품질
관리담당자 등으로 한다.

• 심사목적, 범위 및 절차 설명

  KS 인증제도, 법규 개략 소개, 인증신청 품목 및 심사기준 설명, 심사원 별 심사항목 소개

• 심사 일정계획 확인

  기업 또는 심사원 수립, 심사 시간 계획 설명

  (시작회의 후 현장 순회 /심사 진행/ 결과정리/ 종결 회의 시간 소개)

• 심사 진행 방법 설명

  질문, 관찰, 확인의 방법으로 심사가 진행됨을 설명

• 의사소통 채널 확인

  각 심사원 별, 심사항목 별 수심자 확인, 종결 회의 시 기업 대표 포함 간부 참석 요청, 공장심사
  및 제품심사 결과 전달자 지명 요구

• Q & A

  상기 내용 설명 이외 기업 의문 사항에 대해 질의, 응답

1.2 회사 및 품질경영 현황 검토

1.2.1 회사 현황 항목별 검토 및 확인 필요내용은 아래와 같다.

• 경영방침

  - 경영방침의 종업원 숙지 상태

  - 설정 또는 변경된 경영방침의 적절성

  - 품질에 대한 인식/강조 여부

- 회사 일반현황
  - 신청 품목
  - 기업 경영실적(생산/판매/이익)
  - 교육 훈련 금액
  - 생산능력 vs 생산 실적
  - 회사 연혁
  - 종업원 수/ 근무 기간/ 직급/ 직종별 인원 구조
  - 외국인 근로자 근무 여부

- 조직도
  - 기업규모, 종업원 수 대비 조직구성의 적절성
  - 품질 부문의 독립 구조 여부
  - 각 조직별 업무분장의 명확화 여부

- QM 활동현황
  - 년도 별 사내표준의 제정/ 개정/ 폐기 현황
  - 팀 개선, 제안 등 개선 활동 실적
  - 내부심사 실시현황(부적합건수/ 시정조치 건수)
  - 소비자 보호 체계 구축 및 이행(소비자 불만, 제품구매정보)
  - 교육 훈련(사내/ 사외)현황
  - 품질관리담당자 현황

1.2.2 품질경영현황 항목별 검토 및 확인 필요내용은 아래와 같다.

- 작업환경 및 안전보건 관리
  - 청정활동(5S활동)/안전관리의 실시일, 평가일 등
  - 복지시설(기숙사, 휴게실, 체육시설, 식당 등)보유 현황

- 포상 및 인허가 현황
  - 품질경영, 표준화, 분임조 등 정부/지방자치제의 포상 및 전기 용품 안전 인증, ISO 9001 인증 등

- QC 공정도
  - 신청 품목/인증 품목의 QC 공정도(중간검사, 공정관리 내용 포함)

- 제품생산 및 판매현황
  - 신청 품목(3개월), 인증 품목(12개월)에 대한 월별 생산/판매현황

- 제품 재고 현황
  - 신청 품목/ 인증 품목의 심사 당일의 재고량을 확보
  - 재고량은 해당 인증심사기준의 "사"항 제품시험을 위한 샘플링 방식 참조

- 설비보유현황(제조/ 검사)
  - 인증심사기준의 "마"항 시험·검사 설비관리의 주요 설비에 대한 당사 보유설비 확인, 제조설비에 대해서는 해당 제품 생산능력에 적합한 설비를 공정별로 작성한다.

- 현장 입회시험 결과 확인
  - 신청 품목/인증 품목의 주요 품질 항목에 대한 DATA 수집, 분석
  - 신청 품목(3개월), 인증 품목(12개월)

- 자재관리 목록
  - 인증제품 또는 인증신청 품목에 사용되는 모든 자재를 기입

1.3 현장 순회

현장순회 시 생산관리자/작업자가 준비할 내용은 아래와 같다.

- QC 공정도
  - 공정관리 및 중간검사 기준 및 이행 상태
  - 작업표준 비치 및 작업표준 숙지 상태

- 현장 청결
  - 현장 청결 및 가시 관리(구획선, 표지판 등)상태
  - 온·습도, 조명, 분진, 악취 등 작업장 상태

• 안전관리
  - 방호 장비 설치, 안전 보호구 착용 및 안전 표지판 상태

• 제조설비관리
  - 제조설비 예방보전(세척, 윤활, 보충, 점검/검사)실시 상태
  - 설비 배치상태 및 설비 누수·누유 여부

• 검사설비관리
  - 검사설비 교정 상태(교정 필증 부착 등)
  - 검사실 환경 및 검사설비 보관 상태

1.4 심사 수행

1.4.1 심사원 별 심사 진행(질문, 관찰 및 확인)

1.4.2 심사사항별 규정 및 추진실적 자료 제공

1.4.3 심사자의 특성에 적절 대응

1.4.4 지적 사항 기록

1) 심사 수행 시 심사사항 별로 정보수집부터 심사 결론에 이르는 과정은 아래와 같다.

   정보출처→정보수집 검토→심사기준에 따른 평가→관찰사항 검토/평가→심사결론

2) 심사사항 품질경영, 자재관리, 공정·제조설비관리, 제품관리, 시험·검사설비관리, 소비자 보호 및 환경·자원관리 등 6개 사항을 심사원 별로 나누어 심사를 진행한다.

3) KS Q 8001(KS인증제도-제품인증에 대한 일반요구사항)의 부속서B (규정) 공장심사보고서의 내용에 준함.

4) 심사사항 및 평가항목 수는 다음과 같이 총 33개 항목 중 핵심 품질 7개로 구성됨.

   1. 품질경영 : 전체평가항목 수(5)-★핵심품질(1)

   2. 자재관리 ; 전체평가항목 수(6)-★핵심품질(1)

   3. 공정·제조설비관리 : 전체평가항목 수(8)-★핵심품질(1)

   4. 제품관리: 전체평가항목 수(6)-★핵심품질(2)

5. 시험·검사설비관리: 전체평가항목 수(3)-★핵심품질(1)

6. 소비자보호 및 환경·자원관리 ; 전체평가항목 수(5)-★핵심품질(1)

5) 종합판정 방법은 "적합", "부적합"으로 구분한다.

6) 모든 평가항목이 적합("예")한 경우 종합판정을 "적합"으로 하고, 심사 시 "아니오"로 판정된 평가항목에 대해서는 부적합 보고서를 작성하고 부적합 개선조치를 요구한다.

7) 신청 품목으로 품질경영시스템(ISO 9001)을 인증 받은 기업의 품질경영 평가항목은 평가를 생략하여 모두 "예"로 판정한다. 단, 생략을 받으려는 인증기업은 인증 신청시 ISO 인증서 및 문서화된 중요 정보(내부심사 결과, 경영검토 결과, 부적합 시정조치 결과 등)를 인증기관에 제출하여야 한다.

8) 공장심사보고서와 해당 KS표준, KS 인증 심사기준을 확보하여 숙지하고 이해한 후 평가항목별 자료를 준비한다.

9) 심사의 진행은 질문, 관찰 및 확인의 방법으로 진행한다.

10) 심사자의 질문 의도를 파악하고 적절하게 자료를 제공하면서 추진사항을 간략하게 설명한다.

11) 심사자의 질의 사항과 지적 또는 조언 사항 등의 내용을 기록한다.

12) 심사 중 자료를 제공하지 못하였거나 답변을 하지 못한 지적 사항에 대해서는 시간을 두고 지적 내용을 충분히 검토한 후 자료를 준비하여 심사자에게 보충 설명과 함께 자료를 제시한다.

13) 시간지연, 무성의, 불참석, 묵비권 등의 태도는 평가 결과에 도움이 되지 않으므로 절대 행동해서는 안된다.

14) 입회시험은 보편적으로 최근 12개월간(최초심사 시 3개월) 검사 평균 DATA 현황의 검사항목에 대해서 실시하며, KS별 인증심사기준의 "제품시험 결과에 따른 결함 구분" 중에서 중결함 이상의 검사항목 중 1개를 선정하여 실시한다.

1.5 결과정리

1.5.1 공장심사보고서 작성

1.5.2 심사 결과 판정

1.5.3 발견 부적합 사항 및 시정조치 사항 정리

1.5.4 종결 회의 자료 정리

1) KS 인증 지원 시스템의 공장심사보고서에 심사사항 및 평가항목별 "예", "아니오"를 체크하고 해당되는 경우 부적합 보고서를 작성한다.
2) 첨부파일 : - 해당 제품 제조설비 보유현황
- 해당 제품 검사설비 보유현황
- 시료 채취 및 제품 품질시험 의뢰현황(신규심사)
- 제품시험을 위한 시료 채취 동의서(신규심사)
- 현장 입회시험 결과 현황
- 자재관리 목록
3) 심사 결과 : "적합", "부적합"으로 판정
4) 심사 결과 요약

1.6 종결회의

종결회의 단계에서 심사원이 진행하여야 할 내용은 아래와 같다.

1.6.1 심사 협조에 감사 표명

- 심사 진행 중 협조 및 지원에 대한 감사 표명

1.6.2 심사범위, 목적 등 재확인

- 심사대상/ 범위/ 기간/ 심사원 등 심사 내용 요약설명

1.6.3 심사 결과 요약정리 및 향후 진행내용 설명

- 적합 또는 부적합에 따라 후속 진행 사항 설명

1.6.4 부적합 보고서 및 개선조치

- 부적합 내용에 대한 개선조치 보고서 작성 설명

1.6.5 Q&A

- 기타 기업 필요 질의 및 응답

1.7 제품시험의뢰

인증심사의 공장심사 결과 "핵심품질항목 적합"시 제품시험을 위한 이행 내용은 다음과 같다.

1.7.1 로트크기(재고량) 및 시료 채취(해당 심사기준 제품 샘플링 방식)

1) 심사원은 KS인증심사기준 "사"항 제품시험을 위한 샘플링방식에 정해진 로트크기(재고량)에서 시료를 무작위로 채취한다.

2) 단, 재료시험 또는 시험 항목에 따라 공시체를 준비하는 경우 해당 KS표준의 시험방법에 준하여 제작한다.

1.7.2 시험기관 확인

해당 제품의 공인시험기관과 해당 기업 소재지를 확인하여 시험기관을 지정하고 주소지를 확인한다.

1.7.3 시료 포장 및 심사원 서명

지정된 포장방법 또는 운송 중 품질저하가 방지되도록 포장 및 봉인 후 심사원이 서명한다.

1.7.4 품질시험의뢰서 및 시료 발송

제품시험을 위한 시료채취 동의서를 작성 대표자 확인, 심사원이 작성한 품질시험 의뢰서와 함께 포장 및 서명된 시료를 해당 공인시험기관에 제품시험을 의뢰한다.

1.8 개선조치보고

공장심사 결과 지적 사항과 부적합 보고서의 부적합 내용에 대한 시정조치 활동을 한다.

1.8.1 부적합 보고서 부적합 내용검토

1) 부적합 내용에 대한 경영자 검토회의를 소집한다.

2) 평가항목별 부적합 내용에 대한 개선조치 담당자, 조치 기간 등을 협의한다.

1.8.2 평가항목별 부적합에 대한 개선조치

평가항목별 부적합 개선조치 내용을 경영자 검토회의에서 검토한다.

1.8.3 부적합 개선조치 보고서 작성 및 보고

개선조치 보고서(법정 서식)를 작성하고 개선한 자료를 첨부하여 해당 심사원에게 발송하여 검토를 받은 후 부적합 개선조치보고서를 입력한다.

부적합 개선조치 보고서

부적합 개선조치 보고서					
회사명 (공장)			소재지		
표준번호 (표준명)			종류·등급· 호칭·모델		
심사일자					
담당자 성명		휴대전화		e-mail	

평가항목 번호	부적합 구분		부적합 개선조치 요약 및 첨부문서 번호	담당 심사원
	일반 품질	핵심 품질		
2.3항	■	□	- 제재목 인수검사는 AWS-G-101(재료 및 인수검사/ 제재목) 사내표준에 규정하고 있으나, 품질 항목별 시험방법은 누락 되었으며 겉모양의 일부 품질 항목은 중간품, 제품에 적용 가능한 항목이 있음 - 제재목 인수검사 AWS-G-101(재료 및 인수검사/ 제재목) 사내표준에 4.2항에 품질 항목별 시험방법을 추가 보완하여 표준을 개정하였으며(2.3.1항), 겉모양 품질 항목 중 가공마무리,도장 마무리 품질기준은 재료 및 인수검사에서 삭제하고 AWS-F-101(제품 및 제품검사규격)에서 실시 하도록 표준을 개정 하였음(2.3.2항)	
3.1항	■	□	- 제조설비명을 AWS-E-201(설비/제조설비관리 규정) 사내표준에 규정하고 있으나, 절단 설비는 누락 되어 규정됨 - AWS-E-201(설비/제조설비관리 규정) 사내표준에 절단 설비를 추가하여 표준을 개정 하였음(3.1.1항)	

부적합 개선조치 보고서를 제출합니다.

2022년 03월 24일

회사명(공장)   대표자   (인/서명)

한국임업진흥원장 귀하

※ 부적합 항목의 개선조치에 대한 세부 자료는 별첨합니다.

부적합 개선조치 검토 결과 ※ 이하는 심사원이 작성합니다.			
부적합 대책 검토 종합의견			
종합판정	□ 적합　　□ 부적합	담당심사원	(인/서명)

부적합 개선조치 사항 첨부문서

항목	부적합 지적 사항
2.3항	- 제재목 인수검사는 AWS-G-101(재료 및 인수검사/ 제재목) 사내표준에 규정하고 있으나, 품질 항목별 시험방법은 누락되었으며, 겉모양의 일부 품질 항목은 중간품, 제품에 적용 가능한 항목이 있음

개선 전

AWS-G-101(재료 및 인수검사/ 제재목) 사내표준의 4.2항에 아래와 같이 품질 항목별 시험 방법이 누락 되었으며

4.2 검사항목, 검사 방법, 검사 조건
　　검사항목, 방법, 조건, 주기 및 시험방법은 표 3에 따른다.

〈표 3〉

검사 항목		검사방법 및 조건	검사주기	비고
겉모양		KS Q ISO 2859-1 S-1 보통검사 1회 AQL 4.0%	1회/ 1LOT	
치 수	두 께			
	너 비			
	길 이			
함수율		체크 검사 n = 1, c = 0		

부적합 개선조치 사항 첨부문서

항목	부적합 지적 사항
2.3항	- 제재목 인수검사는 AWS-G-101(재료 및 인수검사/ 제재목) 사내표준에 규정하고 있으나, 품질 항목별 시험 방법이 누락 되어있으며, 겉모양의 일부 품질 항목은 중간품, 제품에 적용 가능한 항목이 있음

개선 후

2.3.1 AWS-G-101(재료 및 인수검사/ 제재목) 사내표준의 4.2항에 아래와 같이 품질 항목별 시험 방법을 추가 보완하여 사내표준을 개정하였음

4.2 검사항목, 검사 방법, 검사 조건
  검사항목, 방법, 조건, 주기 및 시험방법은 표 3에 따른다

〈표 3〉

검사 항목		검사방법 및 조건	검사주기	시험방법	비고
겉모양				육안	
치 수	두 께	KS Q ISO 2859-1 S-1 보통검사 1회 AQL 4.0%	1회/ 1LOT	버어니어캘리퍼스	
	너 비				
	길 이			줄자	
함수율		체크 검사 n = 1,c = 0		AWS-J-101	

부적합 개선조치 사항 첨부문서

항목	부적합 지적 사항
2.3항	- 제재목 인수검사는 AWS-G-101(재료 및 인수검사/ 제재목) 사내표준에 규정하고 있으나, 품질 항목별 시험방법은 누락되었으며 겉모양의 일부 품질 항목은 중간품, 제품에 적용 가능한 항목이 있음

개선 전

겉모양의 일부 품질 항목은 중간품, 제품에 적용 가능한 항목이 있음
AWS-G-101(재료 및 인수검사/ 제재목) 3.1항의 [표1]의 품질기준

〈표 1〉 품질기준

구분	품질기준
옹이	1. 활엽수재 옹이의 긴지름 7mm(다른 재면에 관통한 빠진 옹이, 썩은 옹이 및 빠지기 쉬운 옹이에 대해서 2mm, 그 밖의 빠진 옹이, 썩은 옹이 및 빠지기 시운 옹이에 대해서는 4mm)이하인 것으로 길이 0.5m당 1개 이하일 것. 다만 길이 3m 이하의 산옹이는 포함하지 않는다.
흠 및 벌레 구멍	극히 경미하여야 한다.
껍질 박이진 주머니진 줄무늬	극히 경미하여야 한다.
썩음 및 취약 심재	없어야 한다.
변색	경미하여야 한다.
둥근모	없어야 한다.
갈라짐	극히 경미하여야 한다.
나무진	경미하여야 한다.
벌레구멍	긴지름 2mm 이하인 것으로 0.5m당 1개 이하일 것. 다만 열대산 활엽수를 재료로 할 경우에는 없는 것으로 한다.
엇결	경미하여야 한다.
거스름	이용상 지장이 없어야 한다.
가공 마무리	양호하여야 한다. 삭제
도장 마무리	양호하여야 한다. 삭제
길이방향 접합의 틈새	틈새가 0.3m 이하여야 한다.
그 밖의 결점	극히 경미하여야 한다.

부적합 개선조치 사항 첨부문서

항목	부적합 지적 사항
2.3항	- 제재목 인수검사는 AWS-G-101(재료 및 인수검사/ 제재목) 사내표준에 규정하고 있으나, 품질 항목별 시험방법은 누락되었으며 겉모양의 일부 품질 항목은 중간품, 제품에 적용 가능한 항목이 있음

개선 후

2.3.2 겉모양 품질 항목중 가공마무리, 도장마무리 품질기준은 AWS-G-101(재료 및 인수검사)의 3.1항의 품질기준 [표1]에서 삭제하여 표준을 개정 하였으며,

〈표 1〉 품질기준

구분	품질기준
옹이	2. 활엽수재 옹이의 긴지름 7㎜(다른 재면에 관통한 빠진 옹이, 썩은 옹이 및 빠지기 쉬운 옹이에 대해서 2㎜, 그 밖의 빠진 옹이, 썩은 옹이 및 빠지기 시운 옹이에 대해서는 4㎜)이하인 것으로 길이 0.5m당 1개 이하일 것. 다만 길이 3m 이하의 산옹이는 포함하지 않는다.
흠 및 벌레 구멍	극히 경미하여야 한다.
껍질 박이진 주머니진 줄무늬	극히 경미하여야 한다.
썩음 및 취약 심재	없어야 한다.
변색	경미하여야 한다.
둥근모	없어야 한다.
갈라짐	극히 경미하여야 한다.
나무진	경미하여야 한다.
벌레구멍	긴지름 2㎜ 이하인 것으로 0.5m당 1개 이하일 것. 다만 열대산 활엽수를 재료로 할 경우에는 없는 것으로 한다.
엇결	경미하여야 한다.
거스름	이용상 지장이 없어야 한다.
길이방향 접합의 틈새	틈새가 0.3m 이하여야 한다.
그 밖의 결점	극히 경미하여야 한다.

AWS-F-101(제품 및 제품검사규격) 4.1항 [표1]에서 실시 하도록 하였음

〈표 1〉 품질기준

구분	품질기준
옹이	3. 활엽수재 옹이의 긴지름 7mm(다른 재면에 관통한 빠진 옹이, 썩은 옹이 및 빠지기 쉬운 옹이에 대해서 2mm, 그 밖의 빠진 옹이, 썩은 옹이 및 빠지기 시운 옹이에 대해서는 4mm)이하인 것으로 길이 0.5m당 1개 이하일 것. 다만 길이 3m 이하의 산옹이는 포함하지 않는다.
흠 및 벌레 구멍	극히 경미하여야 한다.
껍질 박이진 주머니진 줄무늬	극히 경미하여야 한다.
썩음 및 취약 심재	없어야 한다.
변색	경미하여야 한다.
둥근모	없어야 한다.
갈라짐	극히 경미하여야 한다.
나무진	경미하여야 한다.
벌레구멍	긴지름 2mm 이하인 것으로 0.5m당 1개 이하일 것. 다만 열대산 활엽수를 재료로 할 경우에는 없는 것으로 한다.
엇결	경미하여야 한다.
거스름	이용상 지장이 없어야 한다.
가공 마무리	양호하여야 한다.
도장 마무리	양호하여야 한다.
길이방향 접합의 틈새	틈새가 0.3m 이하여야 한다.
그 밖의 결점	극히 경미하여야 한다.

부적합 개선조치 사항 첨부문서

항목	부적합 지적 사항
2.3항	- 제조설비명을 AWS-E-201(설비/제조설비관리 규정) 사내표준에 규정하고 있으나, 절단 설비는 누락 되어 규정됨

개선 전

- 제조설비명을 AWS-E-201(설비/제조설비관리 규정) 사내표준에 규정하고 있으나, 절단 설비는 누락 되어 규정됨

제조(가공)설비 목록표

- 목재플로어링보드(KS F 3103)

NO	주요설비명	보유설비명	보유 대수	용량/공칭능력	제작사	설치년월	비고
1	가공설비	몰 더 기	1	308V/60Hz	SK머신	2019.12	
2		엔드테노너	1	308V/60Hz	영창	2018.04	
3	기타설비	콤푸레샤	1	30마력	한신	2020.03	
4		집 진 기	1	150m3/min	일진엔비텍	2019.12	

부적합 개선조치 사항 첨부문서

항목	부적합 지적 사항
2.3항	- 제조설비명을 AWS-E-201(설비/제조설비관리 규정) 사내표준에 규정하고 있으나, 절단 설비는 누락 되어 규정됨
개선 후	

3.1.1 AWS-E-201(설비/제조설비관리 규정) 사내표준에 절단 설비를 추가하여 표준을 개정하였음

제조(가공)설비 목록표

- 목재플로어링보드(KS F 3103)

NO	주요설비명	보유설비명	보유대수	용량/공칭능력	제작사	설치년월	비고
1	가공설비	몰 더 기	1	308V/60Hz	SK머신	2019.12	
2		엔드테노너	1	308V/60Hz	영창	2018.04	
3	기타설비	콤퓨레샤	1	30마력	한신	2020.03	
4		집 진 기	1	150m3/min	일진엔비텍	2019.12	
5		절 단 기	1	308V/60Hz	브라더	2019.04	

Chapter 7

회사현황 작성방법

1. 회사 일반 현황

1.1 개요

회사명(공장)	①	대 표 자	②
소 재 지	③	전화번호	④
		E-mail	⑤
표준번호(표준명)	⑥	종류·등급·호칭 또는 모델	⑦
사업자 등록번호	⑧	사업자단위과세여부	⑨
신청일자			

기재요령 : - ①②③⑥⑦의 란은 제품인증서 및 신청서를 참조하여 동일하게 기입한다.

- ⑦의 란을 작성 시에는 신청 품목 또는 인증 품목의 KS표준에서 규정한 "종류"와 인증심사기준의 "자"항의 제품의 인증 구분을 확인한 후 기입한다.

- ④⑤의 란은 인증기관과의 의사소통 할 수 있는 대표전화 및 E-mail 주소를 기입한다.

- ⑧⑨의 란은 인증공장 또는 인증받을 사업장의 사업자등록증을 참조하여 동일하게 기입한다.

1.2 종업원 현황

총인원(합계)	사무직	기술직	생산직
④	①	②	③

기재요령 : - 4대보험, 국민연금 가입확인서, 부서별 조직현황 등을 확인한다.

- ①의 란은 조직에서 관리부서(지원부서), 영업부서 인원을 기입한다.

- ②의 란은 품질, 기술, 기술영업 담당자를 포함하여 기입한다.

- ③의 란은 현장인원, 외국인도 포함하여 기입한다.

- ④의 란은 총인원(=사무직+기술직+생산직)을 기입한다.(대표자 제외)

1.3 공통생산현황 및 회사연혁

총자본금	① 백만원	공장 판매실적(A)(연)	② 백만원
경 상 이 익(B)(연)	③ 백만원	1인당 매출액(A/C)	④ 백만원
1인당 부가가치액(B/C)	⑤ 백만원	연구개발 투자비 (연구개발비/A)	⑥ %
한국산업표준 보유수	⑦	기타 인증 수⑧	의무 ( )개 임의 ( )개
기타 생산품	⑨	원자재의 제품 원가비율	⑩ %
원자재 공급업체의 독과점 상태	상 ( ), 중 ( ), 하 ( ) (해당란에 ○표 하시오)		
회사연혁	⑪		

기재요령 : - ①의 란은 신청 또는 인증회사의 총자본금을 기입한다.

- ②의 란은 신청 또는 인증 공장에서 최근 1년간 판매실적을 기입한다.

- ③의 란은 경상이익 = (매출액-판매원가) + 영업외수익 - 영업외비용

- ④의 란은 1인당 매출액 = 공장판매실적 ÷ 종업원수

- ⑤의 란은 1인당 부가가치액 = 경상이익 ÷ 종업원수

- ⑥의 란은 연구개발비 = (연구개발비 ÷ 공장판매실적) × 100

- ⑦의 란은 회사에서 현재 활용하고 있는 한국산업표준(KS표준)의 보유 수를 기입한다.

- ⑧의 란은 신청 또는 인증공장에서 KS인증을 제외한 ISO 9001, ISO 14001, KC, CE, UL 등 기타 인증을 유지하고 있는 수를 기입한다.(인증은 전기용품 안전인증이나 자율안전인증과 같이 인증을 받아야만 생산 판매할 수 있는 것을 말한다.)

- ⑨의 란은 당 공장에서 신청 또는 인증품목을 제외한 기타 생산품을 기입한다.

- ⑩의 란은 원자재의 제품원가비율 = (직접재료비 ÷ 제조원가) × 100

- ⑪의 란은 아래와 같이 연월, 내용을 간략하게 기술한다.

  - 2020. 01. 회사설립(한국산업주식회사)

  - 2022. 04. ISO 9001인증(전 생산품목, KSA)

1.4 품목별 생산 현황

표준번호	생산능력(연)	생산실적(연)	판매실적(연)	수출실적(연)	KS 제품 생산 계획(연)	소요원자재
①	②	③	④	⑤	⑥	⑦

※ 신청 또는 인증 품목에 대해서 표준번호(품목)별로 기입한다

기재요령 : - ①의 란은 신청 또는 인증 품목의 KS 표준번호를 기입한다.

- ②의 란은 신청 또는 인증 품목에 대한 연 생산능력

  (= 시간당 생산량 × 년 근무 일수 × (근무시간/일) × 생산설비 수)

- ③/④/⑤의 란은 최근 1년간 생산량/판매실적/수출실적을 기입하고

- ⑥의 란에는 향후 연 KS 제품 생산 계획을 기입한다.

  (생산실적 및 생산계획의 단위는 생산능력과 동일한 단위를 사용하며, 판매실적과 수출실적의 단위는 "백만원"으로 한다.)

- ⑦의 란은 신청 또는 인증 해당 품목에 사용되는 원자재 명을 기입한다

2. 조직도

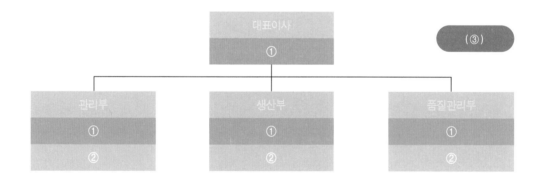

기재요령 : - ①의 란은 성명과 직급을 기입한다.(예 : 홍 길동 부장)

- ②의 란은 KS 인증 심사사항에 관한 업무 내용을 간략하게 기입한다.

  예 : 관리부의 경우, 구매 자재보관관리/제품구매정보관리/고객불만접수 및 처리

- ③의 란은 조직도 작성 일을 기입한다.(예 : 2022. 01.03 현재)

3. QM 활동 현황

3.1 사내표준화

(단위   종)

구분	②년				①년 현재			
	제정	개정	폐지	보유	제정	개정	폐지	보유
매뉴얼								
관리표준								
기술표준								
계								

[첨부 1] 회사표준목록 참조

기재요령 : - ①의 란은 당해 년도를 기입한다. (예 : 2022년 현재)

      - ②의 란은 전년도를 기입한다. (예 : 2021년)-제정, 개정, 폐지 및 보유 건수는 회사표준 등록 대장에 등록된 데이터를 근거로 연도별로 실적을 파악하여 기입한다.

3.2 개선활동

(단위   종)

구 분		②년	①년 현재
제안제도	제안건수		
	채택건수		
	실시건수		
내부감사	심사일자		
	대상부서		
	지적/시정건수		
분임조 등			

기재요령 : - ①의 란은 당해 연도를 기입한다. (예 : 2022년 현재)

- ②의 란은 전년도를 기입한다. (예 : 2021년)
  - -제안제도의 실적은 제안접수 및 처리 대장에 등록된 데이터를 근거로 연도별로 실적을 파악하여 기입한다.
  - -내부심사는 내부심사실시계획서와 내부심사보고 내용을 근거로 연도별로 작성한다.
- ③의 란은 분임조 등 활동을 하고 있는 경우에 작성하며, 분임조수, 편성율(%), 테마해결 건수 등을 기입한다

3.3 소비자보호체계 구축 및 이행

(단위 건수)

구분	내용	②년	①년 현재
소비자 불만	고객불만 접수건수		
	고객불만 처리건수		
	고객불만 처리율(%)		
제품구매정보	③		

기재요령 : - ①의 란은 당해 년도를 기입한다. (예 : 2022년 현재)
- ②의 란은 전년도를 기입한다. (예 : 2021년)
  - 소비자 불만의 실적은 고객 불만 접수 및 처리 대장에 등록된 데이터를 근거로 연도별로 실적을 파악하여 기입한다.
- ③의 란은 제품구매정보자료명, 보유 종수 등을 다음 예와 같이 작성한다.
  - 예: • 카다로그 2종(XX제품카다로그 외 1종)
    - • 제품사용설명서 10종(XX제품 사용설명서 외 9종)
    - • 전자문서(홈페이지 제품품질 기준과 제품사용 설명서)

3.4 교육훈련

1) 연도별 사내·외 교육 실시 현황

구분	내용		②년	①년 현재
사외교육	경영간부	이수인원		
		교육시간(인·시)		
	기타교육	교육시간(인·시)		
	소계(인·시)			

사내교육	교육차수		
	교육시간(인·시)		
총교육시간(사내교육시간+사외교육시간)			
교육대상자			
1인당 교육시간			

사외교육 기재요령 : - ①의 란은 당해 년도를 기입한다. (예 : 2022년 현재)

- ②의 란은 전년도를 기입한다. (예 : 20921)

- 경영 간부 교육 실적은 경영간부교육을 이수한 인원 수와 교육 시간을 교육훈련 계획서, 교육일지, 교육 수료증 등을 확인하여 해당 연도별로 기입한다.

- 기타교육은 교육 시간(= 교육과정별 교육 시간 × 이수 인원수)을 집계하여 기입한다.

- 소계는 사외교육 시간(= 경영간부 교육 시간 + 기타 교육 시간)을 기입한다.

사내교육 기재요령 : - ①의 란은 당해 년도를 기입한다. (예 : 2022년 현재)

- ②의 란은 전년도를 기입한다. (예 : 2021년)

- 사내교육 실적은 교육 차수(교육횟수)와 교육 시간을 교육훈련 계획서, 교육일지 등을 확인하여 해당 연도별로 기입한다.

- 교육 시간(=교육 내용별 교육 시간 × 참석 인원 수)을 해당 연도별로 집계하여 기입한다.

- 교육대상자는 대표자를 제외한 전 종업원으로 한다.

- 1인당 교육시간 = 총 교육시간 / 교육대상자

2) 사외교육 실시 현황

구분	교육수료자①	교육과정명②	교육기간(시간)③	교육기관④	수료증번호⑤
경영간부					
설비윤활기술					
품질관리담당자					
⑥					

기재요령 : - ①의 칸은 교육수료자의 성명을 기입한다. (예 : 홍 길동)

- ②의 칸은 교육과정명을 기입한다. (예 : 경영간부 품질경영)

- ③의 칸은 교육 기간과 교육 시간을 기입한다. (예 : 2022.12.01.~12.02(16 h)

- ④의칸은 교육 수료증을 발급한 교육기관명을 기입한다. (예 : KSA)
- ⑤의 칸은 교육 수료증 발급번호를 기입한다. (예 : 제 2017-0040832K호)
- ⑥의 란은 경영 간부 교육 수료율(=수료인원 수/대상인원 수)을 (   )와 같이 기입한다.(예 : 경영간부 교육 이수율: 100 %
  (대상자 4명, 이수인원 4명)

3.5 품질관리담당자

성명	소속/직책	자격사항	취득일자	정기교육	입사일자
		①	②	③	④

기재요령 : - ①의 란은 자격등록번호 또는 담당자 자격번호와 자격명을 기입한다.

　　　　　 품질관리담당자로 임명 받은 자의 자격증 또는 담당자 수첩, 담당자

　　　　　 정기교육 수료증, 4대보험/국민연금 가입확인서를 근거로 작성한다.

　　　　　 (예 : 제 12345021호, 품질경영산업기사)

　　　　 - ②의 란은 자격등록일 또는 자격 발급일을 기입한다.(예 : 2094. 01. 01)

　　　　 - ③의 란은 자격을 취득한 후 3년이 경과한 자가 정기교육을 이수한 경우에는 교육명과 교육기간을 기입한다.

　　　　　 (예 : 품질관리담당자 정기교육, 2097.12.01.~12.03)

　　　　 - ④의란은 담당자의 입사일자를 4대보험/국민연금 가입확인서를 근거로 기입한다. (예 : 2090. 01. 01)

4. 작업환경 및 안전보건

5S 활동	실시일	
	평가일	
안전보건관리	안전점검일	
	안전교육	
	안전보호구 지급일	
종업원 복지현황	종업원 복지 현황은 휴게실, 샤워실, 체육시설, 기숙사 등의 사진 첨부	

5. 각종 포상 또는 인허가 현황

②		
①		
②		
①		

기재요령

(1)　　① 심사와 관련된 해당 포상 또는 인허가증 명칭, 발행기관, 발행일 등을 기입한다.

　　　　　예를 들면, 분임조 대회 금상, 품질경영상, 안전 인증 대상 품목은 안전 인증서 등)

　　　　② 해당 표창장 또는 인허가 증을 스캔하여 삽입한다.

첨부

첨부 1. 회사표준 목록

첨부 2. (신청품목 제품명) QC 공정도

첨부 3. 제품 생산 및 판매현황

첨부 4. 제품 재고 현황

첨부 5. 제조(가공) 설비(KS O OOOO) 보유현황

첨부 6. 시험(검사) 설비(KS O OOOO) 보유현황

첨부 7. 현장 입회시험 결과 현황

첨부 8. 자재관리 목록(KS O 0000)

[첨부 1] 회사표준 목록

[첨부 2] 신청 품목 QC 공정도

[첨부 3] 제품생산 및 판매현황

제품생산 및 판매현황

(단위 ①)

표준번호②		표준명③	
소비자 불만	종류④		
	생산	판매	

정기심사는 최근 1년간(인증심사 3개월) 생산, 판매실적을 기록한다.

상기와 같이 최근 1년간(3개월간) 생산 및 판매 실적을 확인합니다.

2022년 00월 00일 ⑤

확인자 ⑥   입회자 ⑦

한국표준협회 : 홍 길 동   (인)   대 표 :   (인)

한국표준협회 : 홍 길 동   (인)   품질관리담당자 :   (인)

기재요령 : - ①의 란은 생산량과 판매량에 대한 단위를 기입한다.

　　　　　 (예 : 개, 대, t, ㎡ 등)

　　　　 - ②/③의 란은 신청 또는 인증품목의 KS표준번호/표준명을 기입한다.

　　　　 - ④의 란은 신청품목 또는 인증품목 인증심사기준의 "자"항 제품의 인증 구분에서 종류별로 인증을 한 경우에는 종류를 기입한다.

- ⑤의 란(년/월/일)은 인증기관에서 통보한 심사일정계획을 참조하여 심사종료일을 기입한다.
- ⑥의 란은 심사일정계획을 참조하여 심사원의 소속과 성명을 기입한다.
- ⑦의 란은 당사의 대표자와 품질관리담당자의 성명을 기입한다.

[첨부 4] 제품재고 현황

제품재고 현황

(단위: ①)

표준번호	표준명	종류 및 등급(호칭)	재고량	비고(시료수)
②	③	④	⑤	⑥

상기와 같이 제품 재고가 틀림 없음을 확인합니다.

2022년 00월 00일

확인자   입회자

한국표준협회 : 홍 길.동   (인)   대 표 :   (인)

한국표준협회 : 홍 길.동   (인)   품질관리담당자 :   (인)

기재요령 : - ①의 란은 생산량과 판매량에 대한 단위를 기입한다.(예 : 개, 대, t, ㎡ 등)
- ②/③의 란은 신청 또는 인증품목의 KS표준번호/표준명을 기입한다.
- ④의 란은 신청품목 또는 인증품목 인증심사기준의 "자"항 제품의 인증구분에서 종류별로 인증을 한 경우에는 종류를 기입한다.
- ⑤의 란은 신청품목 또는 인증품목 인증심사기준의 "사"항 제품시험을 위한 샘플링방식에서 규정한 재고량이상을 확보하고 그 재고량을 기입한다.
- ⑥의 란은 신청품목 또는 인증품목 인증심사기준의 "사"항 제품시험을 위한 샘플링방식에서 규정한 시료 크기를 참조하여 기입한다.(예 : n=2)

[첨부 5] 제조(가공)설비 보유현황

제조(가공) 설비(KS 0 000) 보유 현황

NO	법정설비명	보유설비명	보유대수	용량/공칭능력	제작사	설치년월	교정일자 교정기관	비고
	①	②	③	④	⑤	⑥	⑦	
외주가공인 경우 외주업체관리/ 업체명 (주소, 전화번호)								

상기와 같이 제조(가공) 설비의 보유 현황이 틀림없음을 확인합니다.

2022년 00월 00일

확인자 ⑥   입회자 ⑦

한국표준협회 : 홍 길.동   (인)   대 표 :   (인)

한국표준협회 : 홍 길.동   (인)   품질관리담당자 :   (인)

기재요령 : - ①의 란은 생산량과 판매량에 대한 단위를 기입한다.

　　　　　　 (예 : 개, 대, t, ㎥ 등)

　　　　 - ②/③의 란은 신청 또는 인증품목의 KS표준번호/표준명을 기입한다.

　　　　 - ④의 란은 신청품목 또는 인증품목 인증심사기준의 "자"항 제품의 인증 구분에서 종류별로 인증을 한 경우에는 종류를 기입한다.

　　　　 - ⑤의 란(년/월/일)은 인증기관에서 통보한 심사일정계획을 참조하여 심사종료일을 기입한다.

　　　　 - ⑥의 란은 심사일정계획을 참조하여 심사원의 소속과 성명을 기입한다.

　　　　 - ⑦의 란은 당사의 대표자와 품질관리담당자의 성명을 기입한다.

[첨부 4] 제품재고 현황

제품재고 현황

(단위: ①)

표준번호	표준명	종류 및 등급(호칭)	재고량	비고(시료수)
②	③	④	⑤	⑥

상기와 같이 제품 재고가 틀림 없음을 확인합니다.

2022년 00월 00일

확인자 ⑥   입회자 ⑦

한국표준협회 : 홍 길.동   (인)   대 표 :   (인)

한국표준협회 : 홍 길.동   (인)   품질관리담당자 :   (인)

기재요령 : - ①의 란은 생산량과 판매량에 대한 단위를 기입한다.(예 : 개, 대, t, ㎥ 등)

- ②/③의 란은 신청 또는 인증품목의 KS표준번호/표준명을 기입한다.

- ④의 란은 신청품목 또는 인증품목 인증심사기준의 "자"항 제품의 인증구분에서 종류별로 인증을 한 경우에는 종류를 기입한다.

- ⑤의 란은 신청품목 또는 인증품목 인증심사기준의 "사"항 제품시험을 위한 샘플링방식에서 규정한 재고량이상을 확보하고 그 재고량을 기입한다.

- ⑥의 란은 신청품목 또는 인증품목 인증심사기준의 "사"항 제품시험을 위한 샘플링방식에서 규정한 시료 크기를 참조하여 기입한다.(예 : n=2)

[첨부 5] 제조(가공)설비 보유현황

제조(가공) 설비(KS 0 000) 보유 현황

NO	법정설비명	보유설비명	보유대수	용량/ 공칭능력	제작사	설치년월	교정일자	비고
							교정기관	
	①	②	③	④	⑤	⑥	⑦	
외주가공인 경우 외주업체관리/ 업체명 (주소, 전화번호)								

상기와 같이 제조(가공) 설비의 보유 현황이 틀림없음을 확인합니다.

2022년 00월 00일

확인자 ⑥   입회자 ⑦

한국표준협회 : 홍 길.동   (인)   대 표 :   (인)

한국표준협회 : 홍 길.동   (인)   품질관리담당자 :   (인)

기재요령 : - ①의 란은 신청 품목 또는 인증 품목에 대한 제조 공정에 대한 공정별 제조 설비를 기입한다.(예 : 절단공정인 경우, 절단 설비)

- ②의 란은 법정 설비에 대하여 인증 품목 또는 신청 품목을 제조하는데 해당하는 제조설비를 제조설비목록과 제조설비 대장을 참조하여 설비명을 기입한다. (예 : 파워 절단기, 원형 절단기)

- ③/④/⑤/⑥의 란은 보유 설비에 대한 수량/용량 및 공칭능력/제작사/설치 년 월을 각각 기입한다.(예 : 1 절단기 /파워절단기 / 3 / 5 t, 3.2 x 2 400 ㎜/ 한국기계 / 2010. 05)

- ⑦의 란은 교정대상 설비인 경우에는 교정성적서를 참조하여 교정 일자와 교정기관을 기입한다. 세부내용은 "시험(검사)설비 보유현황"참조

[첨부 6] 시험(검사)설비 보유 현황

시험(검사) 설비(KS 0 000) 보유 현황

NO	법정설비명	보유설비명	보유대수	용량/ 공칭능력	제작사	설치년월	교정일자 교정기관	비고
	①	②	③	④	⑤	⑥	⑦	

위와 같이 시험(검사) 설비의 보유 현황이 틀림없음을 확인합니다.

2022년 00월 00일

확인자 ⑥   입회자 ⑦

한국표준협회 : 홍 길.동   (인)   대 표 :   (인)

한국표준협회 : 홍 길.동   (인)   품질관리담당자 :   (인)

기재요령 : - ①의 란은 신청 품목 또는 인증 품목 인증심사기준의 "마"항 검사설비의 관리에서 기술한 주요 설비명을 순서별로 기입
한다. (예 : 1 치수측정기)
- ②의 란은 주요 설비에 대하여 검사설비목록과 검사설비 대장을 참조하여 당사에서 보유한 설비명을 기입한다.(예 : 강
제줄자, 버니어캘리퍼스)
- ③/④/⑤/⑥의 란은 보유설비에 대한 수량/용량 및 공칭능력/제작사/설치 년월을 기입한다.
  (예 : 1 치수측정기 /강제줄자 / 3 / 3 000 ㎜ , 1 ㎜ / TAJIMA/ 2090. 05)
- ⑦의 란은 교정 대상 설비인 경우에는 교정계획서, 교정성적서 등을 참조하여 교정일자와 교정기관을 기입한다.(교정일
자는 예와 같이 표기한다. 예 : 2098.01.02.)

[첨부 7] 현장 입회시험 결과 현황

현장 입회시험 결과 현황

품목	①
종류 (등급·호칭)	
기간	②

검사항목	③						
구분	빈도수	평균값	KS기준값	사내허용값	현장시험값	판정	
④	⑤	⑥	⑦	⑦	⑧	1. KS 허용 값 비교 □ 적합　□부적합 2. 사내 허용 값 비교 □ 적합　□부적합	
평균							

상기와 같이 이상 없음을 확인합니다.

2022년 00월 00일

확인자 ⑥　　　　　　　　　입회자 ⑦

한국표준협회 : 홍 길.동　　(인)　대 표 :　　　　(인)

한국표준협회 : 홍 길.동　　(인)　품질관리담당자 :　　(인)

기재요령 : - ①의 란은신청 또는 인증품목의 KS표준번호(표준명)/종류를 기입한다.

　　　　　　단 종류는 종류별로 인증을 한 경우에는 종류를 기입한다.

　　　- ②의 란은DATA수집 기간을 기입한다.

　　　- ③의 란은제품품질항목 중에서 자체적으로 관리하고 있는 중요품질항목을 기입한다.

　　　- ④의 란은연월을 기입한다. (예 : 2097년 11월)-⑤/⑥의 란은해당 월 "DATA의 수/ DATA의 평균값"을 기입한다.

　　　　(이때 인증심사는 3개월, 정기심사는 12개월 DATA를 기입한다.)

　　　- ⑦의 란은해당 검사항목에 대한 KS표준 및 사내표준에서 규정하고 있는 기준값을기입한다.

　　　- ⑧의 란은심사원이 현장시험 결과를 확인하고 기입한다.

　　　예) 품목 : KS B 6377 (팬코일유닛),

　　　　　종류 :　풍량가변형매입형천장달아맴형

　　　예) 심사일 2098.02.10일 인 경우에는,

　　　　　인증심사 2097.11.01 ~ 2098.01.31.,

　　　　　정기심사 2097.02.01.~2098.01.31

자재관리목록(KS C 7655)

번호	자재명	용도	규격(Spec)	공급업체	변경사항
1	반도체소자류	전압 정류 및 회로 절연	Varistor SVC 561D-14A 외		
2	커패시터	전원 노이즈제거	X-Cap, Y-cap		
3	저항	전류 및 전압조정	0.1/5W 외		
4	퓨즈	회로보호	OSE5 T4.0A 300VA		
5	인쇄회로기판	회로부품 장착 및 회로연결	FR-4, 206*142*1.6T		

위와 같이 자재관리 목록을 승인 함

2022년 00월 00일

확인자 ⑥   입회자 ⑦

한국표준협회 : 홍 길.동   (인)   대 표 :   (인)

한국표준협회 : 홍 길.동   (인)   품질관리담당자 :   (인)

Chapter 8

Ez-spc 활용 통계적 분석

1. Ez-spc 활용 통계적 분석

1.1 산점도(Scatter plot)

[산점도]

서로 대응되는 두 데이터를 그래프 위에 점으로 나타낸 것으로 X와 Y의 관계를 규명하기 위해 사용합니다. 예를 들어 몸무게와 키, 온도와 수확량 등의 관계를 알고 싶을 때 사용한다.

[적용예제]

두 변수 온도, 길이에 대하여 다음과 같은 8개의 데이터가 있습니다. 이 두 변수 간에 어떤 관계가 있는지 알아보고자 한다.

[사용절차]

1. WorkSheet에서 한 쌍이된 두 종류의 데이터를 입력
   합니다. 입력한 데이터 부분을 마우스 드래그 후,

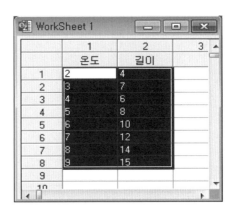

메뉴의 [도구]에서 [산점도]를 클릭한다. 또는, 툴바에
서 ⊞ 아이콘을 클릭한다.

2. [변수 선택] 창에서 적당한 변수를 선택하고, 확인을 클릭한다.

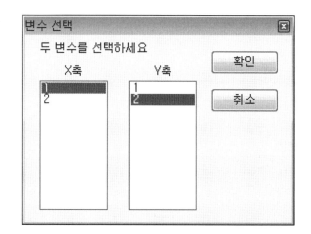

3. 오른쪽 그림과 같이 산점도결과가 나타난다.

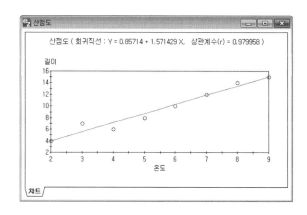

4. 산점도 결과에서 오른쪽 마우스를 이용해, [속성창 보기] 메뉴를 클릭하면 산점도 결과를 편집할 수 있다. 또한, 그래프 복사하기 및 그림파일로 저장, 인쇄가 가능하다.

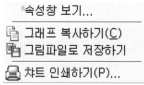

[참고]
• 회귀직선 : 일정 경향 선으로부터 점들의 산포가 최소가 되는 직선방정식
• 상관계수 : 두 변량 간의 관계의 정도를 나타내는 척도로서 n이 3이상이어야만 정의가 가능하며, r값이 +1 혹은 -1에 가까울 수록 상관관계가 크다는 것을 뜻한다.
(r=0 : 무상관, r<0 : 음상관, r>0 : 양상관)

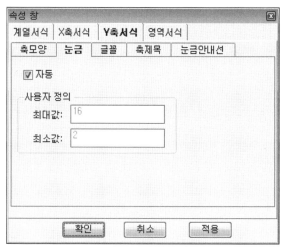

1.2 히스토그램(Histogram)

[히스토그램]

어떤 조건하에서 취해진 데이터가 존재하는 범위를 몇 개의 구간으로 나누어 각 구간에 포함되는 데이터의 발생도수를 도수 표를 작성한 다음 이를 도형화한 것으로 막대그래프(bar graph) 또는 도수분포도(frequency distribution graph)라고도 한다.

공정으로부터 수집한 개별 자료들은 비록 일정한 표준 내에서 생산되도록 설계되어 있지만 실제로는 모두 차이가 있기 때문에 단순히 이들을 보기만 해서는 공정 특성 분포를 알 수 없다.

히스토그램은 이러한 정보를 정리하여 공정상태에 관해 결론을 내릴 수 있는 양식으로 표현한 것이다.

[결과물]

히스토그램, 히스토그램 자료(계급값, 상대도수, 누적도수 등)

[적용예제]

A 사의 배달트럭의 운행거리에 대한 데이터를 수집하였는데, 이 운행거리에 대한 데이터가 어떤 분포의 형태를 나타내고 있는지를 한눈에 알아보고 싶다. 이런 경우 우리는 히스토그램을 통해 데이터의 특징을 쉽게 알아 볼 수 있다.

[사용절차]

1. WorkSheet에서 하나의 열에 데이터를 입력한다. 입력한 데이터 부분을 마우스 드래그 후,

메뉴의 [도구]에서 히스토그램를 클릭한다. 또는, 툴바에서 ▥ 아이콘을 클릭한다.

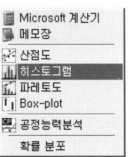

2. 아래와 같이 히스토그램 결과가 나타난다.

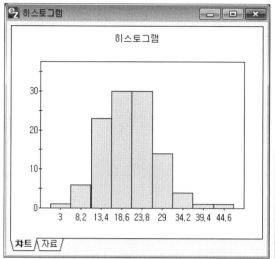
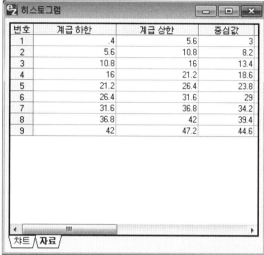

3. 히스토그램 결과에서 오른쪽 마우스를 이용해, [속성창 보기] 메뉴를 클릭하면 히스토그램 결과를 편집할 수 있다. 또한, 그래프 복사하기 및 그림파일로 저장, 인쇄가 가능하다.

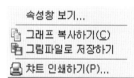

[참고]

- 계급 상, 하한 : 각 계급의 최대치(상한), 최소치(하한)를 나타난다.
- 중심 값 도수 : 각 계급의 중앙값을 나타난다.
- 상대도수 : 전체 빈도수에 각 계급이 차지하는 비율이다.
- 누적도수 : 첫 계급부터 해당계급까지 도수를 누적하여 합한 값이다.
- 상대누적도수 : 첫 계급부터 해당계급까지 상대도수를 누적하여 합한 값이다.

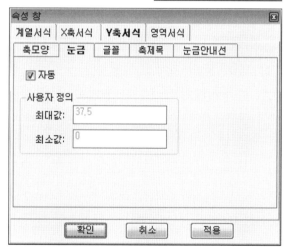

1.3 파레토도(Pareto diagram)

[파레토도]

현장에서 문제가 되고 있는 부적합품, 결점, 클레임, 사고 등과 같은 현상을 원인별로 분류하여 불량 개수 및 손실금액 등이 많은 순서로 정리하여 막대그래프로 나타낸 것이다. 좌측 좌표에는 실제 크기를 나타내고, 우측 좌표에는 누적점유율을 나타내어 문제의 원인이 되는 핵심인자가 얼마나 큰 비중을 차지하고 있는 지를 쉽게 알 수 있다.

[결과물]

파레토도, 항목에 대한 자료(수량, 점유율, 누적수량, 누적점유율)

[적용예제]

A 공장 제품의 결함의 원인을 조사한 결과 먼지, 기계고장, 기계마모, 원자재 부적합, 작업자의 부주의, 기타 등이 주된 원인으로 판단되었다. 공장관리자는 이런 원인 중에 어떤 원인이 큰 비중을 차지하고 있는 가를 파레토도를 통해 알고자 한다.

[사용절차]

1. WorkSheet에서 한 열에 결함의 원인을 입력한고, 또 다른 열에는 각 결함에 해당되는 결함의 횟수를 입력한다.

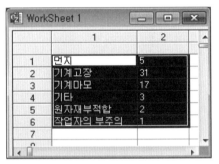

　메뉴의 [도구]에서 [파레토도]를 클릭한다. 또는, 툴바에서 ⊞ 아이콘을 클릭한다.

2. [변수 선택] 창에서 알맞은 변수를 선택하
   고, [확인]을 클릭한다.

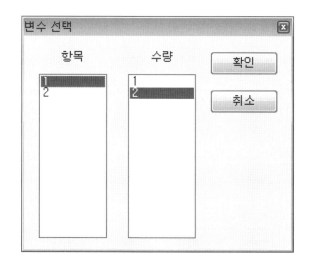

3. 아래와 같이 파레토도의 그림과 자료의 결과가 나타난다.

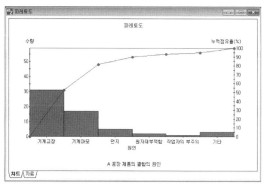
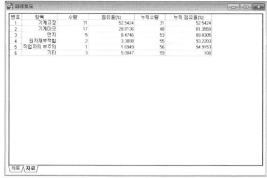

4. 파레토도 결과에서 오른쪽 마우스를 이용해, [속성창 보기] 메뉴를 클
   릭하면 파레토도 결과를 편집할 수 있다. 동시에 그래프 복사하기 및
   그림파일로 저장, 인쇄가 가능하다.

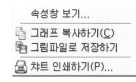

[참고]

   파레토도 : 흔히 80:20 법칙을 파레토 법
   칙이라고 부른다. 위의 결과를 보면 두
   항목(전체 항목의 약 20%)이 전체 불량 원
   인의 80%를 차지하고 있는 것을 볼 수
   있다.

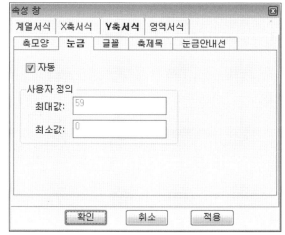

1.4 공정능력분석

[공정능력분석]

제품의 개발 및 제조단계에서 공정의 품질 변동 크기(산포)를 측정하고 규격과 비교, 분석하며, 변동의 폭을 감소시키기 위해 통계적 방법들을 이용하는 것을 말한다. 또한 공정능력지수(Process Capability Index)를 통해 공정의 능력을 수치로 나타난다.

[결과물]

히스토그램(규격 포함), 평균, 분산, 표준편차, 공정능력지수, 부적합률, 잠재 부적합률, dot-plot

[적용예제]

A공장 제품에 공정능력을 알아 보기 위해 한 시간에 5개씩 총 16회 샘플링을 하였다. 데이터를 통해 이 공장의 공정능력이 좋은지 나쁜지를 알아보도록 한다.

[사용절차]

1. WorkSheet에서 데이터를 입력합니다. 부품군이 있다면, 첫번째 부분군부터 마지막 부분군까지 순차적으로 일렬로 입력한다. 입력한 데이터 부분을 마우스 드래그 후,

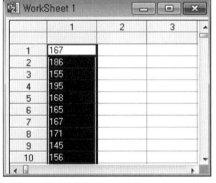

메뉴의 [도구]에서 [공정능력분석]을 클릭한다. 또는, 툴바에서 ▓ 아이콘을 클릭한다.

2. [규격 입력] 창에서 알맞은 값을 입력하고, [확인]을 클릭한다.

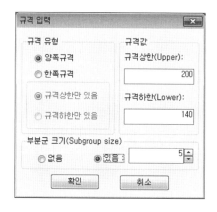

부품군의 크기가 있을 경우는 마우스로 부품군 크기 [있음] 클릭한다.

3. 아래와 같이 공정능력분석결과가 나타난다.

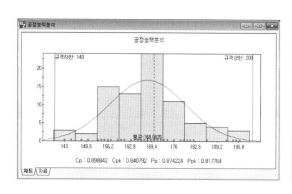 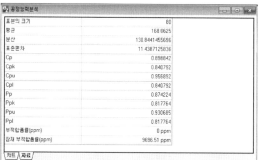

- C_{pk} : 공정평균의 위치를 반영하는 지수로 $(USL-\mu)/3\sigma$과 $(\mu-LSL)/3\sigma$ 중에 작은 값이 C_{pk} 값입니다. $(C_{pk} = (1-k)C_p)$ 치우침도(k) :공정평균이 규격중심에서 벗어나는 정도 k= lμ-m l/(T/2), 여기서 m = (USL+LSL) / 2, T = (USL-LSL)

  일반적인 경우 : C_{pk} = (1-k)*C_p

  규격상한만 있는 경우 : C_{pu} = $(USL-\mu)/3\sigma$

  규격하한만 있는 경우 : C_{pl} = $(\mu-LSL)/3\sigma$

- P_p (잠재적 공정능력지수) : C_{pk}는 군간 변동(Between variance)을 고려하여 지수를 구하는 방식이고 P_{pk}는 군간 변동을 고려하지 않고 지수를 구하는 방식이란 점에서 큰 차이가 있습니다. 주로 초기 개발품에 많이 사용합니다. - P_{pk}와 P_{pu} 등은 C_{pk} 와 C_{pu}와 같은 방식으로 구합니다.

- 잠재 부적합률 : 정규분포에서 규격하한값과 상한값을 벗어날 확률의 합을 의미합니다. 즉, 잠재적으로 UCL, LCL을 벗어날 확률값이 P[z=(x-x̄)/표준편차>UCL] + P[z=(x-x̄)/표준편차<LCL]임을 이용하여 구합니다.

1.5 X̄-R관리도(X̄-R Control chart)

[X̄-R 관리도]

관리대상이 되는 항목이 길이, 무게, 시간, 강도, 성분, 수확률 등과 같이 데이터가 연속량(계량치)으로 나타나는 공정을 관리할 때 사용되는 관리도이다. 공정에서 얻어진 데이터를 적당한 군으로 나누어 각 군의 평균치(xbar)와 군마다의 범위(R)를 구하여 각각 별도로 점을 찍어 나타난다.

부분군 평균에 대한 관리도(xbar 관리도)와 부분군 범위에 대한 관리도(R 관리도)를 같은 그래프에서 확인할 수 있다.

[적용예제]

한 공정에서 시료군의 크기를 5로하여 25개의 부분군을 채취하였다.

[사용절차]

1. WorkSheet에서 데이터를 입력한다. 입력한 데이터 부분을 마우스 드래그 후, [그래프] 메뉴에서 [X̄-R 관리도]를 클릭한다.

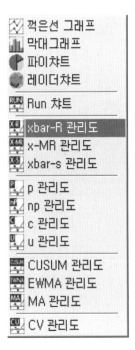

2. [선택] 창에서 관리 용도를 선택한다. 일반적으로 관리
   도를 처음 작성 시에는 해석용을 클릭한다.

   • x축에 샘플번호 대신에 날짜를 입력하려면 다른 열
     에 날짜입력하기를 선택하여 날짜를 입력한다. 날짜
     대신에 다른 내용을 입력하고자 한다면 비어있는 열
     에 직접 내용을 입력한다.
     자세한 날짜 입력방법은 도움말 편집메뉴에 날짜 입
     력하기를 참고한다. 샘플을 번호순서에 맞게 입력하
     고자 하면 x축 표시 선택에서 순서별(자동)기능을 선
     택한다. 날짜나 다른 내용을 x축으로 표시하고 싶다
     면 날짜별(사용자 입력) 기능과 내용을 입력한 열을 선
     택한 후에 확인을 클릭한다.

3. [X-R 관리도]를 실시한 결과는 [관리도] 창과 [자료] 창에서 확인할 수 있다.

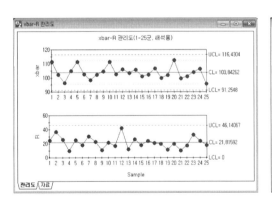

   • 관리한계선이 결정되어 있다면 관리용을 선택한다. 적용예제의 관리도는 관리상태에 있음을 알
     수 있다. 만일 위의 관리한계선을 사용하여 공정을 관리하고 싶다면 추가된 데이터로 사용절차 1
     을 실행한 후, 선택창의 관리용도로 관리용을 선택한다. 그런 후에 각각의 관리한계선을 입력한
     다. 실행한 결과는 해석용과 마찬가지로 [자료] 창에서 확인할 수 있다.

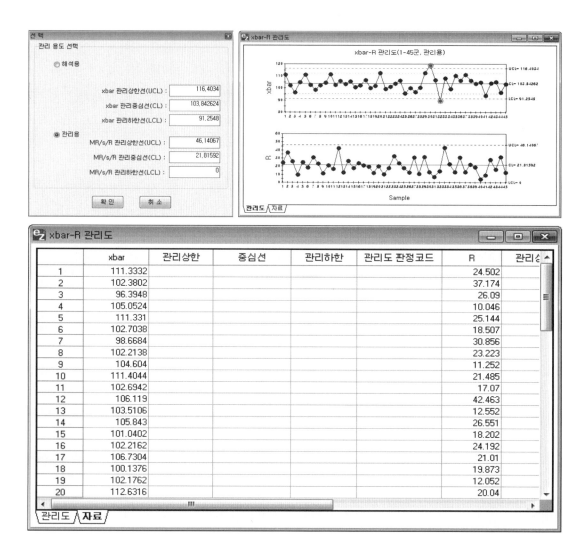

4. X-R 관리도 결과에서 오른쪽 마우스를 이용해, [속성창 보기] 메뉴를 클릭하면 X-R 관리도 결과
를 편집할 수 있다. 또한, [그래프 복사하기] 및 [그림파일로 저장하기], [차트 인쇄하기]가 가능
하다.

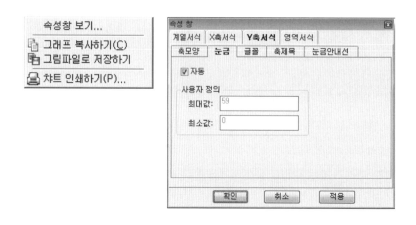

[참고]

- 중심선(CL) : 공정이 정상상태 있을 때, 품질특성의 평균치에 해당된다.
- 관리상한선(UCL) : 공정이 정상상태 있을 때, 중심선에서 3σ 위에 있는 관리한계선이다.
- 관리하한선(LCL) : 공정이 정상상태 있을 때, 중심선에서 3σ 아래에 있는 관리한계선이다.
- 부분군 : 동일조건하에서 랜덤하게 추출된 일단의 측정치를 말한다.
- 시료 크기 : 부분군의 크기를 말한다.
- 이상 원인 : 작업자의 부주의, 불량자재의 사용 등에 의하여 발생되는 변동을 주는 원인을 의미한다.
- 우연 원인 : 관리된 상태 하에서도 발생되는 어느 정도의 불가피한 변동을 주는 원인을 의미한다. (예 : 작업자 숙련도 차이, 작업환경의 차이 등)
- 관리도의 판정은 자료창의 밑에 있는 관리도 판정코드를 통해 시행할 수 있다.

1.6 P 관리도(P Control chart)

[P 관리도]

부적합률로서 공정을 관리할 때 사용한다. 이 관리도는 시료의 크기가 반드시 일정하지 않아도 작성이 가능하다. 2급품률, 규격외품의 비율, 양호품률, 출근률등도 p관리도를 이용할 수 있다.

[적용예제]

25개의 시료군에서 각각의 시료 크기와 부적합 개수를 측정하였다.

[사용절차]

1. WorkSheet에서 데이터를 입력한다. 입력한 데이터 부분을 마우스 드래그 후, [그래프] 메뉴에서 [p 관리도]를 클릭한다.

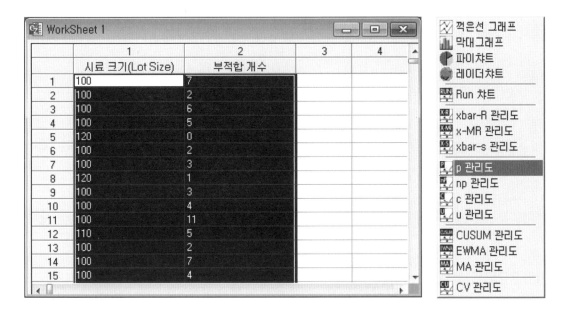

2. [변수 선택] 창에서 시료 크기와 불량 개수가 있는 열을 선택하고 [확인]을 클릭한다.

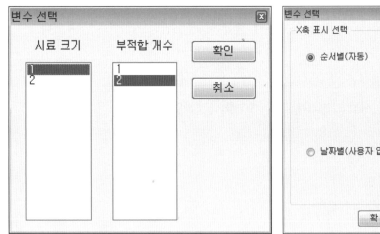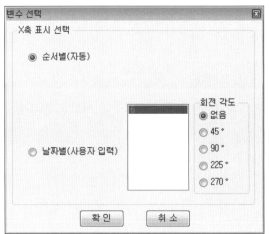

• x축에 샘플번호 대신에 날짜를 입력하려면 다른 열에 날짜입력하기를 선택하여 날짜를 입력한다. 날짜 대신에 다른 내용을 입력하고자 한다면 비어있는 열에 직접 내용을 입력한다.
　자세한 날짜 입력방법은 도움말 편집메뉴에 날짜 입력하기를 참고하시기 바란다. 샘플을 번호 순서에 맞게 입력하고자 하면 x축 표시 선택에서 순서 별(자동)기능을 선택한다. 날짜나 다른 내용을 x축으로 표시하고 싶을 경우 날짜 별(사용자 입력)기능과 내용을 입력한 열을 선택한 후

에 확인을 클릭한다.

3. [p 관리도]를 실시한 결과는 [관리도] 창과 [자료] 창에서 확인할 수 있다.

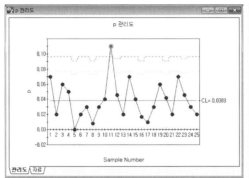 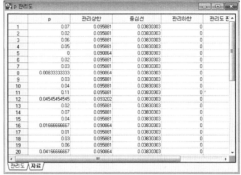

4. p 관리도 결과에서 오른쪽 마우스를 이용해, [속성창 보기] 메뉴를 클릭하면 p 관리도 결과를 편집할 수 있다. 또한, [그래프 복사하기] 및 [그림파일로 저장하기], [챠트 인쇄하기]가 가능하다.

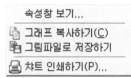

[참고]

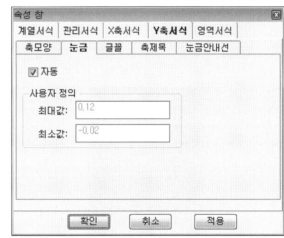

• 중심선(CL) : 공정이 정상상태 있을 때, 품질특성의 평균치에 해당된다.
• 관리상한선(UCL) : 공정이 정상상태 있을 때, 중심선에서 3σ 위에 있는 관리한계선이다.
• 관리하한선(LCL) : 공정이 정상상태 있을 때, 중심선에서 3σ 아래에 있는 관리한계선이다.
• 부분군 : 동일조건하에서 랜덤하게 추출된 일단의 측정치를 말한다.
• 시료 크기 : 부분군의 크기를 말한다.
• 이상 원인 : 작업자의 부주의, 불량자재의 사용 등에 의하여 발생되는 변동을 주는 원인을 의미한다.
• 우연 원인 : 관리된 상태 하에서도 발생되는 어느 정도의 불가피한 변동을 주는 원인을 의미한다. (예 : 작업자 숙련도 차이, 작업환경의 차이 등)
• 관리도의 판정은 자료창의 밑에 있는 관리도 판정코드를 통해 시행할 수 있다.

1.7 nP 관리도(nP Control chart)

[nP 관리도]

데이터가 계량치가 아니고, 하나하나의 물품을 양호, 부적합으로 판정하여 시료 전체 속에 부적합품이 몇 개 있었는가? 라는 부적합 개수로써 공정을 관리할 때에 사용한다. 시료의 크기(개수, n)가 항상 일정할 경우에만 사용한다.

[적용예제]

시료군의 크기는 100으로 일정하고, 시료군 25개에서 부적합 개수를 측정하였다.

[사용절차]

1. WorkSheet에서 데이터를 입력합니다. 입력한 데이터 부분을 마우스 드래그 후, [그래프] 메뉴에서 [nP 관리도]를 클릭한다.

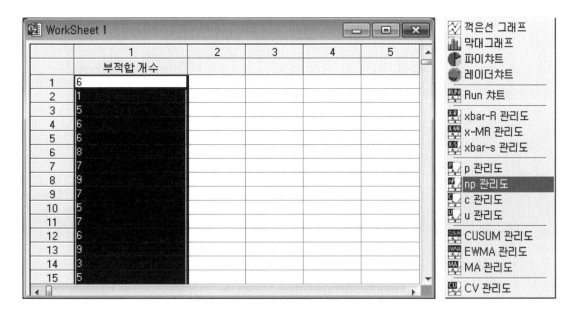

2. [선택] 창에서 관리용도를 선택한다. 일반
   적으로 관리도를 처음부터 작성 시에는 해
   석용을 클릭한다.

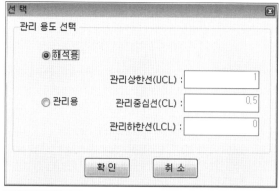

- x축에 샘플번호 대신에 날짜를 입력하려
  면 다른 열에 날짜입력하기를 선택하여
  날짜를 입력한다. 날짜 대신에 다른 내용
  을 입력하고자 한다면 비어있는 열에 직
  접 내용을 입력한다.
  자세한 날짜 입력방법은 도움말 편집메
  뉴에 날짜 입력하기를 참고하시기 바란
  다. 샘플을 번호순서에 맞게 입력하고자
  하면 x축 표시 선택에서 순서별(자동)기
  능을 선택한다. 날짜나 다른 내용을 x축
  으로 표시하고 싶다면 날짜별(사용자 입
  력)기능과 내용을 입력한 열을 선택한 후
  에 확인을 클릭한다.

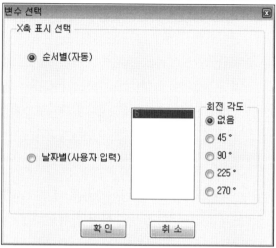

3. [시료군의 크기 입력] 창에서 시료군의 크
   기를 입력하고 [확인]을 클릭한다. 시료군
   의 크기 : 100

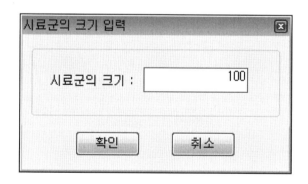

4. [np 관리도]를 실시한 결과는 [관리도] 창과 [자료] 창에서 확인할 수 있다.

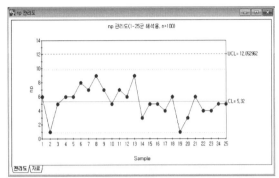

• 관리한계선이 결정되어 있다면 관리용을 선택한다. 적용예제의 관리도는 관리상태에 있음을 알 수 있다. 만일 위의 관리한계선을 사용하여 공정을 관리하고 싶다면 추가된 데이터로 사용절차 1을 실행한 후, 선택창의 관리용도로 관리용을 선택한다. 그런 후에 관리한계선을 입력한다. 실행한 결과는 해석용과 마찬가지로 [자료] 창에서 확인할 수 있다.

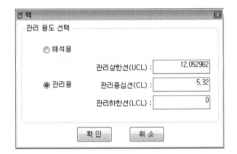

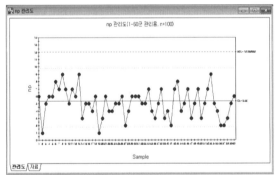

5. np 관리도 결과에서 오른쪽 마우스를 이용해, [속성창 보기] 메뉴를
   클릭하면 np 관리도 결과를 편집할 수 있다. 또한, [그래프 복사하기]
   및 [그림파일로 저장하기], [차트 인쇄하기]가 가능하다.

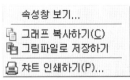

[참고]

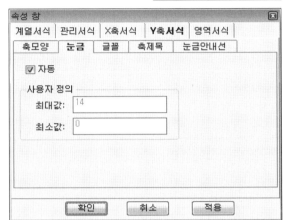

- 중심선(CL) : 공정이 정상상태 있을 때, 품
  질특성의 평균치에 해당된다.
- 관리상한선(UCL) : 공정이 정상상태 있을
  때, 중심선에서 3σ 위에 있는 관리한계선
  이다.
- 관리하한선(LCL) : 공정이 정상상태 있을
  때, 중심선에서 3σ 아래에 있는 관리한계
  선이다.
- 부분군 : 동일조건하에서 랜덤하게 추출된 일단의 측정치를 말한다.
- 시료 크기 : 부분군의 크기를 말한다.
- 이상 원인 : 작업자의 부주의, 불량자재의 사용 등에 의하여 발생되는 변동을 주는 원인을 의미한다.
- 우연 원인 : 관리된 상태 하에서도 발생되는 어느 정도의 불가피한 변동을 주는 원인을 의미한다.
  (예 : 작업자 숙련도 차이, 작업환경의 차이 등)
- 관리도의 판정은 자료창의 밑에 있는 관리도 판정코드를 통해 시행할 수 있다.

2. Ez-spc 활용 관리도, 공정능력분석사례

2.1 x-R관리도

(a)

군번호	x1	x2	x3	x4	x5
1	2.4	2	2	2.4	1.8
2	1.6	2.3	2	2.3	1.9
3	2	2.1	2	1.8	1.8
4	2.1	2	1.9	2.2	2.3
5	2.1	2.2	1.8	1.7	2
6	1.9	2	1.9	1.8	2.2
7	2	2.1	2.1	2	1.9
8	2.2	2.4	2.7	2.1	2.1
9	2.2	2.2	2.4	1.6	2
10	1.8	2	2.4	1.9	2.2
11	1.9	2.1	2.2	2.1	1.8
12	1.9	2.5	1.7	2.1	2
13	2.1	1.6	1.8	2	2.3
14	2.2	1.8	1.9	1.8	1.6
15	2.1	1.8	1.9	2.2	1.9

(b)

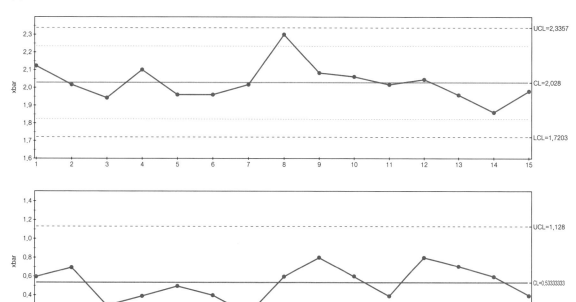

(c)

	xbar	관리상한	중심선	관리하한	관리도 판정코드	R	관리상한	중심선	관리하한	관리도 판정코드
1	2.12	2.3357	2.028	1.7203		0.6	1.128 333333333333		0	
2	2.02	2.3357	2.028	1.7203		0.7	1.128 333333333333		0	
3	1.94	2.3357	2.028	1.7203		0.3	1.128 333333333333		0	
4	2.1	2.3357	2.028	1.7203		0.4	1.128 333333333333		0	
5	1.96	2.3357	2.028	1.7203		0.5	1.128 333333333333		0	
6	1.96	2.3357	2.028	1.7203		0.4	1.128 333333333333		0	
7	2.02	2.3357	2.028	1.7203		0.2	1.128 333333333333		0	
8	2.3	2.3357	2.028	1.7203		0.6	1.128 333333333333		0	
9	2.08	2.3357	2.028	1.7203		0.8	1.128 333333333333		0	
10	2.06	2.3357	2.028	1.7203		0.6	1.128 333333333333		0	
11	2.02	2.3357	2.028	1.7203		0.4	1.128 333333333333		0	
12	2.04	2.3357	2.028	1.7203		0.8	1.128 333333333333		0	
13	1.96	2.3357	2.028	1.7203		0.7	1.128 333333333333		0	
14	1.86	2.3357	2.028	1.7203		0.6	1.128 333333333333		0	
15	1.98	2.3357	2.028	1.7203		0.4	1.128 333333333333		0	
16										
17										
18	[관리도 판정코드]									
19	*: 관리한계선을 벗어난 이상점									
20	A: 길이 7 이상의 점이 한쪽에 연속해서 발생함									
21	B: 길이 7 이상 점의 상승 또는 하강의 경향이 발생함									
22	C: 연속 11 점 중 적어도 10 점이 한쪽에 연속해서 발생함									
23	D: 연속 14점 중 적어도 12 점이 한쪽에 연속해서 발생함									
24	E: 연속 17 점 중 적어도 14 점이 한쪽에 연속해서 발생함									
25	F: 연속 20 점 중 적어도 16 점이 한쪽에 연속해서 발생함									
26	G: 연속 3 점 중 적어도 2 점이 2σ와 3σ사이에 있을때									
27	H: 연속 7 점 중 적어도 3 점이 2σ와 3σ사이에 있을때									
28	I: 연속 10 점 중 적어도 4 점이 2σ와 3σ사이에 있을때									

1. 관리한계 초과 (1점이 3시그마를 벗어난 경우) X

2. 연(run)현상 (중심선의 어느 한쪽편에 연속되는 9점이 있는 경우) X

3. 경향(trends)현상

(연속되는 6점이 연속적으로 증가하거나 감소하는 경우) X

4. 주기(cycle) 반복 패턴(양상) 현상 (연속되는 14점이 교대로 오르락 내리락 하는 경우) X

5. zone rule(1) 관리한계에 접근 (3점중 2점이 중심선에서 2시그마를 벗어나는 경우 *한쪽편) X

6. zone rule(2)

(5점중 4점이 중심선에서 1시그마를 벗어나는 경우 *한쪽편) X

7. 중심선으로의 접근 (15점이 중심선으로 부터 1시그마를 범위내에 있는 경우 *양쪽편) X

8. zone rule(3) (8점이 중심선으로 부터 1시그마 밖에 있는 경우 *양쪽편 / 연속하는 8점이 1시그마 영역안에 하나도 없는 경우) X

2.2 P관리도

(a)

로트번호	검사개수	부적합품수	로트번호	검사개수	부적합품수
1	170	8	14	270	16
2	170	5	15	230	10
3	170	10	16	250	9
4	170	12	17	200	6
5	200	11	18	310	14
6	230	15	19	310	16
7	85	4	20	200	10
8	80	5	21	170	12
9	80	0	22	170	8
10	120	6	23	160	11
11	240	11	24	170	11
12	185	9	25	100	3
13	270	13			

(b)

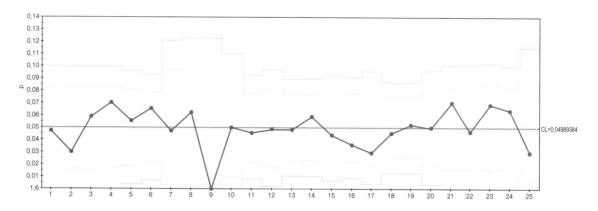

(c)

	p	관리상한	중심선	관리하한	관리도 판정코드
1	0.04705882	0.09999022	0.04989384	0	
2	0.02941176	0.09999022	0.04989384	0	
3	0.05882353	0.09999022	0.04989384	0	
4	0.07058824	0.09999022	0.04989384	0	
5	0.055	0.09608042	0.04989384	0.00370726	
6	0.06521739	0.09296305	0.04989384	0.00682464	
7	0.04705882	0.12074082	0.04989384	0	
8	0.0625	0.12292124	0.04989384	0	
9	0	0.12292124	0.04989384	0	
10	0.05	0.10952046	0.04989384	0	
11	0.04583333	0.09205623	0.04989384	0.00773146	
12	0.04864865	0.09791636	0.04989384	0.00187132	
13	0.04814815	0.08944492	0.04989384	0.01014276	
14	0.05925926	0.08944492	0.04989384	0.01014276	
15	0.04347826	0.09296305	0.04989384	0.00682464	
16	0.036	0.09120438	0.04989384	0.00858331	
17	0.03	0.09608042	0.04989384	0.00370726	
18	0.04516129	0.0869918	0.04989384	0.01279589	
19	0.0516129	0.0869918	0.04989384	0.01279589	
20	0.05	0.09608042	0.04989384	0.00370726	
21	0.07058824	0.09999022	0.04989384	0	
22	0.04705882	0.09999022	0.04989384	0	
23	0.06875	0.10153201	0.04989384	0	
24	0.06470588	0.09999022	0.04989384	0	
25	0.03	0.11521153	0.04989384	0	
26					
27					
28	[관리도 판정코드]				
29	* : 관리한계선을 벗어난 이상점				
30	A : 길이 7 이상의 점이 한쪽에 연속해서 발생함				
31	B : 길이 7 이상 점의 상승 또는 하강의 경향이 발생함				
32	C : 연속 11 점 중 적어도 10 점이 한쪽에 연속해서 발생함				
33	D : 연속 14 점 중 적어도 12 점이 한쪽에 연속해서 발생함				
34	E : 연속 17 점 중 적어도 14 점이 한쪽에 연속해서 발생함				
35	F : 연속 20 점 중 적어도 16 점이 한쪽에 연속해서 발생함				
36	G : 연속 3 점 중 적어도 2 점이 2σ와 3σ사이에 있을때				
37	H : 연속 7 점 중 적어도 3 점이 2σ와 3σ사이에 있을때				
38	I : 연속 10 점 중 적어도 4 점이 2σ와 3σ사이에 있을때				

1. 관리한계 초과 (1점이 3시그마를 벗어난 경우) X

2. 연(run)현상 (중심선의 어느 한쪽편에 연속되는 9점이 있는 경우) X

3. 경향(trends)현상

(연속되는 6점이 연속적으로 증가하거나 감소하는 경우) X

4. 주기(cycle) 반복 패턴(양상) 현상 (연속되는 14점이 교대로 오르락 내리락 하는 경우) X

5. zone rule(1) 관리한계에 접근 (3점중 2점이 중심선에서 2시그마를 벗어나는 경우 *한쪽편) X

6. zone rule(2)

(5점중 4점이 중심선에서 1시그마를 벗어나는 경우 *한쪽편) X

7. 중심선으로의 접근 (15점이 중심선으로 부터 1시그마를 범위내에 있는 경우 *양쪽편) O

8. zone rule(3) (8점이 중심선으로 부터 1시그마 밖에 있는 경우 *양쪽편 / 연속하는 8점이 1시그마 영역안에 하나도 없는 경우) X

2.3 공정능력분석

(a)

47.2	47.9	50.3	48.5	49.2
47.8	46.4	49.1	47.9	47.7
47.6	47	48.1	48.98	48.4
45.8	48	47.7	49	48.9
47.9	49.6	49.3	50	47.1
48.1	48.8	48.8	49.1	49.6
48	48.7	46.4	49.9	47.4
48.3	48	50.8	47.4	48
49.5	48.5	48.3	46.9	49.2
47	48.6	47	47.1	48.8

(b)

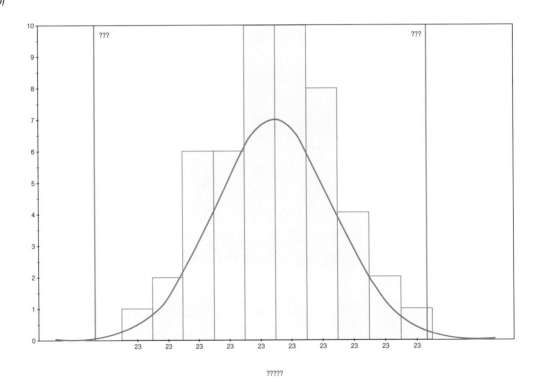

(c)

표본의 크기	50
평균	48.2716
분산	1.1300422857
표준편차	1.0684581159
Cp	0.98
Cpk	0.89127734
Cpu	0.89127734
Cpl	1.06872267
Pp	0.93592812
Ppk	0.85119543
Ppu	0.85119543
Ppl	1.02066082
부적합품률(ppm)	0 ppm
잠재 부적합품률(ppm)	6430.37 ppm
장기 시그마수준	2.55358629
단기 시그마수준	4.05358629

** 규격 상한 : 51, 규격하한 45

- 공정능력 3등급으로 공정능력이 부족하다.

공정능력의 평가 및 조치

등급	PCI=C_p (또는 C_{pk})의 값	분포와 규격의 한계	공정능력 유무의 판단	조 치
특급	$C_p \geq 1.67$		공정능력이 매우 충분하다	제품의 산포가 약간 커져도 걱정할 필요가 없다. 관리의 간소화나 코스트 절감의 방법 등을 생각한다.
1 등급	$1.67 > C_p \geq 1.33$		공정능력은 충분하다.	이상적인 상태이므로, 유지한다.
2 등급	$1.33 > C_p \geq 1.00$		공정능력이 충분하다고 할 수는 없지만 근사하다	공정관리를 철저하게 하여 관리상태를 유지해야 한다. C_p가 1에 가까워지면 부적합품이 발생할 우려가 있으므로, 필요할 때는 조치를 취한다.
3 등급	$1.00 > C_p \geq 0.67$		공정능력이 부족하다.	부적합품이 발생하고 있다. 전수선별, 공정의 개선, 관리가 필요하다.
4 등급	$0.67 > C_p$		공정능력이 대단히 부족하다.	품질이 전혀 만족스럽지 않다. 서둘러 현황조사, 원인규명, 품질개선 같은 긴급대책이 필요하다. 또한 상한·하한 규격을 재검토.

Chapter 9

KS 심사사항
항목별 준비자료 샘플

1. 품질경영

1.1 경영자 리더십

- 경영자 면담(리더쉽과 의지 표명)

- 조직도 및 업무분장표

조직도

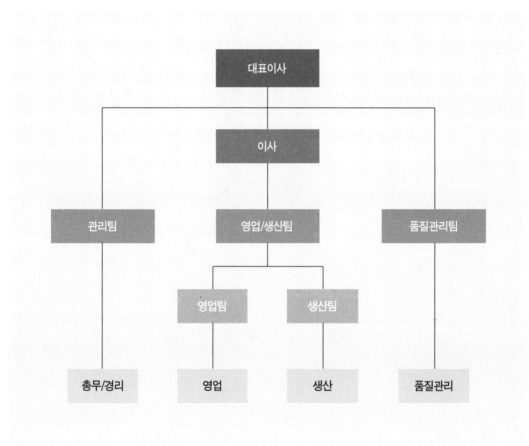

팀별 직무 분장표

팀 별	직 무 내 용
관리팀	○ 대외관계 제반업무 및 공문서 처리 업무 ○ 고정 자산 관리 및 보전에 관한 사항 ○ 인사관리 업무 ○ 관공서 업무 ○ 사인 및 직인 관리에 관한 사항 ○ 금전 출납 및 경리 장부 기장 업무 ○ 세무 관계 업무 ○ 원가 계산 및 결산 업무 ○ 재무제표 및 결산 업무 ○ 기타 통화증권 관리에 관한 제반 업무 ○ 구매 물품의 인수검사
영업팀	○ 구매 물품의 시장조사 및 견적 조회에 관한 업무 ○ 제반 물품의 구매 ○ 구매 물품의 인수검사 및 입고 의뢰 ○ 구매 물품의 대금 지불 의뢰 ○ 기타구매에 관한 제반 업무 ○ 자재 수불 관리 및 재고 기록에 관한 사항 ○ 구매의뢰 및 적정 재고 산출에 관한 사항 ○ 영업 전반에 관한 사항 ○ 외주 관리 전반에 관한 사항
생산팀	○ 소요 자재의 청구 수령 ○ 공정 대기 자재 및 반제품 관리 업무 ○ 제조 설비, 공구 및 측정기기 관리 업무 ○ 공정관리, 중간검사 및 입고 의뢰 ○ 기타 생산활동 및 생산 기술에 관한 제반업무 ○ 제조 설비의 점검 보수 ○ 제조 설비의 제작수리 ○ 치공구류의 제작 ○ 기타 생산에 관한 사항
품질관리팀	○ 공정해석 및 개선관리 업무 ○ 회사 표준 관리에 관한 사항 ○ 제안 활동에 관한 업무 ○ 데이터 분석 및 시험에 관한 업무 ○ 신제품 관리 개발 및 신공정 설계에 관한 사항 ○ 제품 및 검사 ○ 검사 성적서 작성 및 품질 정보분석 ○ 검사 설비 및 시험 분석에 곤한 제반업무

• 품질경영 관련 인력, 예산 및 각종 포상실적

1.2 사내표준 관리(핵심)

KS 표준 최신판 활용 현황표

KS 표준 번호	표준명	최신개정일	회사표준 인용 범위	비고
KS Q 8001	KS인증제도 - 제품인증에 대한 일반 요구사항	'18.03.22.	회사표준 전반	
KS F 8980	투수성 코르크 바닥 포장재	'20.02.19.		
KS A ISO 800000-2	양 및 단위 - 제2부: 자연과학 및 기술에 사용되는 수학적 부호 및 기호	'15.12.04.	DO-A-103	
KS A ISO 800000-11	양과 단위 - 제1부: 특성수	'17.12.29.		
KS M ISO 1183-1	플라스틱 - 비발포 플라스틱의 밀도 및 상대 밀도 측정 (구버전) - 제1부: 침지법, 액체 비중병 방법 및 적정법	'19.10.31.	DO-J-101	
KS F 2199	목재의 함수율 측정방법	'16.11.18.	DO-J-102	
KS M 5969	우레탄 중간체 또는 프리폴리머 중의 이소시아네이트기 함유량 시험방법	'18.12.07.	DO-J-103	
KS M ISO 2811-1	도료와 바니시 - 밀도 측정 방법 - 제1부: 비중병법	'17.12.27.	DO-J-104	
KS M ISO 3251	도료, 바니시 및 플라스틱 - 비휘발분 함량 측정	'16.12.19.	DO-J-105	
KS M ISO 2555	플라스틱 - 액상, 현탁상 또는 분산상의 수지 - 브룩필드법에 의한 겉보기 점도의 측정	'17.12.01.	DO-J-106	
KS M ISO 1923	발포 플라스틱 및 고무 - 선형 치수의 측정	'15.04.17.	DO-J-201	
KS F 3888-2	실외 체육 시설 - 탄성 포장재	'16.12.20.	DO-J-202,203,207,208	
KS F 4419	보차도용 콘크리트 인터로킹 블록	'16.08.03.	DO-J-204	
KS F 2375	노면의 미끄럼 저항성 시험방법	'16.12.28.	DO-J-205	
KS M ISO 5470-1	고무 또는 플라스틱 피복 직물 - 내마모성 측정 방법 - 제1부: 테이버 마모 시험기	'17.12.29.	DO-J-206	
KS M 6956	재활용 고무 분말의 유해물질 측정방법	'15.03.16.	DO-J-209	
KS F 3230	목재 플라스틱 복합재 바닥판	'20.08.21.	DO-J-211	

KS 표준 최신판 활용 현황표

대분류		중분류		소분류			
기호	분류명	번호	분류명	번호	분류명	비고(인용표준)	
A	기본	100	전사	101	최고 경영 방침		
				102	방침 관리 규정		
				103	회사표준 작성 규정		
				104	회사표준 관리 규정		
				105	내부품질 감사 규정		
				106	교육·훈련 규정		
				107	제안제도 운영 규정		
B	영업	100	영업	101	영업 업무 규정		
				102	출하 업무 규정		
				103	불만 처리 규정		
C	품질	100	품질	101	검사 설비 관리 규정		
				102	검사 및 시험 업무 규정		
				103	시정 및 예방 조치 규정		
				104	PL(제조물 책임) 규정		
				105	구매 정보 관리 규정		
				106	통계적 품질 관리 규정		
D	생산	100	제조	101	제품 식별 및 추적성 관리 규정		
				102	부적합품 관리 규정		
		200	설비	201	제조설비 관리 규정		
				202	윤활 관리 규정		
		300	포장/표시	301	포장 및 표시 규정		
	연구소	400	설계	401	설계 및 개발업무 규정		
E	관리	100	조직	101	조직 및 직무 분장		
		200	구매/자재	201	구매 업무 규정		
				202	자재 관리 규정		
				203	협력 업체 관리 규정		
		300	안전/보건	301	안전/보건/복지 관리 규정		
		400	환경	401	환경 관리 규정		
				402	청정 활동 규정		
F	제품	100	제품 및 검사	101	투수성 코르크 바닥포장재	KS F 8980	
G	재료	100	재료 및 인수검사	101	코르크 칩	〃	
				102	우레탄 바인더	〃	
				103	프라이머	〃	
				104	첨가제	〃	

대분류		중분류		소분류		
기호	분류명	번호	분류명	번호	분류명	비고(인용표준)
H	공정	100	중간검사	101	1차 가공 코르크 칩	
				102	투수성 코르크 바닥 포장재	
I	작업	100	공정도	101	투수성 코르크 바닥 포장재	
		200	1차 가공 작업표준	201	분류	
				202	계량	
				203	배합	
				204	건조	
				205	포장	
		300	현장시공 작업표준	301	도포	
				302	계량	
				303	배합	
				304	포설	
				305	다짐	
				306	양생	
J	시험	100	원료 시험표준	101	코르크 칩의 비중	KS M ISO 1183
				102	코르크 칩의 함수율	KS F 2199
				103	우레탄 바인더의 이소시아네이트기 함량	KS M 5969
				104	우레탄 바인더의 비중	KS M ISO 2811-1
				105	우레탄 바인더의 비휘발분	KS M ISO 3251
				106	우레탄 바인더의 점도	KS M ISO 2555
		200	완제품 시험표준	201	두께	KS M ISO 1923
				202	인장강도	KS F 3888-2
				203	신장률	KS F 3888-2
				204	투수계수	KS F 4419
				205	미끄럼 저항	KS F 2375
				206	마모감량	KS M ISO 5470-1
				207	충격흡수성	KS F 3888-2
				208	수직방향변형	KS F 3888-2
				209	총 휘발성 유기화합물	KS M 6956
				210	다환 방향족탄화수소	KS M 6956
				211	중금속용출량	KS F 3230
				212	표시사항	KS F 8980

신청팀	회사표준신청서		결	담당	팀장	대표이사
전부서 일괄	(□제정 · ■개정 · □폐기)		재			

◆ 표준명 :	사내표준 전체	◆ 표준번호 :	FC-D-101 ~ FC-G-102

개정 전	개정 후
FC-D-101 제품 식별 및 추적성 관리 규정 FC-D-202 윤활 관리 규정 FC-E-402 청정 활동 규정 FC-F-101 제품 및 검사 FC-G-102 우레탄 바인더 재료 및 인수검사	FC-D-101 제품 식별 및 추적성 관리 규정 - 반제품(1차 가공 코르크 칩)에 대한 로트번호 부여 및 표기방법 추가 FC-D-202 윤활 관리 규정 - 윤활유 종류 및 적정 점도 추가 FC-E-402 청정 활동 규정 - 전기설비 청소방법 추가 FC-F-101 제품 및 검사 - 투수성 코르크 바닥 포장재의 검사주기 수정 FC-G-102 우레탄 바인더 재료 및 인수검사 - 코팅용 우레탄 바인더의 종류 및 품질기준 추가

□ 제 정 ■ 개정사유 □ 폐 기	KS F 8980 품질인증심사 후 개선조치 사항에 대해 사내표준 전반에 걸쳐 일괄 개정

검 토	팀명	검토자	서명	검토의견
	대표이사			
	이사			
	관리			
	영업			
	생산			
	품질관리			

상기 표준을 위 내용과 같이 개정하고자 하오니 조치 바랍니다.

2022 년 11 월 30 일

회사표준 관리 대장

◆ 표 준 명 :	사내표준 전체	◆ 입안부서 :	전 부서 (일괄개정)
◆ 문서번호 :	FC-S-002	◆ 개정일자 :	2022.12.31.

표준배포현황					표준폐기현황			
관리번호	배포일자	관리부서	이관사항	비고	폐기일자	폐기부서	책임부서 확인	비고
2022-01	2022.07.20	전 부서	관리표준 및 기술표준 전체 일괄개정		-	-	-	
2022-02	2022.12.31	전 부서	KS 공장심사 후 사내표준 일괄개정		2022.12.31.	-	-	변경된 일부 페이지만 대체

부서별 확인

관리팀   :   (서명/인)
영업/생산팀 :   (서명/인)
품질관리팀 :   (서명/인)

1.3 품질결영 계획 및 내부감사

방침관리 추진계획 수립 절차

FLOW	작성부서	양식명	작성예	비고
전년도 실적 집계	전부서	( )부 관리 실적 집계표	[별첨 1]	월
전년도 반성 및 문제점 분석	〃	년도 반성 및 문제점 분석서	[별첨 2]	1회/년
관리항목 일람표 작성	〃	년도 관리항목 일람표	[별첨 3]	년
년도 방침관리 추진계획서 수립	〃	년도방침관리 추진 계획서수립	[별첨4]	1회/년
월(분기) 실적 집계	〃	전년도 실적집계방법과 동일	[별첨 1]	월(분기)
월(분기) 반성 및 문제점 분석	〃	전년도 반성 및 문제점 분석과 동일	[별첨 2]	월(분기)
월(분기)추진계획 수정	〃	년도 방침관리 추진 계획서 수립과 동일	[별첨 4]	월(분기)

'00년(분기, 월) QM부 관리 실적 집계표

관리항목	부서	세부항목	단위	1월	2월	3월	4월	5월	6월	7월	8월	9월	10월	11월	12월	년계(평균)
인 당 교 육 시 간	전사	계 획	Hr	0	0	0	0.69	0	0	2.2	7.24	1.84	11.19	5.89	13.45	42.51
		실 적	〃	0.11	0.76	2.22	1.51	1.13	1.63	1.36	5.91	1.63	9.26	3.71	6.34	31.57
		달성율	%	-	-	-	73.91	-	-	61.82	81.63	88.59	82.75	62.99	47.14	74.26
연 교 육 시 간	전사	계 획	Hr	0	0	0	124	0	0	396	1304	332	2014.8	1060	2421	7651.8
		실 적	〃	20	136	40	92	24	294	245	1063	293	1666.6	667	1142	5682.6
		달성율	%	-	-	-	74.19	-	-	61.87	81.51	88.25	82.72	62.92	47.17	74.26
교 육 인 원		계 획	명	0	0	0	4	0	0	50	5	5	53	30	140	287
		실 적	〃	11	37	16	40	1	30	38	177	129	129	20	66	694
		달성율	%	-	-	-	1000	-	-	76.0	3540	2580	243.4	66.7	47.2	241.8

[별첨 2]

'00년(분기,월) 반성 및 문제점 분석서

분석항목	년도현황 및 실적분석	급수	중요요인 요인분석	대책(안)	담당구분	비고
1. 교육훈련	(1)인당 교육훈련 시간 저조 	구분	목표	실적	달성율
사내(hr)	23.64	19.27	81.5%
사외(hr)	18.87	12.30	65.2%
계	42.51	31.57	74.3%	 (2) 연교육 시간… (3) 교육인	B	(1) 년초에 각종 인증심사 준비 관계로 후반기에 교육이 집중실시됨. (2) 사내교육시 교육대상 전원이 참석하지 않아 전체교육 시간의 부족 요인이 됨.	① 매 분기별로 교육실시 시간의 균등 분배 ② 엄격한 출결상황 체크와 불참시 사유서 제출	QM부	
2. 품질분임조 활동	(1) 분임조당 테마해결 실적 저조 	구분	목표	실적	달성율
해결 수	71	22	31%
분임조수	17	17	-
조당해결	4.2	1.3	-		A	(1) 지도 및 홍보의 부족 (2) 자발적인 참여의식 부족 (3) 문제해결 기법을 활용할 수 없음	① 품질 분임조 지도위원 전원에게 분임조 지도위원 양성 과정 교육 실시 ② 분임조 회합시에는 지도위원이 반드시 순회하여 지도대상 분임조의 회의록에 참여 코멘트 표시		
	(2) 분임조 활동 유형효과의 절대부족 	구분	총해결건수	유형효과	유형효과 비율
목표	71건	40건	31%
실적	22건	3건	-
달성율	31.1%	7.5%	-		B	(1) 유형효과 금액 산출이 어려움 (2) 평가시 유형보다 무형으로 평가하는 쪽이 유리하게 적용됨.	① 분임조 리더 전원에게 리더 양성 과정 교육실시 ① 사내 정규교육과정에 문제해결 기법을 지속적, 반복적으로 실시 ① 유형효과 금액에 산출기준 개선		

[별첨 3]

'00년(분기, 월) QM부 관리항목 일람표

구분	관리항목	산 출 식	전년실적	관리수준			관리방법		관리 책임자	비고
				목표	조치한계	주기	자료명			
교육훈련	인당 교육시간	총교육시간÷총인원(hr)	31.57	50	10%이하	1/M	교육훈련관리화일		QM부장	
	인 교육시간	연간 총교육시간 합계(hr)	5,682.6	9,000	-10%	〃	〃		〃	
	교육인원	총 교육인원 합계(명)	694	800	10%이상	〃	〃		〃	
품질 분임조 활동	테미해결수	총해결건수÷분임조수(건)	13	3	2건이하	1/M	분임조활동관리화일		〃	
	유형효과	유형효과 건수(건)	3	31	10%이하	〃	〃		〃	

[별첨 4]

'00년(분기, 월) 방침관리 추진 계획서

목표	세부 추진 내용	목표치	16기													소요예산		담당	비고
	방침관리 추진계획		04월	05월	06월	07월	08월	09월	10월	11월	12월	01월	02월	03월				
인당 교육 시간	1. 매분기별 교육실시 시간의 균등 분배	(56.0hr/인)																
	(1) 사내교육	32.84													8450만원	-	현석동	
	(2) 사외교육	23.16													2830만원	-		
															5620만원	-		
	2. 엄격한 출결상황 체크와 불참 시 사유서 제출																-		
교육 인원	1. 교육참석 인원 관리 철저	(328명)			54			106			99			66	(상동)	-	현석동	
	(1) 사내교육	283			52			85			88			58				
	(2) 사외교육	45			5			21			11			8				
테마 해결	1. 분임조 지도요원 교육실시	5명x2회			2			4			4				435만원	9월말	현 경	
	2. 분임조 회의록 체크	월 2회													-	계속	"	
	3. 분임조 리더 사외교육 실시	17명			4			6			7				682만원	8월말	"	
분임활동 유형효과	1. 효과금액 산출기준 개선	-													-	-	현석동	
	(1) 분임조 규정정비 및 보완		★												-	2/15		
	(2) 심의 및 배포			★											-	3/8	"	

작성일	품질감사계획서 (2021)년도		결재	담당	팀장	대표이사
2020. 01. 29.						
감사종류	■ 정기감사 ■ 특별감사					

피감사팀	감사항목	1월	2월	3월	4월	5월	6월	7월	8월	9월	10월	11월	12월	비고
관리	기 수립된 품질관리 시스템의 KS 요구사항 적합성 및 실행여부						정기감사					KS 1년 정기심사 전 특별 정밀 감사		
영업/생산														
품질관리														

감사적용 공통요건	1. 사내 표준에 의거하여 관련 기록의 작성 및 관리가 철저하게 이루어지고 있는가 2. 생산 및 시험 공간의 환경 관리가 철저하게 이루어지고 있는가 3. KS 품질경영에 관해 각 담당자의 업무 분장 및 역할 수행이 철저하게 이루어지고 있는가

작성일	품질감사일정계획서				결재	담당	팀장	대표이사
2020. 01. 29.								
감사종류	■ 정기감사　□ 특별감사							
피감사팀	일자	시간	감사팀	감사항목		비고		
관리	2021.06.10.	09:30 -17:00	품질관리	회사표준 관리, 협력업체 관리, 제조물 PL 관리, 교육훈련, 제안활동, 안전 관리, 5S 활동 관리, 물품구입 관리 등				
영업/생산	2021.06.10.	09:30 -17:00	관리	불만처리 관리, 현장시공실적 관리, 제조설비 관리, 윤활 관리, 자재 수불부, 재고조사 등				
품질관리	2021.06.10.	09:30 -17:00	영업/생산	부적합품 관리, 시정 및 예방조치, 검사설비 관리, 인수/중간/제품검사 등				
감사적용 공통요건	구분	1팀	2팀	3팀	특기사항			
	감사원	성세경	정창교	한상용				
	감사원	장재혁		이슬비				
	감사원			김형수				

작성일	품질감사일정계획서				결 재	담당	팀장	대표 이사
2020. 01. 29.								
감사종류	□ 정기감사 ■ 특별감사							
피감사팀	일자	시간	감사팀	감사항목		비고		
관리	2021.11.11.	09:30 -17:00	품질관리	회사표준 관리, 협력업체 관리, 제조물 PL 관리, 교육훈련, 제안활동, 안전 관리, 5S 활동 관리, 물품구입 관리 등				
영업/생산	2021.11.11.	09:30 -17:00	관리	불만처리 관리, 현장시공실적 관리, 제조설비 관리, 윤활 관리, 자재 수불부, 재고조사 등				
품질관리	2021.11.11.	09:30 -17:00	영업/생산	부적합품 관리, 시정 및 예방조치, 검사설비 관리, 인수/중간/제품검사 등				

감사적용 공통요건	구분	1팀	2팀	3팀	특기사항
	감사원	성세경	정창교	한상용	
	감사원	장재혁		이슬비	
	감사원			김형수	

내부품질감사 점검표

일자	2020. 01. 29.	감사항목별 감사내용	■ 정기감사 □ 특별감사				
감사항목		감사의 점검내용	평점				
			상	중상	중	중하	하
표준화 일반 (공통)		1. 사내표준의 실업무 적용의 준수, 사업계획 반영 정도					
		2. 업무의 자체점검 및 개선활동 정도(불만, 시정, 예방) 업무 정도					
		3. 연간교육계획 수립과 교육실행 이수 및 보고서작성, 설문서 작성					
		4. 팀별 청정활동 이행의 정도					
자재관리		1. 인수자재의 합·부정도.보관 및 운반이 자재특성과의 일치 정도					
		2. 인수검사의 방법, 로트구성, 시료채취 방법을 기록 관리하여 설계반영 및 생산의 변경 정도					
공정관리		1. 공정별 관리기준의 이해와 준수, 관리데이터의 활용 정도					
		2. 작업표준 현장 비치 및 보존정도, 부적합품의 관리 정도					
		3. 공정별 중간검사의 이행 및 이해 정도					
		4. 자주검사의 검사규격 숙지 정도					
품질관리		1. 제품검사를 위한 로트의 구성, 시료 채취방법, 합·부적용, 부적합품의 관리					
		2. 제품검사의 기록유지 및 데이터의 통계적 기법 활용 정도					
		3. 시험검사자의 시험방법 숙련 정도					
제조설비 관리		1. 제조설비 관리표준 준수 설비점검 및 윤활급유의 실행과 기록					
		2. 현장의 안전보건규정과 폐설비, 폐유의 적법 처리의 준수 정도					
		3. 5S, 청정활동의 참여와 이행 정도					
검사설비 관리		1. 검사설비의 교정검사 주기 준수					
		2. 검사 설비체크리스트활용 및 윤활급유의 실행기록 및 폐유 적법처리 준수					
영업관리		1. 포장 및 표시의 용어의 이해와 이행여부 (제품, 납품서)					
		2. 미수금 관리의 적정 정도					
		3. 송용역의 적정 정도 (대수, 시간준수)					
		4. 문서규정 및 파일링 운영규정의 이해와 준수 정도					
평가방법	상(5), 중상(4), 중(3), 중하(2), 하(1) [5 단계평가]	계					

내부품질감사 보고서				결재	담당	팀장	대표이사

감사종류	■ 정기감사 □ 특별감사		피감사팀		관리		
감사 (영업/생산)팀	감사팀장	1	한상용	감사일자	2020. 10. 15.	감사범위	방침 관리 규정 외 8건
	감사원	2	김형수				
	감사원	3					

감사결과 요약	중결함 : 0 건 경결함 : 1 건
주요 부적합 내용	당초 계획 대비 교육훈련 미실시
별도 사후관리	□ 필요 ■ 불필요
감사의견	8월 중으로 계획되어 있던 목재산업 품질관리 교육을 실시하지 않았으나, 코로나-19로 인한 정부 방침에 따라 교육 자체가 취소된 내용임.

※ 첨부 : 1. 부적합 보고서 (1매)

내부품질감사 부적합 보고서		작성일	2020. 10. 16.
팀명	관리	■ 정기감사　□ 특별감사	
부적합사항	당초 계획 대비 교육훈련 미실시		
관련문서 **(관련표준)**	교육·훈련 규정 (FC-A-106)	**부적합 구분**	□ 중결함 ■ 경결함
감사팀장	성명 : 한상용　서명 :　　일자 : 2020.10.16.	**피감사팀 확인**	
시정조치	코로나-19로 인한 정부 방침에 따라 교육 자체가 취소된 내용으로 "목재제품 관리제도(박종영 저, 한국임업진흥원)" 전문서적 독서로 교육 대체 (감사 실시일 이후 14일 이내)		
	피감사팀	직위 : 대리　성명 : 정창교　서명 :　　일자 : 2020.10.16.	
시정조치 결과확인	□ 재시정조치요구　□ 차기감사시확인　■ 시정조치 완료		
	※ 확인자 의견 : 　전문서적 독서로 교육 대체 완료		
	감사팀	직위 : 차장　성명 : 한상용　서명 :　　일자 : 2020.10.30.	

내부품질감사 보고서				결재	담당	팀장	대표이사

감사종류	■ 정기감사 □ 특별감사			피감사팀	영업/생산		
감사 (품질관리)팀	감사팀장	1	성세경	감사일자	2020. 10. 15.	감사범위	불만 처리 규정 외 1건
	감사원	2	장재혁				
	감사원	3					
감사결과 요약	중결함 : 0 건 경결함 : 1 건						
주요 부적합 내용	윤활 관리 점검 기록 작성 누락						
별도 사후관리	■ 필요 □ 불필요						
감사의견	관리자 실수에 의한 교반기 및 열 롤러의 윤활 급유 작성 1주 누락						
※ 첨부 : 1. 부적합 보고서 (1 매)							

[첨부양식 5]

내부품질감사 부적합 보고서		작성일	2020. 10. 16.
팀명	생산	■ 정기감사　□ 특별감사	
부적합사항	교반기 및 열 롤러의 윤활 급유 기록 작성 누락		
관련문서 (관련표준)	윤활 관리 규정 (FC-D-202)	부적합 구분	□ 중결함 ■ 경결함
감사팀장	성명 : 성세경　　서명 :　　　일자 : 2020.10.16.	피감사팀 확인	
시정조치	윤활관리 점검 기록표 작성 철저 및 보완 작성 지시 (감사 실시일 이후 14일 이내)		
	피감사팀	직위 : 차장　성명 : 한상용　서명 :　　　일자 : 2020.10.16.	
시정조치 결과확인	□ 재시정조치요구　□ 차기감사시확인　■ 시정조치 완료		
	※ 확인자 의견 : 　실제 설비의 윤활 관리 상태가 매우 양호한 점을 감안하면 점검 기록표 상의 작성만 누락된 것으로 판단되며, 감사 지적 후 윤활관리 점검 기록표를 성실히 작성하여 시정조치가 완료 되었음.		
	감사팀	직위 : 대표이사　성명 : 성세경　서명 :　　　일자 : 2020.10.30.	

내부품질감사 보고서				결재	담당	팀장	대표이사

감사종류	■ 정기감사　□ 특별감사			피감사팀	품질관리		
감사 (품질관리)팀	감사팀장	1	정창교	감사 일 자	2020. 10. 15.	감사 범 위	부적합품 관리 규정 외 3건
	감사원	2					
	감사원	3					
감사결과 요약	중결함 : 0 건　　　경결함 : 1 건						
주요 부적합 내용	인장시험기 교정검사 성적서의 편철 누락						
별도 사후관리	■ 필요　□ 불필요						
감사의견	관리자의 실수로 2020년 8월 신규 구매한 인장시험기의 교정검사 성적서를 기존 편철에 통합 보관하지 아니하고 별도로 보관한 내용						
※ 첨부 : 1. 부적합 보고서 (1 매)							

내부품질감사 부적합 보고서		작성일	2020. 10. 16.
팀명	생산	■ 정기감사　□ 특별감사	
부적합사항	인장시험기 교정검사 성적서의 편철 누락		
관련문서 **(관련표준)**	검사 설비 관리 규정 (FC-C-101)	**부적합** **구분**	□ 중결함 ■ 경결함
감사팀장	성명 : 정창교　서명 :　　　일자 : 2020.10.16.	**피감사팀** **확인**	
시정조치	교정성적서 편철 관리 철저 및 시정조치 지시 (감사 실시일 이후 14일 이내)		
	피감사팀	직위 : 연구소장　성명 : 장재혁　서명 :　　　일자 : 2020.10.16.	
시정조치 **결과확인**	□ 재시정조치요구　□ 차기감사시확인　■ 시정조치 완료		
	※ 확인자 의견 : 　시정 조치 완료 및 시험설비의 교정성적서 종합 편철 관리 확인		
	감사팀	직위 : 대리　성명 : 정창교　서명 :　　　일자 : 2020.10.30.	

목 차

시정조치 내용

[첨부양식 1]

윤활관리 점검 기록표							담당	팀장	대표이사
						결재	한상용		

| 2020 년 10 월 | | | | | | 점검자 | | 한상용 | |

설비명	설비번호	윤활부위	윤활종류	윤활유량	점검					비고
					1주	2주	3주	4주	5주	
교반기	FC-M-04	감속기	기어오일	30		ㅇ	ㅇ	ㅇ	ㅇ	
		체인	그리스	적정량		ㅇ	ㅇ	ㅇ	ㅇ	
		니플	그리스	적정량		ㅇ	ㅇ	ㅇ	ㅇ	
포장기	FC-M-06	스핀들	스핀들 오일	적정량		ㅇ	ㅇ	ㅇ	ㅇ	
열 롤러	FC-M-12	롤러베어링	기어 오일	적정량		ㅇ	ㅇ	ㅇ	ㅇ	
지게차	-	유압피스톤	유압 오일	적정량		ㅇ	ㅇ	ㅇ	ㅇ	
		체인	그리스	적정량		ㅇ	ㅇ	ㅇ	ㅇ	
		니플	그리스	적정량		ㅇ	ㅇ	ㅇ	ㅇ	
		배터리	증류수	적정량		ㅇ	ㅇ	ㅇ	ㅇ	

※ 점검 결과, 이상이 발견되면 해당반장 또는 관리책임자에게 보고하고 그 지시에 따른다.			확인	담당	한상용
				팀장	한상용

이상 발생 일자	설비명	이상 발생 내용	조치사항

비고	○ : 이상 없음 × : 이상 있음 ◎ : 수리 완료 -7일 주기 점검	특기사항	

양식 D-202-01   (주)에프씨코리아랜드   A4 (210mm×297mm)

교 정 성 적 서

㈜경도하이텍	성적서 번호 : 20-0532-3		
경기도 시흥시 경기과기대로 219, 712호 (정왕동, 길산에스에스티지식산업센터) TEL : 031-8063-4221.2, FAX : 031-8063-4220 www.kdht.co.kr	페이지(1) / (총 2)		

시 점 확 인
진 본
2020/09/14
13:42:21
KST
경부시점확인센터

1. 의 뢰 자

　기 관 명 :　FC코리아랜드

　주　　소 :　경기도 평택시 안중읍 성해길 21 C동

2. 측 정 기

　기 기 명 :　인장 및 압축시험기

　제작회사 및 형식 :　TEST ONE / Unitest M1-100 kgf

　기기번호 :　2020-093

3. 교정일자 : 2020. 09. 10.

4. 교정환경

　온　　도 :　(23.1 ± 0.3) ℃　　　습　　도 :　(56 ± 1) % R.H.

　교정장소 :　□ 고정표준실　　　□ 이동교정　　　■ 현장교정

　주　　소 :　경기도 시흥시 엠티브이28로 58번길 3, 21동

5. 측정표준의 소급성

　교정방법 및 소급성 서술

　상기 기기는 인장 및 압축시험기의 교정지침서(KDHT-CG-20203)에 따라 국가측정표준대표기관
　(KRISS)으로 부터 소급성이 확보된 아래 표준기를 사용하여 비교 교정되었다.

교정에 사용된 표준장비 명세

기기명	제작회사 및 형식	기기번호	차기교정 예정 일자	교정기관
전기식 힘측정기	KOLAS / U3B(1 kN)	C9K1005	2021. 07. 21.	㈜표준교정기술원

6. 교정결과 : 교정결과 참조

7. 측정불확도 : 교정결과 참조

확 인	작성자 성　명 : 노기섭　　(서명)		승인자 직 위 : 기술책임자 성　명 : 송주현　　(서명)	

　위 성적서는 국제시험기관인정협력체(International Laboratory Accreditation Cooperation) 상호인
정협정(Mutual Recognition Arrangement)에 서명한 한국인정기구(KOLAS)로 부터 공인받은 분야의 교
정결과입니다.

2020. 09. 11.

한국인정기구 인정　㈜경도하이텍 대표이사 (인)

　(주) 이 성적서는 측정기의 정밀정확도에 영향을 미치는 요소(과부하, 온도, 습도 등)의 급격한 변화
가 발생할 경우에는 무효가 됩니다.

KDHT-QP-708-01

G4B(www.g4b.go.kr)진위확인코드 : bva+/m5B2Qw=

교 정 결 과

㈜경도하이텍

경기도 시흥시 경기과기대로 219, 712호
(정왕동, 길산에스에스티지식산업센터)
TEL : 031-8063-4221.2, FAX : 031-8063-4220
www.kdht.co.kr

성적서 번호 : 20-0532-3

페이지(2) / (총 2)

압축 교정

지시하중 (N)	기준하중 (N)	상대지시 오차 (%)	상대측정불확도 (%)	상대반복도 오차 (%)	상대영점 오차 (%)	등급
0.0	0.00	0.00	0.00	0.00	0.00	–
200.0	199.98	0.01	0.15	0.05	0.00	1
400.0	399.56	0.11	0.15	0.05	0.00	1
600.0	598.83	0.19	0.15	0.07	0.00	1
800.0	797.62	0.30	0.15	0.09	0.00	1
900.0	897.08	0.33	0.15	0.04	0.00	1

1. 시험기의 분해능 : 0.098 N

2. KDHT-CG-20203 에 따라 상대지시오차, 상대측정불확도(신뢰수준 약 95 %, k=2),
   상대반복도 오차, 상대 영점오차를 계산하였다.

3. 지시하중은 시험기의 하중임. 끝.

KDHT-QP-708-02

G4B(www.g4b.go.kr)진위확인코드 : bva+/m5B2Qw=

1.4 품질경영부서 독립적 운영

담당자 준비 서류

1. 건강보험료 납부 확인서
2. 4대 사회보험 사업장 가입명부

    (국민, 건강, 산재, 고용)

3. 담당자 자격증
4. 재직증명서

1.5 제안활동

[첨부양식 1]

고개를 숙여 발을 보지 말고, 고개를 들어 별을 보자.	나의 제안		결재	담당	팀장	대표이사
제안자	한상용	**소속팀**	영업/생산	**접수번호**		FC-제안-003

		접수일자		2020.01.08.		
제목	코팅 시 부적합품(뭉침현상) 발생 저감을 위한 바인더 투입 지지대 제작 및 설치 제안	협의부서	관리	영업/생산	품질관리	

현재의 방법 및 문제점	○ 코르크 칩 - 우레탄 바인더 배합(코팅) 공정에서 바인더의 투입 속도가 지나치게 빠를 경우, 칩간 뭉침현상에 의해 부적합품이 발생하는 경우가 종종 발생함. ○ 바인더 투입 속도에 영향을 미치는 가장 중요한 인자로 작업자의 체력 상태를 들 수 있는데, 현재는 18kg 용량의 바인더 캔을 지지할 수 있는 설비가 마련되어 있지 않음. ○ 따라서 작업자의 작업 효율을 향상시킴과 동시에 바인더의 투입 속도를 일정하게 유지할 수 있는 바인더 지지대의 설치가 반드시 필요하며, 이는 KS 제품인증 공장심사의 지적사항으로도 제기된 바 있음.
개선 안	○ 무거운 중량의 바인더 캔을 지지할 수 있으며 경첩 방식으로 캔의 각도를 조절할 수 있는 강철 소재 지지대 2개 제작 ○ 우레탄 바인더 투입 초반부에는 교반기와 지지대 사이의 각도를 30°, 중반부에는 60°, 종료 시점에는 80° 각도로 고정할 수 있도록 고정 핀 적용 ○ 투입 과정에서 바인더 캔이 지지대로부터 이탈되지 않도록 고정 <바인더 투입 지지대 설치 및 제작 도면>

개선효과	○ 바인더 투입 지지대 2개 제작 및 교반기 부착 완료 ○ 총 10개 각도 고정 가능 ○ 시뮬레이션 결과, 작업자의 체력적 피로도 절감 효과가 매우 크며, 부적합품 발생률 저감에도 크게 기여할 것으로 예상됨.  〈 교반기 - 바인더 지지대 적용 사진 〉
소속 부서장	■ 채택 □ 불채택
\multicolumn{2}{c}{**의견** 고안한 방법은 즉각 현장에 적용될 수 있을 것으로 판단하며, 부적합품의 발생률을 현저하게 낮출 수 있을 것으로 기대됨.}

[첨부양식 2]

제안 평가표	결재	담당	팀장	대표이사

제안자	한상용	소속팀	영업/생산팀
제목	코팅 시 부적합품(뭉침현상) 발생 저감을 위한 바인더 투입 지지대 제작 및 설치 제안		

평가기준

배점		10	9	8	7	6	5	4	3	2	1	평가
연간이익	3	년1,000만원 이상		년500~1,000 만원		년200~500 만원		년 200만원이 하		무형효과		24
업무개선	2	실시 가능 현저한 개선		실시 가능 개선효과 큼		실시 가능 개선효과		실시 가능 효과적음		단기일내 실시 하기 어려움		20
중요성	2	개선이 꼭 필요한 사항		개선 안하면 지장많음		개선 안하면 다 소지장		개선 요망		개선 하더라도 큰 지장없음		20
독창성	1	참신하며 매우 뛰어남		독창적이고 좋은 착상		모방적이나 내 용이 좋음		기존의 것을 응 용		상식적인 정도		10
활동도	1	전 부서 활용		일부 부서 활용		부서내 활용		활용도 적음		활용도 없음		10
노력도	1	특별한 노력		상당한 노력		노력		비교적 노력		조금 노력 인정		10

내용구분

1	2	3	4	5	6	7	8	9	10	계	94
사후 개선 ( )	영업 향상 ( )	서비스 향상 ( )	제품 개선 ( )	작업 개선 ( )	치공 구개 선 ( )			정보 사항 ( )	기 타 ( )	등급	2
										포상금	300,000

평가의견

심사일자 : 2021. 01. 08.
심사위원 : 대표이사 성세경　(인)

업무개선 실시부서	전 부서	포상금	300,000원
업무개선 실시일자	2021.01.07.	업무개선 완료일자	2021.01.08.
소요비용	300,000원	효과금액	5,000,000원

2. 자재 관리

2.1 자재관리 목록표

자재관리 목록표

번호	자재명	용도	규격	공급업체	변경사항
1	코르크 칩	상부용 1차 가공 코르크 칩 제조 (코팅)용	입도 2~4 mm	포르투갈 CORKSRIBAS社	
2		하부용 1차 가공 코르크 칩 제조 (코팅)용	입도 5~8 mm		
3	우레탄 바인더	1차 가공 코르크 칩 제조(코팅) 및 춘·추·동계 현장시공	점도 2,500 cP 이상	㈜피유시스	
4		하계 현장시공	점도 5,000 cP 이상		
5	첨가제	1차 가공 코르크 칩 제조(코팅)	입도 0.5 mm 이하	㈜경인소재	
6	프라이머	현장시공 준비 작업	점도 500 cP 이상	㈜피유시스	

위와 같이 자재관리 목록을 승인하였음.

년   월   일

인증심사원   입회자(대표자, 품질관리담당자 등)

_____ (인/서명)   _____ (인/서명)

_____ (인/서명)   _____ (인/서명)

2.2 자재 규격

1. 코르크칩 재료 및 인수검사 외 3종

   (우레탄 바인더, 프라이머, 첨가제)

2.3 인수검사 규격

1. 코르크칩 재료 및 인수검사 외 3종

   (우레탄 바인더, 프라이머, 첨가제)

2.4 인수검사자 능력 및 구분보관

1. 검사원 자격 인증서

2. 부적합품 보관장소 지정

   부적합품 보관장소 및 보관 방법 사진 촬영

2.5 인수검사성적서

재료 인수검사 성적서				결재	작성	검토	승인

품명	시공용 고점도 우레탄 바인더	종류	원자재	규격	캔(18kg)		
납품 업체명	피유시스	납품수량	112캔 (2,016kg)	납품일자	2021-04-13		
시료크기	액체	검사자	장재혁 연구소장	검사일자	2021-04-13		
적용제품	1차 가공 코르크 칩			종합판정	합격		

품목	검사항목	판정기준	검사수준	측정치	판정
코르크 칩	비중	0.30 이하	샘플링검사 n=1, c=0		
	함수율	15 % 이하			
	입도	2~4 mm / 5~8 mm			
저점도 우레탄 바인더 (코팅용)	이소시아네이트기함량	7.0 % 이상	납품업체 자체 시험성적서		
	비중	0.98 이상			
	비휘발분	97.0 % 이상			
	점도	1,500±500 cP	샘플링검사 n=1, c=0		
고점도 우레탄 바인더 (시공용)	이소시아네이트기함량	7.0 % 이상	납품업체 자체 시험성적서		
	비중	0.98 이상			
	비휘발분	97.0 % 이상			
	점도	2,500 cP 이상	샘플링검사 n=1, c=0		
프라이머	이소시아네이트기함량	13.0 % 이상	납품업체 자체 시험성적서		
	비중	0.98 이상			
	점도	500 cP 이하			
첨가제	입도	0.5 mm 이하	샘플링검사 n=1, c=0		
	특이사항				

	재료 인수검사 성적서				결 재	작성	검토	승인

품명	우레탄 바인더	종류	원자재	규격	18kg/can
납품 업체명	(주)피유시스	납품수량	112can (2,170kg)	납품일자	2020-08-03
시료크기	액체	검사자	납품업체 자체시험	검사일자	2020-08-04
적용제품	1차 가공 코르크 칩			종합판정	합격

품목	검사항목	판정기준	검사수준	측정치	판정
코르크 칩	비중	0.30 이하	샘플링검사 n=1, c=0		
	함수율	15 % 이하			
	입도	2~4mm / 5~8mm			
저점도 우레탄 바인더 (코팅용)	이소시아네이트기함량	7.0 % 이상	납품업체 자체 시험성적서		
	비중	0.98 이상			
	비휘발분	97.0 % 이상			
	점도	1,500±500 cP	샘플링검사 n=1, c=0		
고점도 우레탄 바인더 (시공용)	이소시아네이트기함량	7.0 % 이상	납품업체 자체 시험성적서		
	비중	0.98 이상			
	비휘발분	97.0 % 이상			
	점도	2,500 cP 이상	샘플링검사 n=1, c=0		
프라이머	이소시아네이트기함량	13.0 % 이상	납품업체 자체 시험성적서		
	비중	0.98 이상			
	점도	500 cP 이하			
첨가제	입도	0.5 mm 이하	샘플링검사 n=1, c=0		
특이사항					

				결재	작성	검토	승인
재료 인수검사 성적서							

품명	우레탄 바인더	종류	원자재	규격	18kg/can
납품 업체명	㈜피유시스	납품수량	112can (2,170kg)	납품일자	2020-09-21
시료크기	액체	검사자	납품업체 자체시험	검사일자	2020-09-22
적용제품	1차 가공 코르크 칩			종합판정	합격

품목	검사항목	판정기준	검사수준	측정치	판정
코르크 칩	비중	0.30 이하	샘플링검사 n=1, c=0		
	함수율	15 % 이하			
	입도	2~4mm / 5~8mm			
우레탄 바인더	이소시아네이트기함량	7.0 % 이상	납품업체 자체 시험성적서	8.75 %	적합
	비중	0.98 이상		1.1	적합
	비휘발분	97.0 % 이상		99.85 %	적합
	점도	2,500 cP 이상		5,480 cP	적합
프라이머	이소시아네이트기함량	13.0 % 이상	납품업체 자체 시험성적서		
	비중	0.98 이상			
	점도	500 cP 이하			
첨가제	입도	0.5 mm 이하	샘플링검사 n=1, c=0		
특이사항					

				결재	작성	검토	승인
재료 인수검사 성적서							

품명	우레탄 비인더	종류	원자재	규격	18kg/can
납품 업체명	(주)피유시스	납품수량	112can (2,016kg)	납품일자	2020-10-12
시료크기	액체	검사자	납품업체 자체시험	검사일자	2020-10-13
적용제품	1차 가공 코르크 칩			종합판정	합격

품목	검사항목	판정기준	검사수준	측정치	판정
코르크 칩	비중	0.30 이하	샘플링검사 n=1, c=0		
	함수율	15 % 이하			
	입도	2~4mm / 5~8mm			
우레탄 바인더	이소시아네이트기함량	7.0 % 이상	납품업체 자체 시험성적서	8.75 %	적합
	비중	0.98 이상		1.1	적합
	비휘발분	97.0 % 이상		99.85 %	적합
	점도	2,500 cP 이상		5,480 cP	적합
프라이머	이소시아네이트기함량	13.0 % 이상	납품업체 자체 시험성적서		
	비중	0.98 이상			
	점도	500 cP 이하			
첨가제	입도	0.5 mm 이하	샘플링검사 n=1, c=0		
특이사항					

		결재	작성	검토	승인
재료 인수검사 성적서					

품명	우레탄 바인더	**종류**	원자재	**규격**	18kg/can
납품 업체명	㈜피유시스	**납품수량**	112can (2,024kg)	**납품일자**	2020-10-22
시료크기	액체	**검사자**	납품업체 자체시험	**검사일자**	2020-10-23
적용제품	1차 가공 코르크 칩			**종합판정**	합격

품목	검사항목	판정기준	검사수준	측정치	판정
코르크 칩	비중	0.30 이하	샘플링검사 n=1, c=0		
	함수율	15 % 이하			
	입도	2~4mm / 5~8mm			
우레탄 바인더	이소시아네이트기함량	7.0 % 이상	납품업체 자체 시험성적서	9.4 %	적합
	비중	0.98 이상		1.1	적합
	비휘발분	97.0 % 이상		99.83 %	적합
	점도	2,500 cP 이상		1,411 cP	-
프라이머	이소시아네이트기함량	13.0 % 이상	납품업체 자체 시험성적서		
	비중	0.98 이상			
	점도	500 cP 이하			
첨가제	입도	0.5 mm 이하	샘플링검사 n=1, c=0		
특이사항	본 우레탄 바인더는 코팅 작업 능률 향상을 위해 새롭게 개발된 신제품으로 점도가 기존 제품에 비해 낮음				

						결재	작성	검토	승인
재료 인수검사 성적서									

품명	우레탄 바인더	종류	원자재	규격	17kg/can
납품 업체명	㈜피유시스	납품수량	170kg	납품일자	2020-09-21
시료크기	액체	검사자	납품업체 자체시험	검사일자	2020-09-22
적용제품	투수성 코르크 바닥 포장재			종합판정	합격

품목	검사항목	판정기준	검사수준	측정치	판정
코르크 칩	비중	0.30 이하	샘플링검사 n=1, c=0		
	함수율	15 % 이하			
	입도	2~4mm / 5~8mm			
우레탄 바인더	이소시아네이트기함량	7.0 % 이상	납품업체 자체 시험성적서		
	비중	0.98 이상			
	비휘발분	97.0 % 이상			
	점도	2,500 cP 이상			
프라이머	이소시아네이트기함량	13.0 % 이상	납품업체 자체 시험성적서	16.15	적합
	비중	0.98 이상		1.1	적합
	점도	500 cP 이하		435	적합
첨가제	입도	0.5 mm 이하	샘플링검사 n=1, c=0		
특이사항					

	재료 인수검사 성적서				결재	작성	검토	승인

품명	우레탄 바인더	종류	원자재	규격	17kg/can
납품 업체명	㈜피유시스	납품수량	50kg	납품일자	2020-10-12
시료크기	액체	검사자	납품업체 자체시험	검사일자	2020-10-13
적용제품	투수성 코르크 바닥 포장재			종합판정	합격

품목	검사항목	판정기준	검사수준	측정치	판정
코르크 칩	비중	0.30 이하	샘플링검사 n=1, c=0		
	함수율	15% 이하			
	입도	2~4mm / 5~8mm			
우레탄 바인더	이소시아네이트기함량	7.0% 이상	납품업체 자체 시험성적서		
	비중	0.98 이상			
	비휘발분	97.0% 이상			
	점도	2,500 cP 이상			
프라이머	이소시아네이트기함량	13.0% 이상	납품업체 자체 시험성적서	16.15	적합
	비중	0.98 이상		1.1	적합
	점도	500 cP 이하		435	적합
첨가제	입도	0.5mm 이하	샘플링검사 n=1, c=0		
특이사항					

재료 인수검사 성적서				결 재	작성	검토	승인

품명	규사분	종류	원자재(첨가제)	규격	kg		
납품 업체명	㈜경인소재	납품수량	50kg	납품일자	2019-06-26		
시료크기	분말	검사자	성세경 대표이사	검사일자	2019-06-27		
적용제품	투수성 코르크 바닥 포장재			종합판정	합격		

품목	검사항목	판정기준	검사수준	측정치	판정
코르크 칩	비중	0.30 이하	샘플링검사 n=1, c=0		
	함수율	15% 이하			
	입도	2~4mm / 5~8mm			
우레탄 바인더	이소시아네이트기함량	7.0% 이상	납품업체 자체 시험성적서		
	비중	0.98 이상			
	비휘발분	97.0% 이상			
	점도	2,500 cP 이상			
프라이머	이소시아네이트기함량	13.0% 이상	납품업체 자체 시험성적서		
	비중	0.98 이상			
	점도	500 cP 이하			
첨가제	입도	0.5mm 이하	샘플링검사 n=1, c=0	30mesh 체잔분 90%	적합
특이사항					

No.	품목	규격(품명)	공급선	입고수량	입고일자	인수검사 방법	인수검사 결과	비고
1	생 코르크 칩	2-4mm	CainaCork (중국)	8,000kg	2021.2.18	자체 + KTR	합격	KOFPI 자재 변경 신고
	생 코르크 칩	5-11mm	CainaCork (중국)	18kg	2021.2.18	자체 + KTR	합격	KOFPI 자재 변경 신고
2	시공용 우레탄 바인더	FC-408s	㈜피유시스	2,016kg	2021.4.12	자체 + 공급선	합격	-
3	시공용 우레탄 바인더	FC-408s	㈜피유시스	2,016kg	2021.4.26	자체 + 공급선	합격	-
4	코팅용 우레탄 바인더	FC-319	㈜피유시스	2,016kg	2021.5.10	자체 + 공급선	합격	-
	프라이머	FC-216	㈜피유시스	1,008kg	2021.5.10	자체 + 공급선	합격	-
5	생 코르크 칩	5-11mm	CainaCork (중국)	0,000kg	2021.5.31	자체	합격	-

2021년도 코르크 바닥 포장재 『원자재 입고』및『인수검사』현황

(주)에프씨코리아랜드 FC Korea Land Co., Ltd.

FC LAB Innovative Cork Products

| (주)에프씨코리아랜드
FC Korea Land Co., Ltd. | 2021년도 코르크 바닥 포장재『원자재 입고』및『인수검사』현황 | | | | | | FC LAB
Innovative Cork Products |

No.	품목	규격(품명)	공급선	입고수량	입고일자	인수검사 일자	인수검사자
1	생 코르크 칩	2-4mm	CainaCork (중국)	8,000kg	2021.2.18	2021.2.18	장재혁

인수검사 결과

코르크 칩의 비중	시험편 투입 질량 (g)	액체 투입 질량 (g)	액체 질량 고정값 (g)	액체 비중 고정값	비중 계산 결과	판정
시험편 #1	9.2450	61.5768	98.1768	1	0.23	
시험편 #2	9.3617	60.0843	98.1768	1	0.22	
시험편 #3	9.3104	61.2709	98.1768	1	0.23	적합
시험편 평균	-	-	-	-	0.22	
기준치 (KS F 8980)	-	-	-	-	0.30 이하	

코르크 칩의 함수율	건조 전 질량 (g)	건조 후 질량 (g)	함수율 계산 결과	판정
시험편 #1	8.51	7.86	8.3	
시험편 #2	9.02	8.37	7.8	
시험편 #3	8.79	8.07	8.9	적합
시험편 평균	-	-	8.3	
기준치 (KS F 8980)	-	-	15 % 이하	

코르크 칩의 입도	시험편의 질량 (g)	체 위의 질량 (g)	체잔분 계산 결과	판정
시험편 #1	21.76	18.97	87.2	
시험편 #2	19.55	17.49	89.5	
시험편 #3	18.93	17.07	90.2	적합
시험편 평균	-	-	88.9	
기준치 (사내표준)	-	-	80 % 이상	

No.	품목	규격(품명)	공급선	입고수량	입고일자	인수검사 일자	인수검사자
			(주)에프씨코리아랜드 FC Korea Land Co., Ltd.	2021년도 투수성 코르크 바닥 포장재『원자재 인수검사 기록지』		FC LAB Innovative Cork Products	
1	생 코르크 칩	5-11mm	CainaCork (중국)	18kg	2021.2.18	2021.2.18	장재혁

인수검사 결과

코르크 칩의 비중	시험편 투입 질량 (g)	액체 투입 질량 (g)	액체 질량 고정값 (g)	액체 비중 고정값	비중 계산 결과	판정
시험편 #1	6.4448	79.0716	98.1768	1	0.28	
시험편 #2	6.1907	80.0931	98.1768	1	0.29	
시험편 #3	6.2870	80.0616	98.1768	1	0.29	적합
시험편 평균	-	-	-	-	0.29	
기준치 (KS F 8980)	-	-	-	-	0.30 이하	

코르크 칩의 함수율	건조 전 질량 (g)	건조 후 질량 (g)	함수율 계산 결과	판정
시험편 #1	7.96	7.34	8.4	
시험편 #2	10.64	9.79	8.7	
시험편 #3	9.17	8.46	8.4	적합
시험편 평균	-	-	8.5	
기준치 (KS F 8980)	-	-	15 % 이하	

코르크 칩의 입도	시험편의 질량 (g)	체 위의 질량 (g)	체잔분 계산 결과	판정
시험편 #1	11.89	10.04	84.4	
시험편 #2	10.76	9.42	87.5	
시험편 #3	10.11	9.16	90.6	적합
시험편 평균	-	-	87.5	
기준치 (사내표준)	-	-	80% 이상	

No.	품목	규격(품명)	공급선	입고수량	입고일자	인수검사 일자	인수검사자
			2021년도 투수성 코르크 바닥 포장재『원자재 인수검사 기록지』				FC LAB. Innovative Cork Products
5	생 코르크 칩	5-11mm	CainaCork (중국)		2021.5.31	2021.6.2	장재혁

인수검사 결과

코르크 칩의 비중	시험편 투입 질량 (g)	액체 투입 질량 (g)	액체 질량 고정값 (g)	액체 비중 고정값	비중 계산 결과	판정
시험편 #1	17.4600	54.8400	98.1768	1	0.38	
시험편 #2	15.4900	58.1200	98.1768	1	0.36	
시험편 #3	15.5700	56.5700	98.1768	1	0.35	
시험편 평균	-	-	-	-	0.36	
기준치 (KS F 8980)	-	-	-	-	0.30 이하	

코르크 칩의 함수율	건조 전 질량 (g)	건조 후 질량 (g)	함수율 계산 결과	판정
시험편 #1				
시험편 #2				
시험편 #3				
시험편 평균	-	-		
기준치 (KS F 8980)	-	-	15 % 이하	

코르크 칩의 입도	시험편의 질량 (g)	체 위의 질량 (g)	체잔분 계산 결과	판정
시험편 #1				
시험편 #2				
시험편 #3				
시험편 평균	-	-		
기준치 (사내표준)	-	-	80% 이상	

No.	품목	규격(품명)	공급선	입고수량	입고일자	인수검사 일자	인수검사자
			(주)에프씨코리아랜드 FC Korea Land Co., Ltd.	2021년도 투수성 코르크 바닥 포장재 『원자재 인수검사 기록지』			FC LAB Innovative Cork Products
2	우레탄 바인더	FC-408s	㈜피유시스	2,016kg	2021.4.12	2021.4.13	장재혁

인수검사 결과

우레탄 바인더의 종합 성능	점도 (cP)	점도 (cP)	NCO함량 (%)	비중	비휘발분 (%)	판정
시험편 #1	5,519					
시험편 #2	5,455					
시험편 #3	5,593					
시험편 평균	5,522	0	0.00	0.0	0.00	적합
기준치 (KS F 8980)	2,500 이상	2,500 이상	7 % 이상	0.98 이상	97 % 이상	
비고	자체 분석	공급선 시험성적서	공급선 시험성적서	공급선 시험성적서	공급선 시험성적서	

No.	품목	규격(품명)	공급선	입고수량	입고일자	인수검사 일자	인수검사자
			(주)에프씨코리아랜드 FC Korea Land Co., Ltd.	2021년도 투수성 코르크 바닥 포장재 『원자재 인수검사 기록지』			FC LAB Innovative Cork Products
3	우레탄 바인더	FC-408s	㈜피유시스	2,016kg	2021.4.26	2021.4.27	장재혁

인수검사 결과

우레탄 바인더의 종합 성능	점도 (cP)	점도 (cP)	NCO함량 (%)	비중	비휘발분 (%)	판정
시험편 #1	5,213					
시험편 #2	5,296					
시험편 #3	5,247					
시험편 평균	5,252	0	0.00	0.0	0.00	적합
기준치 (KS F 8980)	2,500 이상	2,500 이상	7 % 이상	0.98 이상	97 % 이상	
비고	자체 분석	공급선 시험성적서	공급선 시험성적서	공급선 시험성적서	공급선 시험성적서	

(주)에프씨코리아랜드 FC Korea Land Co., Ltd.	2021년도 투수성 코르크 바닥 포장재『원자재 인수검사 기록지』					FC LAB Innovative Cork Products	

No.	품목	규격(품명)	공급선	입고수량	입고일자	인수검사 일자	인수검사자
4	우레탄 바인더	FC-319	㈜피유시스	2,016kg	2021.5.10	2021.5.10	장재혁

인수검사 결과

우레탄 바인더의 종합 성능	점도 (cP)	점도 (cP)	NCO함량 (%)	비중	비휘발분 (%)	판정
시험편 #1	1,112					
시험편 #2	1,064	1,080	9.26	1.1	99.85	
시험편 #3	1,094					
시험편 평균	1,090	1,080	9.26	1.1	99.85	
기준치 (사내표준)	1,500±500	1,500±500	7 % 이상	0.98 이상	97 % 이상	
비고	자체 분석	공급선 시험성적서	공급선 시험성적서	공급선 시험성적서	공급선 시험성적서	

(주)에프씨코리아랜드 FC Korea Land Co., Ltd.	2021년도 투수성 코르크 바닥 포장재『원자재 인수검사 기록지』					FC LAB Innovative Cork Products	

No.	품목	규격(품명)	공급선	입고수량	입고일자	인수검사 일자	인수검사자
	우레탄 바인더		㈜피유시스				장재혁

인수검사 결과

우레탄 바인더의 종합 성능	점도 (cP)	점도 (cP)	NCO함량 (%)	비중	비휘발분 (%)	판정
시험편 #1						
시험편 #2						
시험편 #3						
시험편 평균	#DIV/0!	0	0.00	0.0	0.00	
			7 % 이상	0.98 이상	97 % 이상	
비고	자체 분석	공급선 시험성적서	공급선 시험성적서	공급선 시험성적서	공급선 시험성적서	

No.	품목	규격(품명)	공급선	입고수량	입고일자	인수검사 일자	인수검사자
4	프라이머	FC-216	㈜피유시스	1,008kg	2021.5.10	2021.5.10	장재혁

인수검사 결과

프라이머의 종합 성능	점도 (cP)	점도 (cP)	NCO함량 (%)	비중	비휘발분 (%)	판정
시험편 #1	419					
시험편 #2	453	413	16.26	1.1	99.71	
시험편 #3	447					
시험편 평균	440	413	16.26	1.1	99.71	적합
기준치 (사내표준)	500 이하	500 이하	13 % 이상	0.98 이상	해당없음	
비고	자체 분석	공급선 시험성적서	공급선 시험성적서	공급선 시험성적서	해당없음	

No.	품목	규격(품명)	공급선	입고수량	입고일자	인수검사 일자	인수검사자
	프라이머	FC-216	㈜피유시스				장재혁

인수검사 결과

프라이머의 종합 성능	점도 (cP)	점도 (cP)	NCO함량 (%)	비중	비휘발분 (%)	판정
시험편 #1						
시험편 #2						
시험편 #3						
시험편 평균	#DIV/0!	0	0.00	0.0	0.00	적합
기준치 (사내표준)	500 이하	500 이하	13 % 이상	0.98 이상	해당없음	
비고	자체 분석	공급선 시험성적서	공급선 시험성적서	공급선 시험성적서	해당없음	

2021년도 투수성 코르크 바닥 포장재 『원자재 인수검사 기록지』

(주)에프씨코리아랜드 FC Korea Land Co., Ltd.　　**FC LAB.** Innovative Cork Products

No.	품목	규격(품명)	공급선	입고수량	입고일자	인수검사 일자	인수검사자
	프라이머	FC-216	㈜피유시스				상재혁

인수검사 결과

프라이머의 종합 성능	점도 (cP)	점도 (cP)	NCO함량 (%)	비중	비휘발분 (%)	판정
시험편 #1						
시험편 #2						
시험편 #3						
시험편 평균	#DIV/0!	0	0.00	0.0	0.00	적합
기준치 (사내표준)	500 이하	500 이하	13 % 이상	0.98 이상	해당없음	
비고	자체 분석	공급선 시험성적서	공급선 시험성적서	공급선 시험성적서	해당없음	

2021년도 투수성 코르크 바닥 포장재 『원자재 인수검사 기록지』

(주)에프씨코리아랜드 FC Korea Land Co., Ltd.　　**FC LAB.** Innovative Cork Products

No.	품목	규격(품명)	공급선	입고수량	입고일자	인수검사 일자	인수검사자
	프라이머	FC-216	㈜피유시스				장재혁

인수검사 결과

프라이머의 종합 성능	점도 (cP)	점도 (cP)	NCO함량 (%)	비중	비휘발분 (%)	판정
시험편 #1						
시험편 #2						
시험편 #3						
시험편 평균	#DIV/0!	0	0.00	0.0	0.00	적합
기준치 (사내표준)	500 이하	500 이하	13 % 이상	0.98 이상	해당없음	
비고	자체 분석	공급선 시험성적서	공급선 시험성적서	공급선 시험성적서	해당없음	

2.6 통계적분석

우레탄 바인더 인수검사 통계적 분석자료

검사대상	우레탄 바인더	검사항목	비휘발분
검사기간	2020년 8월부터 10월(3건)	비고	-

표본의 크기	30
평균	0.2413333333
분산	0.000211954
표준편차	0.0146841456
Cp	*
Cpu	1.3610663
Cpk	Cpk
Pp	1.33174623
Ppk	1.33174623
부적합률(ppm)	0 ppm
잠재 부적합률(ppm)	32.31 ppm
장기 시그마수준	3.99523869
단기 시그마수준	5.49523869

공정능력 분석 결과(차트)	공정능력 분석 결과(자료)

xbar-R 관리도(차트)	xbar-R 관리도(자료)

통계 분석 결과 C_{pk}값	등급	PCI=C_p (또는 C_{pk})의 값	분포와 규격의 한계	공정능력 유무의 판단	조 치
1.36	특급	$C_p \geq 1.67$		공정능력이 매우 충분하다	제품의 산포가 약간 커져도 걱정할 필요가 없다. 관리의 간소화나 코스트 절감의 방법 등을 생각한다.
	1 등급	$1.67 > C_p \geq 1.33$		공정능력은 충분하다.	이상적인 상태이므로, 유지한다.
	2 등급	$1.33 > C_p \geq 1.00$		공정능력이 충분하다고 할 수는 없지만 근사하다	공정관리를 철저하게 하여 관리상태를 유지해야 한다. C_p가 1에 가까워지면 부적합품이 발생할 우려가 있으므로, 필요할 때는 조치를 취한다.
	3 등급	$1.00 > C_p \geq 0.67$		공정능력이 부족하다.	부적합품이 발생하고 있다. 전수선별, 공정의 개선, 관리가 필요하다.
	4 등급	$0.67 > C_p$		공정능력이 대단히 부족하다.	품질이 전혀 만족스럽지 않다. 서둘러 현황조사, 원인규명, 품질개선 같은 긴급 대책이 필요하다. 또한 상한·하한 규격을 재검토.

공정능력의 평가 기준 대비 통계적 분석 결과

3. 공정·제조설비관리

[첨부양식 1]

협력 업체 선정 평가표				결 재	담당	팀장	대표이사

업체명	(주)피유시스		작성일	2020년 7월 21일			
구분	평가항목	평가등급		배점	득점비고(조사결과)		
대외신뢰도 및 가격	경영상태	(A) 우수 (C) 보통	(B) 양호 (D) 불량	10	10		
	생산능력	(A) 우수 (C) 보통	(B) 양호 (D) 미흡	10	10		
	납기준수	(A) 우수 (C) 보통	(B) 양호 (D) 미흡	10	10		
	가격	(A) 저가 (C) 중고가	(B) 중저가 (D) 고가	10	5		
의뢰품목 취급이력	당사 거래실적	(A) 10건이상 (C) 1건이상	(B) 5건이상 (D) 무	10	5		
	타사 거래실적	(A) 5개사이상 (C) 1개사이상	(B) 3개사이상 (D) 실적없음	10	10		
품질관리 및 인증	자격있는 검사원 보유	(A) 우수 (C) 보통	(B) 양호 (D) 미흡	10	10		
	검사 설비 보유	(A) 우수 (C) 보통	(B) 양호 (D) 미흡	10	10		
	제품 품질 관리	(A) 우수 (C) 보통	(B) 양호 (D) 미흡	10	10		
	품질 인증	(A) ISO취득 (C) 공인기관	(B) 국가규격취득 (D) 자체검사	10	10		
판정	등급 설정	A		득점 합계	90		
비고	**1. 득점 산출 방법** 1) 득점 : 배점 × 등급 배점 2) 등급 배점 　A 등급 : 1.0　　B 등급 : 0.85 　C 등급 : 0.70　　D 등급 : 0.50			**2. 의견** 코르크에 적합한 우레탄 바인더 및 프라이머의 개질이 가능한 업체로 대량 생산이 가능하고 신제품 출시에 관한 공동 개발도 가능한 업체임.			

협력 업체 선정 평가표			결재	담당	팀장	대표이사

업체명	㈜지수건설산업		작성일		2020년 7월 21일	
구분	평가항목	평가등급		배점	득점비고(조사결과)	
대외신뢰도 및 가격	경영상태	(A) 우수 (C) 보통	(B) 양호 (D) 불량	10	10	
	생산능력	(A) 우수 (C) 보통	(B) 양호 (D) 미흡	10	10	
	납기준수	(A) 우수 (C) 보통	(B) 양호 (D) 미흡	10	10	
	가격	(A) 저가 (C) 중고가	(B) 중저가 (D) 고가	10	10	
의뢰품목 취급이력	당사 거래실적	(A) 10건이상 (C) 1건이상	(B) 5건이상 (D) 무	10	10	
	타사 거래실적	(A) 5개사이상 (C) 1개사이상	(B) 3개사이상 (D) 실적없음	10	10	
품질관리 및 인증	자격있는 검사원 보유	(A) 우수 (C) 보통	(B) 양호 (D) 미흡	10	5	
	검사 설비 보유	(A) 우수 (C) 보통	(B) 양호 (D) 미흡	10	10	
	제품 품질 관리	(A) 우수 (C) 보통	(B) 양호 (D) 미흡	10	10	
	품질 인증	(A) ISO취득 (C) 공인기관	(B) 국가규격취득 (D) 자체검사	10	5	
판정	등급 설정	A		득점 합계	90	

비고	1. 득점 산출 방법	2. 의견

	1) 득점 : 배점 × 등급 배점
	2) 등급 배점
	  A 등급 : 1.0
	  B 등급 : 0.85
	  C 등급 : 0.70
	  D 등급 : 0.50
		포르투갈 현지의 코르크 칩 생산 업체와 긴밀한 네트워크를 구축하고 있음에 따라 원료 수급 체계가 확고할 것으로 판단함

협력 업체 선정 평가표				결재	담당	팀장	대표이사

업체명	㈜아이에스포르토		작성일		2020년 7월 21일		

구분	평가항목	평가등급		배점	득점비고(조사결과)		
대외신뢰도 및 가격	경영상태	(A) 우수 (C) 보통	(B) 양호 (D) 불량	10	10		
	생산능력	(A) 우수 (C) 보통	(B) 양호 (D) 미흡	10	7		
	납기준수	(A) 우수 (C) 보통	(B) 양호 (D) 미흡	10	10		
	가격	(A) 저가 (C) 중고가	(B) 중저가 (D) 고가	10	5		
의뢰품목 취급이력	당사 거래실적	(A) 10건이상 (C) 1건이상	(B) 5건이상 (D) 무	10	7		
	타사 거래실적	(A) 5개사이상 (C) 1개사이상	(B) 3개사이상 (D) 실적없음	10	10		
품질관리 및 인증	자격있는 검사원 보유	(A) 우수 (C) 보통	(B) 양호 (D) 미흡	10	10		
	검사 설비 보유	(A) 우수 (C) 보통	(B) 양호 (D) 미흡	10	10		
	제품 품질 관리	(A) 우수 (C) 보통	(B) 양호 (D) 미흡	10	10		
	품질 인증	(A) ISO취득 (C) 공인기관	(B) 국가규격취득 (D) 자체검사	10	10		
판정	등급 설정	B		득점 합계	89		

비고	1. 득점 산출 방법	2. 의견
	1) 득점 : 배점 × 등급 배점 2) 등급 배점 　A 등급 : 1.0 　B 등급 : 0.85 　C 등급 : 0.70 　D 등급 : 0.50	코르크 관련 내·외장재 원료 수입업체로 포르투갈을 비롯한 지중해 연안 국가로부터 다양한 제품을 수입하여 취급함에 따라 확고한 코르크 원료 수급 체계 구축과 향후 신사업분야 개척에도 기여할 수 있을 것으로 판단함

협력 업체 선정 평가표			결 재	담당	팀장	대표이사

업체명	㈜한길알엠비		작성일	2020년 7월 21일		

구분	평가항목	평가등급		배점	득점비고(조사결과)	
대외신뢰도 및 가격	경영상태	(A) 우수 (C) 보통	(B) 양호 (D) 불량	10	10	
	생산능력	(A) 우수 (C) 보통	(B) 양호 (D) 미흡	10	10	
	납기준수	(A) 우수 (C) 보통	(B) 양호 (D) 미흡	10	10	
	가격	(A) 저가 (C) 중고가	(B) 중저가 (D) 고가	10	5	
의뢰품목 취급이력	당사 거래실적	(A) 10건이상 (C) 1건이상	(B) 5건이상 (D) 무	10	7	
	타사 거래실적	(A) 5개사이상 (C) 1개사이상	(B) 3개사이상 (D) 실적없음	10	10	
품질관리 및 인증	자격있는 검사원 보유	(A) 우수 (C) 보통	(B) 양호 (D) 미흡	10	10	
	검사 설비 보유	(A) 우수 (C) 보통	(B) 양호 (D) 미흡	10	10	
	제품 품질 관리	(A) 우수 (C) 보통	(B) 양호 (D) 미흡	10	10	
	품질 인증	(A) ISO취득 (C) 공인기관	(B) 국가규격취득 (D) 자체검사	10	10	
판정	등급 설정	A		득점 합계	92	

비고	1. 득점 산출 방법	2. 의견
	1) 득점 : 배점 × 등급 배점 2) 등급 배점 A 등급 : 1.0 B 등급 : 0.85 C 등급 : 0.70 D 등급 : 0.50	탄성 포장재 관련 보유 설비 및 시공 실적이 다양함에 따라 시공 분야에 있어서 상호 긴밀한 협력이 가능할 것으로 판단함

협력 업체 선정 평가표				결재	담당	팀장	대표이사

업체명	㈜클라임테크		작성일		2020년 10월 1일		
구분	평가항목	평가등급		배점	득점비고(조사결과)		
대외신뢰도 및 가격	경영상태	(A) 우수 (C) 보통	(B) 양호 (D) 불량	10	10		
	생산능력	(A) 우수 (C) 보통	(B) 양호 (D) 미흡	10	10		
	납기준수	(A) 우수 (C) 보통	(B) 양호 (D) 미흡	10	10		
	가격	(A) 저가 (C) 중고가	(B) 중저가 (D) 고가	10	5		
의뢰품목 취급이력	당사 거래실적	(A) 10건이상 (C) 1건이상	(B) 5건이상 (D) 무	10	0		
	타사 거래실적	(A) 5개사이상 (C) 1개사이상	(B) 3개사이상 (D) 실적없음	10	10		
품질관리 및 인증	자격있는 검사원 보유	(A) 우수 (C) 보통	(B) 양호 (D) 미흡	10	10		
	검사 설비 보유	(A) 우수 (C) 보통	(B) 양호 (D) 미흡	10	10		
	제품 품질 관리	(A) 우수 (C) 보통	(B) 양호 (D) 미흡	10	10		
	품질 인증	(A) ISO취득 (C) 공인기관	(B) 국가규격취득 (D) 자체검사	10	5		
판정	등급 설정	B		득점 합계	80		

비고	1. 득점 산출 방법	2. 의견
	1) 득점 : 배점 × 등급 배점 2) 등급 배점 　A 등급 : 1.0 　B 등급 : 0.85 　C 등급 : 0.70 　D 등급 : 0.50	어린이 놀이시설 전문 취급업체로 놀이터 탄성 포장 시공에 있어 상호 긴밀한 협력이 가능할 것으로 판단함

[첨부양식 2]

협력 업체 등록대장

업체 코드	업체명	등급 평가	전화번호	영업담당자	직책	승인품목	최초 등록일	최초 거래일	작성자	확인
C-001	㈜피유시스	A	031-943-0260	권성우	이사	바인더 및 프라이머	2020.07.21.	2020.02.01.	정창교	
C-002	㈜자수건설산업	A	031-985-4088	인중대	대표	규르크칩	2020.07.21.	2019.05.29.	정창교	
C-003	㈜아이에스프로토	B	02-713-1390	김수봉	대표	규르크칩	2020.07.21.	2019.02.18.	정창교	
C-004	㈜한길아엘비	A	031-373-5302	손영호	이사	현장 시공	2020.07.21.	2020.07.31.	정창교	
C-005	㈜클라임테크	B	031-957-2030	강영선	대리	현장 시공	2020.10.01.	2020.12.01.	정창교	

협력 업체 정기 평가표				결 재	담당	팀장	대표이사

업체명	㈜피유시스		작성일	2020년 12월 4일	
구분	평가항목	평가등급		배점	득점비고(조사결과)
대외신뢰도 및 가격	인수검사 합격률	(A) 99%이상 (C) 90%이상	(B) 95%이상 (D) 90%미만	25	25
	시험성적서 제출 (%/년)	(A) 90%이상 (C) 50%이상	(B) 80%이하 (D) 50%미만	10	10
	제품품질관리	(A) 우수 (C) 보통	(B) 양호 (D) 미흡	10	10
의뢰품목 취급이력	납기 미준수 (지연건수/년)	(A) 0 (C) 12미만	(E) 5이하 (D) 12이상	25	25
	부적합시 재납품 (소요시간)	(A) 3일이하 (C) 12일미만	(B) 6일이하 (D) 12일이상	10	10
품질관리 및 인증	경영상태	(A) 우수 (C) 보통	(B) 양호 (D) 미흡	10	10
	가격	(A) 저가 (C) 중고가	(B) 중저가 (D) 고가	10	5
판정	등급 설정	A		득점 합계	95

비고	1. 득점 산출 방법	2. 의견
	1) 득점 : 배점 × 등급 배점 2) 등급 배점 　A 등급 : 1.0 　B 등급 : 0.85 　C 등급 : 0.70 　D 등급 : 0.50	시공 결과 양호하며, 원자재 수불 과정도 원활함

협력 업체 정기 평가표			결재	담당	팀장	대표이사

업체명	㈜지수건설산업	작성일	2020년 12월 4일

구분	평가항목	평가등급		배점	득점비고(조사결과)
대외신뢰도 및 가격	인수검사 합격률	(A) 99%이상 (C) 90%이상	(B) 95%이상 (D) 90%미만	25	25
	시험성적서 제출 (%/년)	(A) 90%이상 (C) 50%이상	(B) 80%이하 (D) 50%미만	10	0
	제품품질관리	(A) 우수 (C) 보통	(B) 양호 (D) 미흡	10	10
의뢰품목 취급이력	납기 미준수 (지연건수/년)	(A) 0 (C) 12미만	(E) 5이하 (D) 12이상	25	25
	부적합시 재납품 (소요시간)	(A) 3일이하 (C) 12일미만	(B) 6일이하 (D) 12일이상	10	10
품질관리 및 인증	경영상태	(A) 우수 (C) 보통	(B) 양호 (D) 미흡	10	5
	가격	(A) 저가 (C) 중고가	(B) 중저가 (D) 고가	10	5
판정	등급 설정	B		득점 합계	80

비고	1. 득점 산출 방법	2. 의견
	1) 득점 : 배점 × 등급 배점 2) 등급 배점 　A 등급 : 1.0 　B 등급 : 0.85 　C 등급 : 0.70 　D 등급 : 0.50	시공 결과 양호하며, 원자재 수불 과정도 원활함

협력 업체 정기 평가표			결재	담당	팀장	대표이사

업체명	㈜아이에스포르토	작성일	2020년 12월 4일

구분	평가항목	평가등급		배점	득점비고(조사결과)
대외신뢰도 및 가격	인수검사 합격률	(A) 99%이상 (C) 90%이상	(B) 95%이상 (D) 90%미만	25	25
	시험성적서 제출 (%/년)	(A) 90%이상 (C) 50%이상	(B) 80%이하 (D) 50%미만	10	0
	제품품질관리	(A) 우수 (C) 보통	(B) 양호 (D) 미흡	10	10
의뢰품목 취급이력	납기 미준수 (지연건수/년)	(A) 0 (C) 12미만	(E) 5이하 (D) 12이상	25	25
	부적합시 재납품 (소요시간)	(A) 3일이하 (C) 12일미만	(B) 6일이하 (D) 12일이상	10	10
품질관리 및 인증	경영상태	(A) 우수 (C) 보통	(B) 양호 (D) 미흡	10	10
	가격	(A) 저가 (C) 중고가	(B) 중저가 (D) 고가	10	5
판정	등급 설정	A		득점 합계	85

비고	1. 득점 산출 방법	2. 의견
	1) 득점 : 배점 × 등급 배점 2) 등급 배점 　A 등급 : 1.0 　B 등급 : 0.85 　C 등급 : 0.70 　D 등급 : 0.50	시공 결과 양호하며, 원자재 수불 과정도 원활함

협력 업체 정기 평가표			결재	담당	팀장	대표이사

업체명	㈜한길알엠비		작성일		2020년 12월 4일	
구분	평가항목	평가등급		배점	득점비고(조사결과)	
대외신뢰도 및 가격	인수검사 합격률	(A) 99%이상 (B) 95%이상 (C) 90%이상 (D) 90%미만		25	25	
	시험성적서 제출 (%/년)	(A) 90%이상 (B) 80%이하 (C) 50%이상 (D) 50%미만		10	0	
	제품품질관리	(A) 우수 (B) 양호 (C) 보통 (D) 미흡		10	10	
의뢰품목 취급이력	납기 미준수 (지연건수/년)	(A) 0 (E) 5이하 (C) 12미만 (D) 12이상		25	25	
	부적합시 재납품 (소요시간)	(A) 3일이하 (B) 6일이하 (C) 12일미만 (D) 12일이상		10	10	
품질관리 및 인증	경영상태	(A) 우수 (B) 양호 (C) 보통 (D) 미흡		10	10	
	가격	(A) 저가 (B) 중저가 (C) 중고가 (D) 고가		10	10	
판정	등급 설정	A		득점 합계	90	

비고	1. 득점 산출 방법	2. 의견

	1) 득점 : 배점 × 등급 배점
	2) 등급 배점
	  A 등급 : 1.0
	  B 등급 : 0.85
	  C 등급 : 0.70
	  D 등급 : 0.50
		시공 결과 양호하며, 원자재 수불 과정도 원활함

협력 업체 정기 평가표			결재	담당	팀장	대표이사

업체명	㈜클라임테크		작성일	2020년 12월 4일		
구분	평가항목	평가등급		배점	득점비고(조사결과)	
대외신뢰도 및 가격	인수검사 합격률	(A) 99%이상 (C) 90%이상	(B) 95%이상 (D) 90%미만	25	25	
	시험성적서 제출 (%/년)	(A) 90%이상 (C) 50%이상	(B) 80%이하 (D) 50%미만	10	0	
	제품품질관리	(A) 우수 (C) 보통	(B) 양호 (D) 미흡	10	10	
의뢰품목 취급이력	납기 미준수 (지연건수/년)	(A) 0 (C) 12미만	(E) 5이하 (D) 120이상	25	25	
	부적합시 재납품 (소요시간)	(A) 3일이하 (C) 12일미만	(B) 6일이하 (D) 12일이상	10	10	
품질관리 및 인증	경영상태	(A) 우수 (C) 보통	(B) 양호 (D) 미흡	10	10	
	가격	(A) 저가 (C) 중고가	(B) 중저가 (D) 고가	10	10	
판정	등급 설정	A		득점 합계	90	

비고	1. 득점 산출 방법	2. 의견
	1) 득점 : 배점 × 등급 배점 2) 등급 배점 　A 등급 : 1.0 　B 등급 : 0.85 　C 등급 : 0.70 　D 등급 : 0.50	시공 결과 양호하며, 원자재 수불 과정도 원활함

QC 공정도

투수성 코르크 바닥 포장제

문서번호	FC-I-101
개정일자	2020.07.20.
개정번호	0
페 이 지	2/3

구분	No	공정명	도시기호	사용재료	사용설비	관리 항목	관리 기준	관리 주기	검사 항목	검사 기준	검사 방법	책임 생산	책임 QC	관련 표준
1차 가공	1-1	재료입고	▽		• 버니어 캘리퍼스 • 전자 비중계 • 전자식 저울 • 건조기					재료 및 인수검사 (FC-G-101~104에 따른다)		●		FC-E-201
	1-2	인수검사	◇	• 코르크 칩 • 우레탄 바인더 프라이머겟 첨가제 (현장지 공용)	• 점도계								●	FC-G-101 ~104
	1-3	분류	○	• 코르크 칩	• 선별기	염도	2~4 / 5~8 mm					●		FC-I-201
	1-4	중간검사	◇					1회/batch	염도	2~4 / 5~8 mm	batch 당 체리검사 n=1, c=0		●	FC-H-101
	1-5	계량	○	• 코르크 칩 • 우레탄 바인더	• 전자식 저울 • 계량펌프	배합비	코르크 칩(1) : 바인더(0.025) <부피 기준>					●		FC-I-202
	1-6	배합 (교반)	○	• 코르크 칩 • 우레탄 바인더	• 교반기	회전속도 시간	60 rpm 180분	1회/batch				●		FC-I-203
	1-7	중간검사	◇						코팅상태	재료 뭉침 및 반적임 정도	매 교반시 체크검사 n=1, c=0		●	FC-H-101
	1-8	건조	○		• 순수레	시간	24±2시간					●		FC-I-204
	1-9	1차 가공품 검사	◇	• 1차 가공 코르크 칩	• 전자 비중계 • 함수율 측정기 • 버니어 캘리퍼스				비중 함수율 염도	0.30 이하 15% 이하 2~4 / 5~8 mm	매 건조시 체리검사 n=1, c=0		●	FC-H-101
	1-10	포장	○									●		FC-I-205
	1-11	포장 검사	◇		• 포장기					부피	40±0.5L/b ag			FC-H-101
	1-12	출하내기	▽									●		FC-B-102

3.2 공정관리 및 중간검사

투수성 코르크 바닥 포장재 공정관리일지 및 중간검사 성적서					결 재	담당	팀장	대표이사

1차 가공 코르크 칩 로트 번호				현장명	속초 교동초등학교
검사일자		2020년 8월 24~25일		검사자	성세경, 한상용, 장재혁

공정	구분		항목	판정기준	검사방식	측정치	판정
1차 가공	공 정 관 리	분류	입도	2~4 mm / 5~8 mm		3.03mm	적합
		계량	배합비	코르크칩(1):바인더(0.025) 〈부피기준〉		코르크칩(1) :바인더(0.025)	적합
		배합	회전속도	60rpm 180분		60rpm 180분	적합
		건조	시간	24±2 시간		24시간	적합
	중 간 검 사	분류	입도	2~4 mm / 5~8 mm	체크검사 n=1, c=0	3.02mm	적합
		배합 (코팅)	코팅 상태	재료 뭉침 및 끈적임 정도가 양호할 것		뭉침, 끈적임 양호함	적합
		건조	함수율	15 % 이하		10.85%	적합
종합판정				합격			

공정	구분		항목	판정기준	검사방식	측정치	판정
현 장 시 공	공 정 관 리	계량	배합비	코르크칩(1):바인더(0.025) 〈부피기준〉		코르크칩(1) :바인더(0.025)	적합
		배합	회전시간 속도	60 rpm 2분		60 rpm 2분	적합
		다짐	다짐횟수	2 회 이상		3회	적합
		양생	시간	24 시간 이상		24시간	적합
	중 간 검 사	도포	도포 상태	시공부위 전체에 도포되어 야 함	체크검사 n=1, c=0	전체 도포	적합
		배합	바인딩 상태	재료간 뭉침이나 끈적임이 없어야 함		뭉침, 끈적임 없음	적합
		다짐	평탄성	요철이 없어야 함		요철 없음	적합
		양생	표면굳기	표면이 무르지 않아야 함		무르지 않음	적합
종합판정				합격			
특이사항							

투수성 코르크 바닥 포장재 공정관리일지 및 중간검사 성적서					결재	담당	팀장	대표이사

1차 가공 코르크 칩 로트 번호				현장명	상주 성동어린이공원	
검사일자		2020년 9월 24~25일		검사자	성세경, 한상용, 장재혁	

공정	구분		항목	판정기준	검사방식	측정치	판정
1차 가공	공정 관리	분류	입도	2~4 mm / 5~8 mm		3.03mm(상부) 7.12mm(하부)	적합
		계량	배합비	코르크칩(1):바인더(0.025) 〈부피기준〉		코르크칩(1) :바인더(0.025)	적합
		배합	회전속도	60rpm 180분		60rpm 180분	적합
		건조	시간	24±2 시간		24시간	적합
	중간 검사	분류	입도	2~4 mm / 5~8 mm	체크검사 n=1, c=0	3.06mm(상부) 7.12mm(하부)	적합
		배합	코팅 상태	재료 뭉침 및 끈적임 정도가 양호할 것		뭉침, 끈적임 양호함	적합
		(코팅)	함수율	15 % 이하		11.1%(상부) 10.9%(하부)	적합
종합판정				건조			

공정	구분		항목	판정기준	검사방식	측정치	판정
현 장 시 공	공정 관리	계량	배합비	코르크칩(1):바인더(0.025) 〈부피기준〉		코르크칩(1) :바인더(0.025)	적합
		배합	회전시간 속도	60 rpm 2분		60 rpm 2분	적합
		다짐	다짐횟수	2 회 이상		3회	적합
		양생	시간	24 시간 이상		24시간	적합
	중간 검사	도포	도포 상태	시공부위 전체에 도포되어야 함	체크검사 n=1, c=0	전체 도포	적합
		배합	바인딩 상태	재료간 뭉침이나 끈적임이 없어야 함		뭉침, 끈적임 없음	적합
		다짐	평탄성	요철이 없어야 함		요철 없음	적합
		양생	표면굳기	표면이 무르지 않아야 함		무르지 않음	적합
종합판정				합격			
특이사항							

					결 재	담당	팀장	대표이사

투수성 코르크 바닥 포장재
공정관리일지 및 중간검사 성적서

1차 가공 코르크 칩 로트 번호					현장명	하안동 어린이체험놀이터		
검사일자		2020년 9월 26일 / 10월 5일			검사자	성세경, 한상용, 장재혁		

공정	구분		항목	판정기준	검사방식	측정치	판정
1차 가공	공정관리	분류	입도	2~4 mm / 5~8 mm		3.03mm	적합
		계량	배합비	코르크칩(1):바인더(0.025) 〈부피기준〉		코르크칩(1) :바인더(0.025)	적합
		배합	회전속도	60rpm 180분		60rpm 180분	적합
		건조	시간	24±2 시간		24시간	적합
	중간검사	분류	입도	2~4 mm / 5~8 mm	체크검사 n=1, c=0	3.06mm	적합
		배합	코팅 상태	재료 뭉침 및 끈적임 정도가 양호할 것		뭉침, 끈적임 양호함	적합
		(코팅)	함수율	15 % 이하		11.1%	적합
종합판정					건조		

공정	구분		항목	판정기준	검사방식	측정치	판정
현장시공	공정관리	계량	배합비	코르크칩(1):바인더(0.025) 〈부피기준〉		코르크칩(1) :바인더(0.025)	적합
		배합	회전시간 속도	60 rpm 2분		60 rpm 2분	적합
		다짐	다짐횟수	2 회 이상		3회	적합
		양생	시간	24 시간 이상		24시간	적합
	중간검사	도포	도포 상태	시공부위 전체에 도포되어야 함	체크검사 n=1, c=0	전체 도포	적합
		배합	바인딩 상태	재료간 뭉침이나 끈적임이 없어야 함		뭉침, 끈적임 없음	적합
		다짐	평탄성	요철이 없어야 함		요철 없음	적합
		양생	표면굳기	표면이 무르지 않아야 함		무르지 않음	적합
종합판정					합격		
특이사항							

투수성 코르크 바닥 포장재 공정관리일지 및 중간검사 성적서					결 재	담당	팀장	대표이사
1차 가공 코르크 칩 로트 번호					현장명	송파구 오금숲어린이집		
검사일자		2020년 10월 10~11일			검사자	성세경, 한상용, 장재혁		

공정	구분		항목	판정기준	검사방식	측정치	판정
1차 가공	공 정 관 리	분류	입도	2~4 mm / 5~8 mm		3.03mm	적합
		계량	배합비	코르크칩(1):바인더(0.025) 〈부피기준〉		코르크칩(1) :바인더(0.025)	적합
		배합	회전속도	60rpm 180분		60rpm 180분	적합
		건조	시간	24±2 시간		24시간	적합
	중 간 검 사	분류	입도	2~4 mm / 5~8 mm	체크검사 n=1, c=0	3.05mm	적합
		배합	코팅 상태	재료 뭉침 및 끈적임 정도가 양호할 것		뭉침, 끈적임 양호함	적합
		(코팅)	함수율	15 % 이하		11.3%	적합

종합판정		건조

공정	구분		항목	판정기준	검사방식	측정치	판정
현 장 시 공	공 정 관 리	계량	배합비	코르크칩(1):바인더(0.025) 〈부피기준〉		코르크칩(1) :바인더(0.025)	적합
		배합	회전시간 속도	60 rpm 2분		60 rpm 2분	적합
		다짐	다짐횟수	2 회 이상		3회	적합
		양생	시간	24 시간 이상		24시간	적합
	중 간 검 사	도포	도포 상태	시공부위 전체에 도포되어야 함	체크검사 n=1, c=0	전체 도포	적합
		배합	바인딩 상태	재료간 뭉침이나 끈적임이 없어야 함		뭉침, 끈적임 없음	적합
		다짐	평탄성	요철이 없어야 함		요철 없음	적합
		양생	표면굳기	표면이 무르지 않아야 함		무르지 않음	적합

종합판정		합격

특이사항	

투수성 코르크 바닥 포장재 공정관리일지 및 중간검사 성적서					결재	담당	팀장	대표이사

1차 가공 코르크 칩 로트 번호				현장명	태안 한국서부발전(주) 옥상	
검사일자		2020년 10월 14~15일		검사자	성세경, 한상용, 장재혁	

공정	구분		항목	판정기준	검사방식	측정치	판정
1차 가공	공정관리	분류	입도	2~4 mm / 5~8 mm		3.03mm	적합
		계량	배합비	코르크칩(1):바인더(0.025) 〈부피기준〉		코르크칩(1) :바인더(0.025)	적합
		배합	회전속도	60rpm 180분		60rpm 180분	적합
		건조	시간	24±2 시간		24시간	적합
	중간검사	분류	입도	2~4 mm / 5~8 mm	체크검사 n=1, c=0	3.05mm	적합
		배합	코팅 상태	재료 뭉침 및 끈적임 정도가 양호할 것		뭉침, 끈적임 양호함	적합
		(코팅)	함수율	15 % 이하		11.3%	적합
종합판정				건조			

공정	구분		항목	판정기준	검사방식	측정치	판정
현장시공	공정관리	계량	배합비	코르크칩(1):바인더(0.025) 〈부피기준〉		코르크칩(1) :바인더(0.025)	적합
		배합	회전시간 속도	60 rpm 2분		60 rpm 2분	적합
		다짐	다짐횟수	2 회 이상		3회	적합
		양생	시간	24 시간 이상		24시간	적합
	중간검사	도포	도포 상태	시공부위 전체에 도포되어야 함	체크검사 n=1, c=0	전체 도포	적합
		배합	바인딩 상태	재료간 뭉침이나 끈적임이 없어야 함		뭉침, 끈적임 없음	적합
		다짐	평탄성	요철이 없어야 함		요철 없음	적합
		양생	표면굳기	표면이 무르지 않아야 함		무르지 않음	적합
종합판정				합격			

특이사항	

3.3 공정능력지수 통계적 분석

자재관리 목록표

공정-제조설비 관리의 중간검사 자료에 대한 통계적 분석 결과를 아래와 같이 보고합니다.

1. 1차 가공 코르크 칩 생산 이력

○ 제품 생산 및 중간검사 실시 일자

생산 일자	일																															합계 (건)
	1	2	3	4	5	6	7	8	9	10	11	12	13	14	15	16	17	18	19	20	21	22	23	24	25	26	27	28	29	30	31	
8월																																10
9월																																13
10월																																13

2. 통계적 분석 방법

○ 1차 가공 코르크 칩 중간검사 항목

구분	중간검사 항목		
1차 가공 코르크 칩	비중	함수율	입도
KS F 8980 기준치	0.30 이하	15 % 이하	-
서험 반복 횟수	3회	3회	3회

○ 통계 분석 프로그램 활용 방법

- 프로그램명 : eZ SPC 2.0 (한양대학교 통계/품질연구실 개발)
- 통계 분석 항목 : 공정능력 분석과 xbar-R 관리도의 차트 및 자료

3. 통계적 분석 결과

○ 1차 가공 코르크 칩의 통계적 분석 결과 별첨

자재 및 제품에 관한 검사 결과의 통계적 분석보고서

검사대상	1차 가공 코르크 칩	검사항목	비중
검사기간	2020년 8월(10건)	비고	-

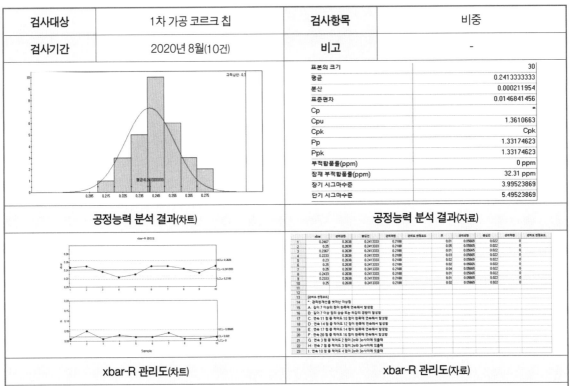

표본의 크기	30
평균	0.2413333333
분산	0.000211954
표준편차	0.0146841456
Cp	*
Cpu	1.3610663
Cpk	Cpk
Pp	1.33174623
Ppk	1.33174623
부적합품률(ppm)	0 ppm
잠재 부적합품률(ppm)	32.31 ppm
장기 시그마수준	3.99523869
단기 시그마수준	5.49523869

공정능력 분석 결과(차트)	공정능력 분석 결과(자료)

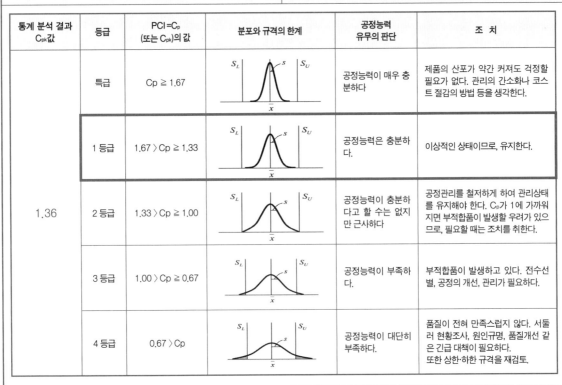

xbar-R 관리도(차트)	xbar-R 관리도(자료)

통계 분석 결과 C_{pk}값	등급	PCI=C_p (또는 C_{pk})의 값	분포와 규격의 한계	공정능력 유무의 판단	조 치
1.36	특급	Cp ≥ 1.67	S_L s S_U $\bar{x}$	공정능력이 매우 충분하다	제품의 산포가 약간 커져도 걱정할 필요가 없다. 관리의 간소화나 코스트 절감의 방법 등을 생각한다.
	1 등급	1.67 〉 Cp ≥ 1.33	S_L s S_U $\bar{x}$	공정능력은 충분하다.	이상적인 상태이므로, 유지한다.
	2 등급	1.33 〉 Cp ≥ 1.00	S_L s S_U $\bar{x}$	공정능력이 충분하다고 할 수는 없지만 근사하다	공정관리를 철저하게 하여 관리상태를 유지해야 한다. C_p가 1에 가까워지면 부적합품이 발생할 우려가 있으므로, 필요할 때는 조치를 취한다.
	3 등급	1.00 〉 Cp ≥ 0.67	S_L s S_U $\bar{x}$	공정능력이 부족하다.	부적합품이 발생하고 있다. 전수선별, 공정의 개선, 관리가 필요하다.
	4 등급	0.67 〉 Cp	S_L s S_U $\bar{x}$	공정능력이 대단히 부족하다.	품질이 전혀 만족스럽지 않다. 서둘러 현황조사, 원인규명, 품질개선 같은 긴급 대책이 필요하다. 또한 상한·하한 규격을 재검토.

공정능력의 평가 기준 대비 통계적 분석 결과

자재 및 제품에 관한 검사 결과의 통계적 분석 보고서

검사대상	1차 가공 코르크 칩	검사항목	함수율
검사기간	2020년 8월(10건)	비고	-

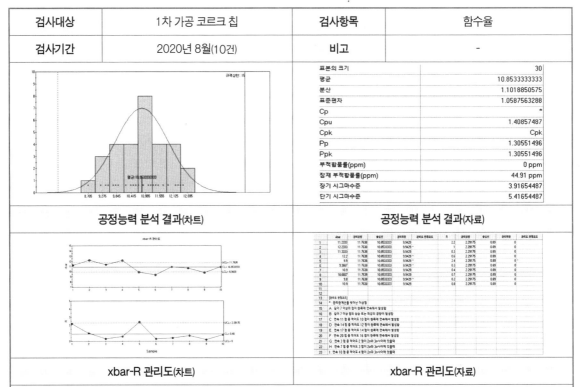

표본의 크기	30
평균	10.8533333333
분산	1.1018850575
표준편차	1.0587563288
Cp	*
Cpu	1.40857487
Cpk	Cpk
Pp	1.30551496
Ppk	1.30551496
부적합품률(ppm)	0 ppm
잠재 부적합품률(ppm)	44.91 ppm
장기 시그마수준	3.91654487
단기 시그마수준	5.41654487

공정능력 분석 결과(차트)	공정능력 분석 결과(자료)

xbar-R 관리도(차트)	xbar-R 관리도(자료)

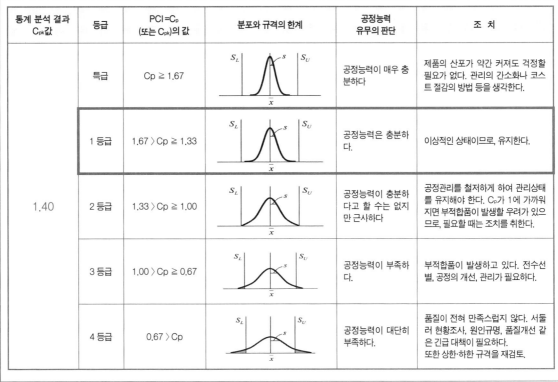

통계 분석 결과 C_{pk}값	등급	PCI=C_p (또는 C_{pk})의 값	분포와 규격의 한계	공정능력 유무의 판단	조 치
1.40	특급	Cp ≧ 1.67		공정능력이 매우 충분하다	제품의 산포가 약간 커져도 걱정할 필요가 없다. 관리의 간소화나 코스트 절감의 방법 등을 생각한다.
	1 등급	1.67 〉 Cp ≧ 1.33		공정능력은 충분하다.	이상적인 상태이므로, 유지한다.
	2 등급	1.33 〉 Cp ≧ 1.00		공정능력이 충분하다고 할 수는 없지만 근사하다	공정관리를 철저하게 하여 관리상태를 유지해야 한다. C_p가 1에 가까워지면 부적합품이 발생할 우려가 있으므로, 필요할 때는 조치를 취한다.
	3 등급	1.00 〉 Cp ≧ 0.67		공정능력이 부족하다.	부적합품이 발생하고 있다. 전수선별, 공정의 개선, 관리가 필요하다.
	4 등급	0.67 〉 Cp		공정능력이 대단히 부족하다.	품질이 전혀 만족스럽지 않다. 서둘러 현황조사, 원인규명, 품질개선 같은 긴급 대책이 필요하다. 또한 상한·하한 규격을 재검토.

공정능력의 평가 기준 대비 통계적 분석 결과

자재 및 제품에 관한 검사 결과의 통계적 분석 보고서

검사대상	1차 가공 코르크 칩	검사항목	입도
검사기간	2020년 8월(10건)	비고	-

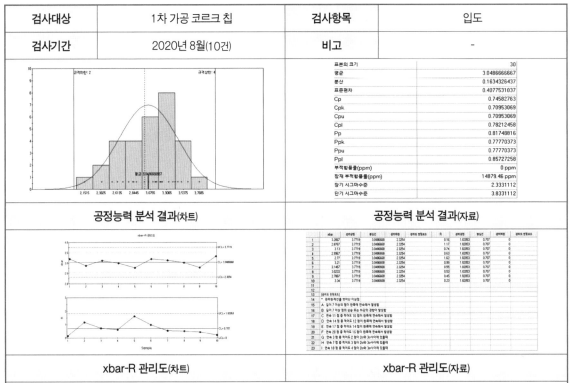

표본의 크기	30
평균	3.0486666667
분산	0.1634326437
표준편차	0.4077531037
Cp	0.74582763
Cpk	0.70953069
Cpu	0.70953069
Cpl	0.78212458
Pp	0.81748816
Ppk	0.77770373
Ppu	0.77770373
Ppl	0.85727258
부적합품률(ppm)	0 ppm
잠재 부적합품률(ppm)	14879.46 ppm
장기 시그마수준	2.3331112
단기 시그마수준	3.8331112

공정능력 분석 결과(차트)	공정능력 분석 결과(자료)

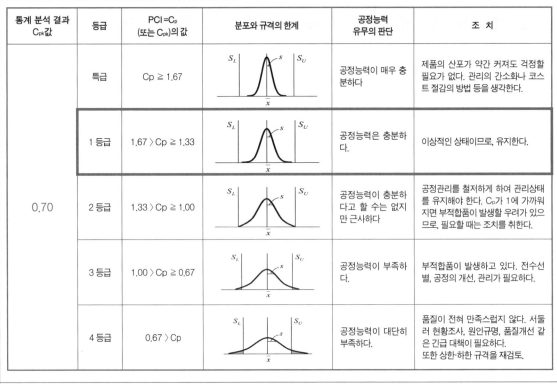

xbar-R 관리도(차트)	xbar-R 관리도(자료)

통계 분석 결과 C_{pk}값	등급	PCI = C_p (또는 C_{pk})의 값	분포와 규격의 한계	공정능력 유무의 판단	조 치
0.70	특급	$C_p \geq 1.67$	S_L s S_U $\bar{x}$	공정능력이 매우 충분하다	제품의 산포가 약간 커져도 걱정할 필요가 없다. 관리의 간소화나 코스트 절감의 방법 등을 생각한다.
	1 등급	$1.67 > C_p \geq 1.33$	S_L s S_U $\bar{x}$	공정능력은 충분하다.	이상적인 상태이므로, 유지한다.
	2 등급	$1.33 > C_p \geq 1.00$	S_L s S_U $\bar{x}$	공정능력이 충분하다고 할 수는 없지만 근사하다	공정관리를 철저하게 하여 관리상태를 유지해야 한다. C_p가 1에 가까워지면 부적합이 발생할 우려가 있으므로, 필요할 때는 조치를 취한다.
	3 등급	$1.00 > C_p \geq 0.67$	S_L s S_U $\bar{x}$	공정능력이 부족하다.	부적합품이 발생하고 있다. 전수선별, 공정의 개선, 관리가 필요하다.
	4 등급	$0.67 > C_p$	S_L s S_U $\bar{x}$	공정능력이 대단히 부족하다.	품질이 전혀 만족스럽지 않다. 서둘러 현황조사, 원인규명, 품질개선 같은 긴급 대책이 필요하다. 또한 상한·하한 규격을 재검토.

공정능력의 평가 기준 대비 통계적 분석 결과

자재 및 제품에 관한 검사 결과의 통계적 분석 보고서

검사대상	1차 가공 코르크 칩	검사항목	비중
검사기간	2020년 9월(13건)	비고	-

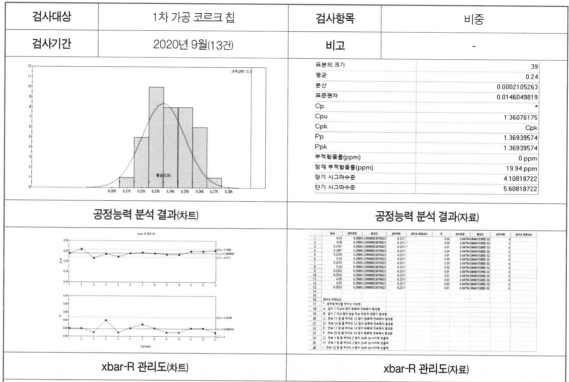

표본의 크기	39
평균	0.24
분산	0.0002105263
표준편차	0.0146049819
Cp	*
Cpu	1.36076175
Cpk	Cpk
Pp	1.36939574
Ppk	1.36939574
부적합품률(ppm)	0 ppm
잠재 부적합품률(ppm)	19.94 ppm
장기 시그마수준	4.10818722
단기 시그마수준	5.60818722

공정능력 분석 결과(차트)	공정능력 분석 결과(자료)

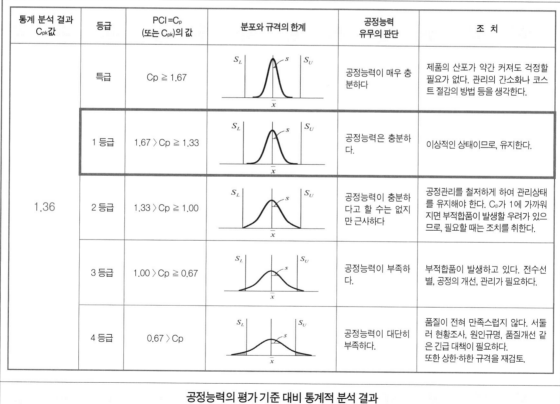

xbar-R 관리도(차트)	xbar-R 관리도(자료)

통계 분석 결과 C_{pk}값	등급	PCI=C_p (또는 C_{pk})의 값	분포와 규격의 한계	공정능력 유무의 판단	조 치
1.36	특급	$Cp \geq 1.67$		공정능력이 매우 충분하다	제품의 산포가 약간 커져도 걱정할 필요가 없다. 관리의 간소화나 코스트 절감의 방법 등을 생각한다.
	1 등급	$1.67 > Cp \geq 1.33$		공정능력은 충분하다.	이상적인 상태이므로, 유지한다.
	2 등급	$1.33 > Cp \geq 1.00$		공정능력이 충분하다고 할 수는 없지만 근사하다	공정관리를 철저하게 하여 관리상태를 유지해야 한다. C_p가 1에 가까워지면 부적합품이 발생할 우려가 있으므로, 필요할 때는 조치를 취한다.
	3 등급	$1.00 > Cp \geq 0.67$		공정능력이 부족하다.	부적합품이 발생하고 있다. 전수선별, 공정의 개선, 관리가 필요하다.
	4 등급	$0.67 > Cp$		공정능력이 대단히 부족하다.	품질이 전혀 만족스럽지 않다. 서둘러 현황조사, 원인규명, 품질개선 같은 긴급 대책이 필요하다. 또한 상한·하한 규격을 재검토.

공정능력의 평가 기준 대비 통계적 분석 결과

자재 및 제품에 관한 검사 결과의 통계적 분석 보고서

검사대상	1차 가공 코르크 칩	검사항목	함수율
검사기간	2020년 9월(13건)	비고	-

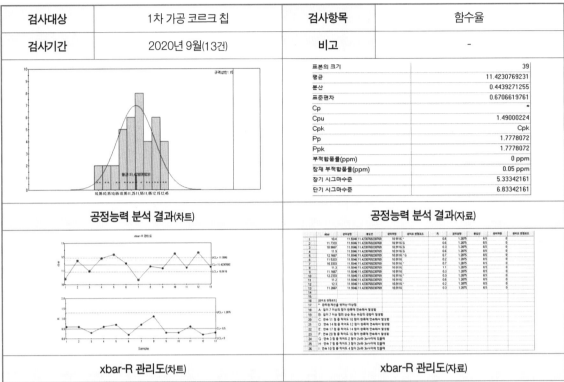

표본의 크기	39
평균	11.4230769231
분산	0.4439271255
표준편차	0.6706619761
Cp	^
Cpu	1.49000224
Cpk	Cpk
Pp	1.7778072
Ppk	1.7778072
부적합품률(ppm)	0 ppm
잠재 부적합품률(ppm)	0.05 ppm
장기 시그마수준	5.33342161
단기 시그마수준	6.83342161

공정능력 분석 결과(차트)	공정능력 분석 결과(자료)
xbar-R 관리도(차트)	xbar-R 관리도(자료)

통계 분석 결과 Cpk값	등급	PCI=Cp (또는 Cpk)의 값	분포와 규격의 한계	공정능력 유무의 판단	조 치
1.49	특급	Cp ≥ 1.67		공정능력이 매우 충분하다	제품의 산포가 약간 커져도 걱정할 필요가 없다. 관리의 간소화나 코스트 절감의 방법 등을 생각한다.
	1 등급	1.67 〉 Cp ≥ 1.33		공정능력은 충분하다.	이상적인 상태이므로, 유지한다.
	2 등급	1.33 〉 Cp ≥ 1.00		공정능력이 충분하다고 할 수는 없지만 근사하다	공정관리를 철저하게 하여 관리상태를 유지해야 한다. Cp가 1에 가까워지면 부적합품이 발생할 우려가 있으므로, 필요할 때는 조치를 취한다.
	3 등급	1.00 〉 Cp ≥ 0.67		공정능력이 부족하다.	부적합품이 발생하고 있다. 전수선별, 공정의 개선, 관리가 필요하다.
	4 등급	0.67 〉 Cp		공정능력이 대단히 부족하다.	품질이 전혀 만족스럽지 않다. 서둘러 현황조사, 원인규명, 품질개선 같은 긴급 대책이 필요하다. 또한 상한·하한 규격을 재검토.

공정능력의 평가 기준 대비 통계적 분석 결과

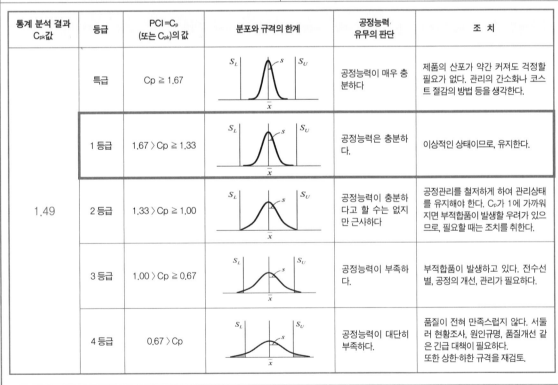

자재 및 제품에 관한 검사 결과의 통계적 분석 보고서

검사대상	1차 가공 코르크 칩	검사항목	입도
검사기간	2020년 9월(13건)	비고	–

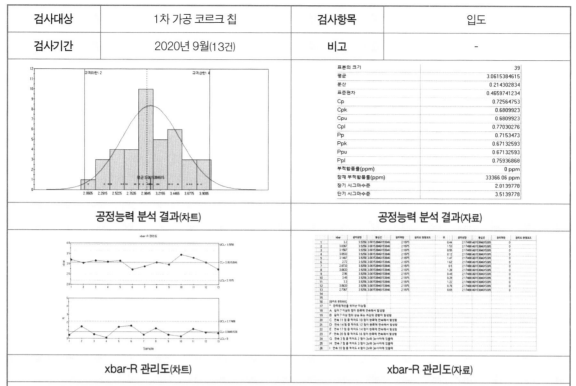

표본의 크기	39
평균	3.0615384615
분산	0.214302834
표준편차	0.4659741234
Cp	0.72564753
Cpk	0.6809923
Cpu	0.6809923
Cpl	0.77030276
Pp	0.7153473
Ppk	0.67132593
Ppu	0.67132593
Ppl	0.75936868
부적합률(ppm)	0 ppm
잠재 부적합률(ppm)	33366.06 ppm
장기 시그마수준	2.0139778
단기 시그마수준	3.5139778

공정능력 분석 결과(차트)	공정능력 분석 결과(자료)

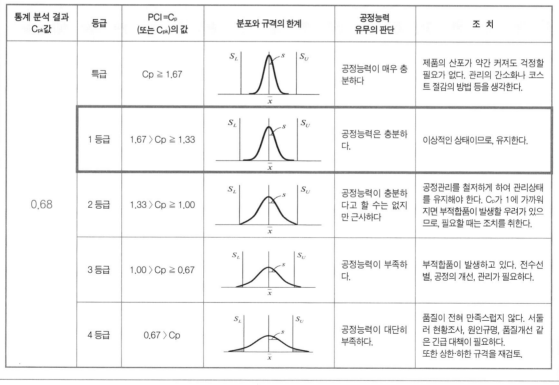

xbar-R 관리도(차트)	xbar-R 관리도(자료)

통계 분석 결과 C_pk값	등급	PCI=C_p (또는 C_pk)의 값	분포와 규격의 한계	공정능력 유무의 판단	조 치
0.68	특급	Cp ≥ 1.67		공정능력이 매우 충분하다	제품의 산포가 약간 커져도 걱정할 필요가 없다. 관리의 간소화나 코스트 절감의 방법 등을 생각한다.
	1 등급	1.67 > Cp ≥ 1.33		공정능력은 충분하다.	이상적인 상태이므로, 유지한다.
	2 등급	1.33 > Cp ≥ 1.00		공정능력이 충분하다고 할 수는 없지만 근사하다	공정관리를 철저하게 하여 관리상태를 유지해야 한다. C_p가 1에 가까워지면 부적합품이 발생할 우려가 있으므로, 필요할 때는 조치를 취한다.
	3 등급	1.00 > Cp ≥ 0.67		공정능력이 부족하다.	부적합품이 발생하고 있다. 전수선별, 공정의 개선, 관리가 필요하다.
	4 등급	0.67 > Cp		공정능력이 대단히 부족하다.	품질이 전혀 만족스럽지 않다. 서둘러 현황조사, 원인규명, 품질개선 같은 긴급 대책이 필요하다. 또한 상한·하한 규격을 재검토.

공정능력의 평가 기준 대비 통계적 분석 결과

자재 및 제품에 관한 검사 결과의 통계적 분석 보고서

검사대상	1차 가공 코르크 칩	검사항목	비중
검사기간	2020년 10월(13건)	비고	-

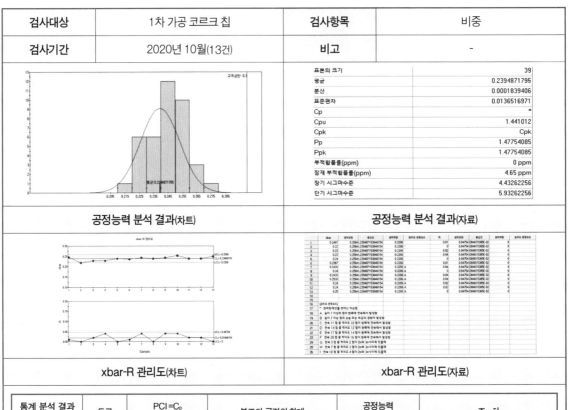

표본의 크기	39
평균	0.2394871795
분산	0.0001839406
표준편차	0.0136516971
Cp	*
Cpu	1.441012
Cpk	Cpk
Pp	1.47754085
Ppk	1.47754085
부적합률(ppm)	0 ppm
잠재 부적합률(ppm)	4.65 ppm
장기 시그마수준	4.43262256
단기 시그마수준	5.93262256

공정능력 분석 결과(차트)	공정능력 분석 결과(자료)

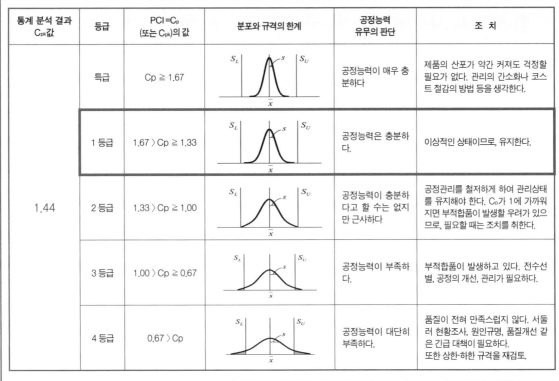

xbar-R 관리도(차트)	xbar-R 관리도(자료)

통계 분석 결과 C_{pk}값	등급	PCI=C_p (또는 C_{pk})의 값	분포와 규격의 한계	공정능력 유무의 판단	조 치
1.44	특급	Cp ≧ 1.67	S_L s S_U $\bar{x}$	공정능력이 매우 충분하다	제품의 산포가 약간 커져도 걱정할 필요가 없다. 관리의 간소화나 코스트 절감의 방법 등을 생각한다.
	1 등급	1.67 〉Cp ≧ 1.33	S_L s S_U $\bar{x}$	공정능력은 충분하다.	이상적인 상태이므로, 유지한다.
	2 등급	1.33 〉Cp ≧ 1.00	S_L s S_U $\bar{x}$	공정능력이 충분하다고 할 수는 없지만 근사하다	공정관리를 철저하게 하여 관리상태를 유지해야 한다. C_p가 1에 가까워지면 부적합품이 발생할 우려가 있으므로, 필요할 때는 조치를 취한다.
	3 등급	1.00 〉Cp ≧ 0.67	S_L s S_U $\bar{x}$	공정능력이 부족하다.	부적합품이 발생하고 있다. 전수선별, 공정의 개선, 관리가 필요하다.
	4 등급	0.67 〉Cp	S_L s S_U $\bar{x}$	공정능력이 대단히 부족하다.	품질이 전혀 만족스럽지 않다. 서둘러 현황조사, 원인규명, 품질개선 같은 긴급 대책이 필요하다. 또한 상한·하한 규격을 재검토.

공정능력의 평가 기준 대비 통계적 분석 결과

자재 및 제품에 관한 검사 결과의 통계적 분석 보고서

검사대상	1차 가공 코르크 칩	검사항목	함수율
검사기간	2020년 10월(13건)	비고	-

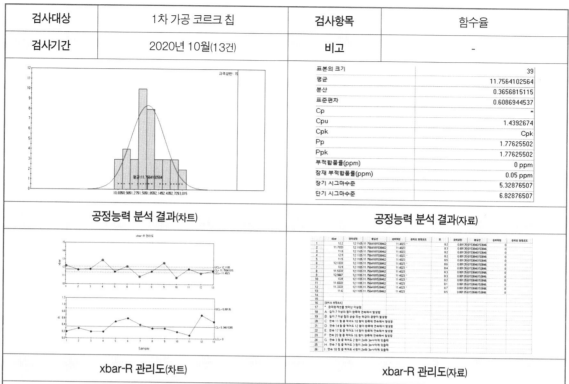

표본의 크기	39
평균	11.7564102564
분산	0.3656815115
표준편차	0.6086944537
Cp	▲
Cpu	1.4392674
Cpk	Cpk
Pp	1.77625502
Ppk	1.77625502
부적합품률(ppm)	0 ppm
잠재 부적합품률(ppm)	0.05 ppm
장기 시그마수준	5.32876507
단기 시그마수준	6.82876507

공정능력 분석 결과(차트)	공정능력 분석 결과(자료)

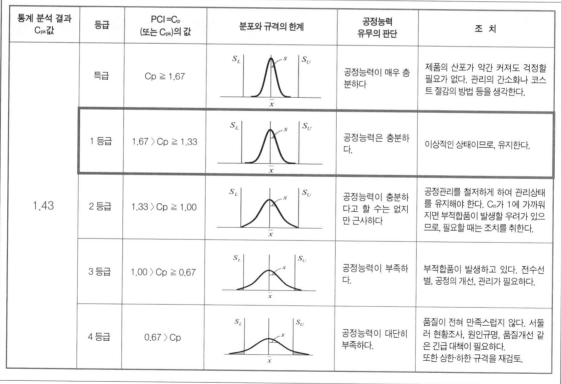

xbar-R 관리도(차트)	xbar-R 관리도(자료)

통계 분석 결과 C_{pk}값	등급	PCI=C_p (또는 C_{pk})의 값	분포와 규격의 한계	공정능력 유무의 판단	조 치
1.43	특급	$C_p \geq 1.67$	S_L s S_U $\bar{x}$	공정능력이 매우 충분하다	제품의 산포가 약간 커져도 걱정할 필요가 없다. 관리의 간소화나 코스트 절감의 방법 등을 생각한다.
	1 등급	$1.67 > C_p \geq 1.33$	S_L s S_U $\bar{x}$	공정능력은 충분하다.	이상적인 상태이므로, 유지한다.
	2 등급	$1.33 > C_p \geq 1.00$	S_L s S_U $\bar{x}$	공정능력이 충분하다고 할 수는 없지만 근사하다	공정관리를 철저하게 하여 관리상태를 유지해야 한다. C_p가 1에 가까워지면 부적합품이 발생할 우려가 있으므로, 필요할 때는 조치를 취한다.
	3 등급	$1.00 > C_p \geq 0.67$	S_L s S_U $\bar{x}$	공정능력이 부족하다.	부적합품이 발생하고 있다. 전수선별, 공정의 개선, 관리가 필요하다.
	4 등급	$0.67 > C_p$	S_L s S_U $\bar{x}$	공정능력이 대단히 부족하다.	품질이 전혀 만족스럽지 않다. 서둘러 현황조사, 원인규명, 품질개선 같은 긴급 대책이 필요하다. 또한 상한·하한 규격을 재검토.

공정능력의 평가 기준 대비 통계적 분석 결과

자재 및 제품에 관한 검사 결과의 통계적 분석 보고서

검사대상	1차 가공 코르크 칩	검사항목	입도
검사기간	2020년 10월(13건)	비고	-

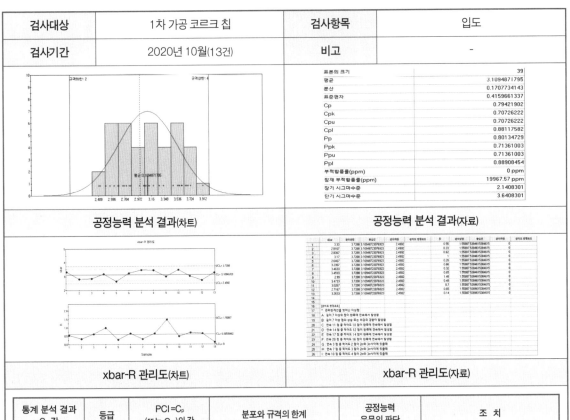

공정능력 분석 결과(차트)	공정능력 분석 결과(자료)

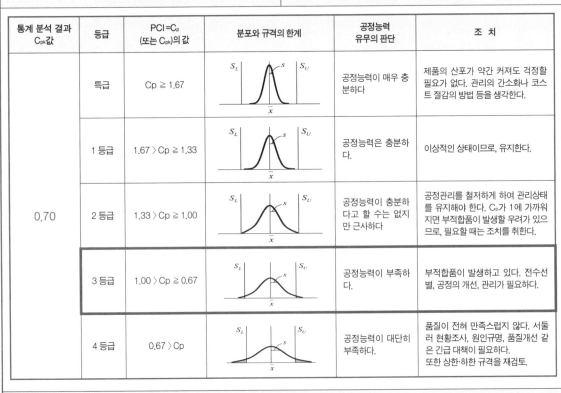

xbar-R 관리도(차트)	xbar-R 관리도(자료)

통계 분석 결과 C_{pk}값	등급	PCI=C_p (또는 C_{pk})의 값	분포와 규격의 한계	공정능력 유무의 판단	조 치
0.70	특급	Cp ≧ 1.67	S_L ⋀ s S_U $\bar{x}$	공정능력이 매우 충분하다	제품의 산포가 약간 커져도 걱정할 필요가 없다. 관리의 간소화나 코스트 절감의 방법 등을 생각한다.
	1 등급	1.67 〉 Cp ≧ 1.33	S_L ⋀ s S_U $\bar{x}$	공정능력은 충분하다.	이상적인 상태이므로, 유지한다.
	2 등급	1.33 〉 Cp ≧ 1.00	S_L ⋀ s S_U $\bar{x}$	공정능력이 충분하다고 할 수는 없지만 근사하다	공정관리를 철저하게 하여 관리상태를 유지해야 한다. C_p가 1에 가까워지면 부적합품이 발생할 우려가 있으므로, 필요할 때는 조치를 취한다.
	3 등급	1.00 〉 Cp ≧ 0.67	S_L ⋀ s S_U $\bar{x}$	공정능력이 부족하다.	부적합품이 발생하고 있다. 전수선별, 공정의 개선, 관리가 필요하다.
	4 등급	0.67 〉 Cp	S_L ⋀ s S_U $\bar{x}$	공정능력이 대단히 부족하다.	품질이 전혀 만족스럽지 않다. 서둘러 현황조사, 원인규명, 품질개선 같은 긴급 대책이 필요하다. 또한 상한·하한 규격을 재검토.

공정능력의 평가 기준 대비 통계적 분석 결과

○ 1차 가공 코르크 칩의 입도

- 2~4 mm 범위를 충족하여야 하는 상부용 코르크 칩의 중간검사 통계적 분석 결과, Cpk 값이 각각 0.70(8월), 0.68(9월), 0.70(10월)로 산출됨. 이는 기존 평가 기준에서 정한 등급 중 3등급에 해당하며 공정 능력의 부족으로 평가될 수 있음.

- 그러나 코르크 칩의 입도가 지나치게 균일하면 칩과 칩 간 간극 발생률을 높여 투수성 코르크 바닥 포장재의 인장강도를 저하시킬 수 있을 것으로 예상함.

- 또한 4등급에 해당하는 0.67 이하의 Cpk 값은 코르크 칩의 입도가 지나치게 불균일함을 나타내는 수치이며, 이 또한 투수성 코르크 바닥 포장재의 투수성 및 외관적 특성에 부정적인 영향을 줄 수 있음.

- 따라서 1차 가공 코르크 칩의 입도에 대한 통계적 분석 시 기존의 공정 능력 판단지표로 품질을 평가하기에는 다소 무리가 있다고 판단함.

〈 1차 가공 코르크 칩의 입도에 따른 투수성 코르크 바닥 포장재 품질 예측 시뮬레이션 〉

구분	$C_p \geq 1.00$	$1.00 > C_p \geq 0.67$	$0.67 > C_p$
컬러 모델			
흑백 모델			
제품에 미치는 영향 예측	칩-칩 간극이 지나치게 큼에 따라 인장강도 저하 예상	적절한 칩-칩 간극으로 일정 수준의 품질 확보 예상	칩-칩 간극이 지나치게 적음에 따라 투수성 저하 예상

- 따라서 1차 가공 코르크 칩의 입도에 관한 중간검사 통계적 분석 시에는 Cpk에 따른 공정능력 판단 지표를 아래와 같이 별도로 추가하여 차후 분석 시점부터 적용할 예정임.

〈 1차 가공 코르크 칩 입도의 Cpk에 대한 공정능력 판단 지표 수정(안) 〉

등급	PCI = C_p (또는 C_{pk})의 값	공정능력 유무의 판단	조 치
2등급	$C_p \geq 1.00$	공정능력이 대단히 부족하다.	품질이 전혀 만족스럽지 않다. 서둘러 현황조사, 원인규명, 품질개선 같은 긴급 대책이 필요하다.
1등급	$1.00 > C_p \geq 0.67$	공정능력이 충분하다.	이상적인 상태이므로, 유지한다.
2등급	$0.67 > C_p$	공정능력이 대단히 부족하다.	품질이 전혀 만족스럽지 않다. 서둘러 현황조사, 원인규명, 품질개선 같은 긴급 대책이 필요하다.

공정능력의 평가 및 조치 기준표

[적용 항목 : 코르크 칩의 입도를 제외한 전 항목]

등급	PCI = C_p (또는 C_{pk})의 값	분포와 규격의 한계	공정능력 유무의 판단	조 치
특급	$C_p \geq 1.67$	S_L s S_U $\bar{x}$	공정능력이 매우 충분하다	제품의 산포가 약간 커져도 걱정할 필요가 없다. 관리의 간소화나 코스트 절감의 방법 등을 생각한다.
1 등급	$1.67 > C_p \geq 1.33$	S_L s S_U $\bar{x}$	공정능력은 충분하다.	이상적인 상태이므로, 유지한다.
2 등급	$1.33 > C_p \geq 1.00$	S_L s S_U $\bar{x}$	공정능력이 충분하다고 할 수는 없지만 근사하다	공정관리를 철저하게 하여 관리상태를 유지해야 한다. C_p가 1에 가까워지면 부적합품이 발생할 우려가 있으므로, 필요할 때는 조치를 취한다.
3 등급	$1.00 > C_p \geq 0.67$	S_L s S_U $\bar{x}$	공정능력이 부족하다.	부적합품이 발생하고 있다. 전수선별, 공정의 개선, 관리가 필요하다.
4 등급	$0.67 > C_p$	S_L s S_U $\bar{x}$	공정능력이 대단히 부족하다.	품질이 전혀 만족스럽지 않다. 서둘러 현황조사, 원인규명, 품질개선 같은 긴급 대책이 필요하다.

공정능력의 평가 및 조치 기준표

[적용 항목 : 코르크 칩의 입도]

등급	PCI $=C_p$ (또는 C_{pk})의 값	분포와 규격의 한계	공정능력 유무의 판단	조 치
1 등급	$C_p \geqq 1.00$		공정능력이 대단히 부족하다.	품질이 전혀 만족스럽지 않다. 서둘러 현황조사, 원인규명, 품질개선 같은 긴급 대책이 필요하다.
3 등급	$1.00 > C_p \geqq 0.67$		공정능력이 충분하다.	이상적인 상태이므로, 유지한다.
4 등급	$0.67 > C_p$		공정능력이 대단히 부족하다.	품질이 전혀 만족스럽지 않다. 서둘러 현황조사, 원인규명, 품질개선 같은 긴급 대책이 필요하다.

※ 2020.12.04. 중간검사 결과의 통계적 분석 보고에 따른 후속조치로 코르크 칩 입도에 대한 공정능력 평가 지표 별도 신규 추가

5	1차 가공 코르크 칩		비중			함수율			입도		
6	검사일자	8/3	0.24	0.25	0.25	11.1	10.2	12.4	3.31	3.15	3.16
7		8/4	0.27	0.22	0.26	12.7	11.7	12.3	2.29	2.88	3.46
8		8/5	0.24	0.23	0.24	11.5	11.2	11.3	3.51	3.11	2.77
9		8/6	0.24	0.21	0.22	12.2	12.5	11.9	2.61	3.24	3.14
10		8/7	0.22	0.23	0.24	8.7	11.1	9.9	2.15	2.39	3.77
11		8/10	0.24	0.25	0.26	9.4	9.5	9.2	3.60	2.61	3.42
12		8/11	0.23	0.27	0.25	10.9	10.7	11.1	2.84	3.39	3.21
13		8/12	0.24	0.25	0.24	11.1	10.4	10.5	3.16	2.69	3.22
14		8/13	0.23	0.23	0.24	9.9	9.8	9.7	2.99	2.54	2.83
15		8/31	0.26	0.24	0.25	10.6	10.7	11.4	3.46	3.23	3.33
16		9/4	0.25	0.24	0.23	10.7	10.1	10.4	3.05	3.49	3.06
17		9/7	0.27	0.26	0.25	11.4	11.8	12.0	3.91	2.38	2.82
18		9/10	0.21	0.22	0.22	10.8	11.1	11.0	3.04	2.94	3.49
19		9/11	0.26	0.23	0.22	12.2	11.9	11.6	3.04	3.08	3.16
20		9/14	0.23	0.22	0.22	12.5	11.8	12.2	2.39	3.86	3.19
21		9/15	0.23	0.24	0.25	11.4	11.6	11.6	2.06	2.42	3.68
22		9/16	0.24	0.23	0.26	10.0	10.7	10.3	2.66	2.80	3.16
23		9/17	0.25	0.24	0.23	10.8	11.9	11.2	2.43	3.05	3.71
24		9/21	0.23	0.23	0.24	11.2	11.3	11.0	3.03	2.68	3.17
25		9/22	0.24	0.23	0.23	12.4	12.1	12.2	3.64	3.36	3.35
26		9/25	0.25	0.26	0.24	11.4	11.4	10.8	2.59	3.50	3.81
27		9/28	0.26	0.24	0.25	12.2	12.4	12.3	3.17	2.62	3.40
28		9/29	0.25	0.25	0.26	11.1	11.3	11.4	3.01	2.88	2.32
29		10/5	0.25	0.25	0.24	12.1	12.3	12.2	3.34	3.60	3.05
30		10/6	0.22	0.22	0.22	11.9	11.6	11.7	2.96	2.63	2.86
31		10/7	0.24	0.23	0.22	11.7	11.8	11.9	3.19	2.57	2.75
32		10/12	0.21	0.23	0.25	12.9	12.8	13.0	3.69	2.69	3.13
33		10/13	0.24	0.24	0.24	11.7	11.6	11.2	2.51	2.63	2.80
34		10/14	0.23	0.24	0.24	11.8	12.2	12.4	3.65	3.07	2.99
35		10/16	0.26	0.25	0.22	11.1	10.9	10.7	3.59	3.53	3.27
36		10/17	0.24	0.24	0.24	11.7	11.4	11.5	3.55	3.08	3.73
37		10/19	0.26	0.25	0.22	12.7	12.4	12.6	2.43	3.91	2.63
38		10/20	0.23	0.27	0.26	10.8	10.9	10.7	3.56	3.67	3.19
39		10/21	0.25	0.24	0.23	11.8	11.9	11.8	2.84	3.47	2.77
40		10/23	0.25	0.24	0.23	11.5	11.6	10.9	3.06	2.41	2.68
41		10/30	0.25	0.25	0.25	11.4	11.9	11.5	3.19	3.27	3.33

자재 및 제품에 관한 검사 결과의 통계적 분석 보고서

검사대상	1차 가공 코르크 칩	검사항목	함수율
검사기간	2020년 10월(13건)	비고	-

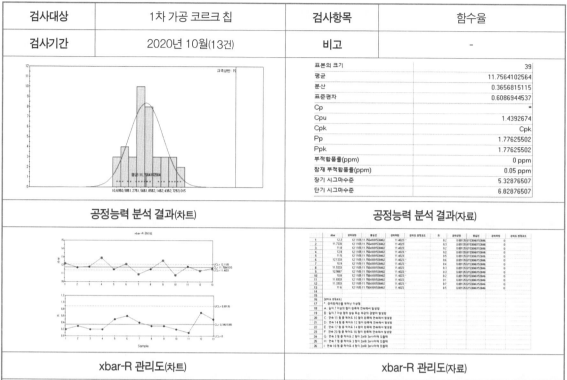

표본의 크기	39
평균	11.7564102564
분산	0.3655815115
표준편차	0.6086944537
Cp	*
Cpu	1.4392674
Cpk	Cpk
Pp	1.77625502
Ppk	1.77625502
부적합품율(ppm)	0 ppm
잠재 부적합품율(ppm)	0.05 ppm
장기 시그마수준	5.32876507
단기 시그마수준	6.82876507

공정능력 분석 결과(차트)	공정능력 분석 결과(자료)

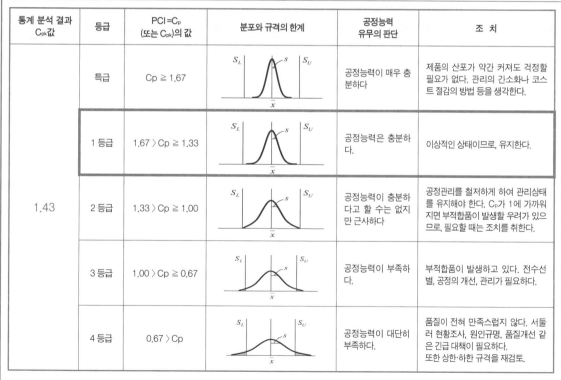

xbar-R 관리도(차트)	xbar-R 관리도(자료)

통계 분석 결과 C_pk값	등급	PCI=C_p (또는 C_pk)의 값	분포와 규격의 한계	공정능력 유무의 판단	조 치
1.43	특급	$C_p \geq 1.67$		공정능력이 매우 충분하다	제품의 산포가 약간 커져도 걱정할 필요가 없다. 관리의 간소화나 코스트 절감의 방법 등을 생각한다.
	1 등급	$1.67 > C_p \geq 1.33$		공정능력은 충분하다.	이상적인 상태이므로, 유지한다.
	2 등급	$1.33 > C_p \geq 1.00$		공정능력이 충분하다고 할 수는 없지만 근사하다	공정관리를 철저하게 하여 관리상태를 유지해야 한다. C_p가 1에 가까워지면 부적합품이 발생할 우려가 있으므로, 필요할 때는 조치를 취한다.
	3 등급	$1.00 > C_p \geq 0.67$		공정능력이 부족하다.	부적합품이 발생하고 있다. 전수선별, 공정의 개선, 관리가 필요하다.
	4 등급	$0.67 > C_p$		공정능력이 대단히 부족하다.	품질이 전혀 만족스럽지 않다. 서둘러 현황조사, 원인규명, 품질개선 같은 긴급 대책이 필요하다. 또한 상한·하한 규격을 재검토.

공정능력의 평가 기준 대비 통계적 분석 결과

3.4 공정별 작업표준(핵심)

1. 1차 가공: 분류 작업표준 외 4건

   (공장 작업 현장에 게시)

2. 현장 시공: 도포 작업표준 외 5건

3.5 부적합품 관리

[첨부양식 1]

부적합품 보고서		결재	담당	팀장	대표이사
발행구분	☐ 인수검사 ☐ 중간검사 ■ 제품검사 ☐ 기타				
작성일	2020. 09. 15.	검사자	발주처(속초 교동초등학교) 관계자		
품명	투수성 코르크 바닥 포장재	규격	15T		
부적합품 수량	약 100 cm	LOT NO.			
원인자	현장시공 인원	손실금액(원)	10,000		
요구기준		부적합품 내용			
평탄성 : 요철이 없어야 함		약 100 cm 길이의 실크랙 발생			
부적합품 검토		처리방안			
		☐ 반품 ☐ 폐기 ☐ 특채 ■ 기타(보수)			
		처리일자	2020. 09. 17.	확인	

부적합품 개선조치 보고서		결재	담당	팀장	대표이사

발행구분	□ 인수검사　□ 중간검사　■ 제품검사　□ 기타		
부적합품 발생일	2020. 09. 15.	개선조치 일자	2020. 09. 17.
품명	투수성 코르크 바닥 포장재	부적합품 수량	약 100 cm

개선조치 전	개선조치 후
부적합품 발생원인 분석	재발 방지 대책 강구
시공 중 갑작스러운 우천에 의한 작업 중단 구역에서 실크랙 발생	갑작스러운 기상 변화를 포함한 돌발 상황에 따른 시공 중단 후 작업 재개 시 중단 구역에 대한 철저한 점검 실시

[첨부양식 1]

부적합품 보고서		결 재	담당	팀장	대표이사

발행구분	□ 인수검사 □ 중간검사 ■ 제품검사 □ 기타		
작성일	2020. 10. 12.	검사자	한상용 차장
품명	1차 가공 코르크 칩	규격	2-4 mm
부적합품 수량	약 150 g	LOT NO.	
원인자	생산 인원	손실금액(원)	10,000

요구기준	부적합품 내용
끈적임이나 뭉침이 없어야 함	코르크 칩 - 우레탄 바인더 배합 후 혼합물 뭉침 현상에 의해 지름 4~5 cm의 구체형 덩어리들 이 10여개(약 150 g) 정도 발생함

부적합품 검토	처리방안		
	□ 반품 ■ 폐기 □ 특채 □ 기타(보수)		
	처리 일자	2020. 10. 12.	확인

부적합품 개선조치 보고서	결재	담당	팀장	대표이사

발행구분	☐ 인수검사　☐ 중간검사　■ 제품검사　☐ 기타		
부적합품 발생일	2020. 10. 12.	개선조치 일자	~~2020. 10. 13.~~ → 2021.01.07.
품명	1차 가공 코르크 칩	부적합품 수량	약 150 g

부적합품 발생원인 분석	재발 방지 대책 강구
회전 교반 중인 코르크 칩에 우레탄 바인더를 투입하는 속도가 다소 빨라 비교적 많은 양의 바인더가 순간적으로 코르크 칩에 뭉쳐저서 덩어리가 발생한 것으로 판단함	배합 시 우레탄 바인더의 투입 속도에 작업자가 미치는 영향을 최소화하기 위해 바인더 캔을 지지할 수 있는 받침대를 설치하여 일정한 각도 및 속도로 바인더가 투입될 수 있도록 함.

〈기존 배합 설비〉

〈바인더 지지대 제작 및 설치 사진〉

〈상세 사진〉

※『나의제안(FC-제안-003)』에 상세 내용 기재

3.6 제조(가공) 설비(KS F 8980) 보유현황

No.	주요설비명	보유설비명	보유대수	용량/공정능력	제작사	설치년월	교정일자 교정기관	비고
1	1차 가공 코르크칩 제조설비	선별기	1	700L/h	자체 제작	2017.09.		
2		전기식 지시 저울	1	10~ 1,000kg(0.5k g)	CAS	2018.11.	19.12.23 CAS	
3		전기식 지시 저울	1	1~4,200g (0.01g)	CAS	2018.11.		
4		교반기	2	1,200L/30HP	자체제작	2017.09.		
5		손수레	1	80L	다이아몬드	2020.05.		
6		포장기	1	40L/bag	자체 제작	2017.09.		
7		소분용 호퍼	1	1m3	자체 제작	2017.09.		
8		전기식 지시 저울	1	30~250kg(0.1kg)	자체 제작	2018.11.	19.12.23 CAS	
9	현장 시공 준비 작업	록리	3	30cm	(소모품)	2020.10		
7	투수성 코르크 바닥 포장재 현장시공 설비	전기식 지시 저울	1	1~4,200g (0.01g)	CAS	2018.11.		
8		이동식 고바기	1	80Liter/3.5KW	자체 제자	2020.04.		
9		손수레	1	80L	다이아몬드	2020.05.		
10		쇠스랑	1	50cm	-	2017.09.		
11		열 롤러	1	3kW	자체 제작	2016.05.		
12		미장칼	3	30cm	-	2019.11.		

위와 같이 제조(가공) 설비의 보유현황을 제출합니다.

2020년 11월 02일

3.7 제조설비 대장 및 점검 기록표

[첨부양식 1]

<table>
<tr><td rowspan="2" colspan="5" align="center">제조설비 대장</td><td rowspan="2">결
재</td><td>담당</td><td>팀장</td><td>대표이사</td></tr>
<tr><td></td><td></td><td></td></tr>
<tr><td>공장명</td><td colspan="2" align="center">평택공장</td><td>설비번호</td><td colspan="4" align="center">FC-M-01</td></tr>
<tr><td>용도구분</td><td colspan="2" align="center">코르크 칩 1차 가공</td><td>규격 및 성능</td><td colspan="4" align="center">700L/h</td></tr>
<tr><td>설비명</td><td colspan="2" align="center">선별기</td><td>제조일자</td><td colspan="4" align="center">2017.09.</td></tr>
<tr><td>구입일자</td><td colspan="2" align="center">2017.09.</td><td>내용연수</td><td colspan="4" align="center">10년</td></tr>
<tr><td>구입선</td><td colspan="2" align="center">자체 제작</td><td>기타</td><td colspan="4" align="center">-</td></tr>
<tr><td colspan="2" align="center">부속품 리스트</td><td colspan="6" align="center">검교정 현황</td></tr>
<tr><td align="center">품명</td><td align="center">규격</td><td align="center">검교정일</td><td colspan="2" align="center">검교정 기관</td><td colspan="2" align="center">유효기간</td><td align="center">비고</td></tr>
<tr><td></td><td></td><td></td><td colspan="2"></td><td colspan="2"></td><td></td></tr>
<tr><td></td><td></td><td></td><td colspan="2"></td><td colspan="2"></td><td></td></tr>
<tr><td></td><td></td><td></td><td colspan="2"></td><td colspan="2"></td><td></td></tr>
<tr><td></td><td></td><td></td><td colspan="2"></td><td colspan="2"></td><td></td></tr>
<tr><td></td><td></td><td></td><td colspan="2"></td><td colspan="2"></td><td></td></tr>
<tr><td></td><td></td><td></td><td colspan="2"></td><td colspan="2"></td><td></td></tr>
<tr><td></td><td></td><td></td><td colspan="2"></td><td colspan="2"></td><td></td></tr>
<tr><td></td><td></td><td></td><td colspan="2"></td><td colspan="2"></td><td></td></tr>
<tr><td></td><td></td><td></td><td colspan="2"></td><td colspan="2"></td><td></td></tr>
<tr><td></td><td></td><td></td><td colspan="2"></td><td colspan="2"></td><td></td></tr>
<tr><td></td><td></td><td></td><td colspan="2"></td><td colspan="2"></td><td></td></tr>
<tr><td colspan="4" align="center">설비 수리 현황</td><td colspan="4" align="center">설비 이동 현황</td></tr>
<tr><td align="center">일자</td><td align="center">수리개소</td><td align="center">수리내용</td><td align="center">수리자</td><td align="center">비고</td><td align="center">일자</td><td align="center">장소</td><td align="center">비고</td></tr>
<tr><td></td><td></td><td></td><td></td><td></td><td></td><td></td><td></td></tr>
<tr><td></td><td></td><td></td><td></td><td></td><td></td><td></td><td></td></tr>
<tr><td></td><td></td><td></td><td></td><td></td><td></td><td></td><td></td></tr>
<tr><td></td><td></td><td></td><td></td><td></td><td></td><td></td><td></td></tr>
<tr><td></td><td></td><td></td><td></td><td></td><td></td><td></td><td></td></tr>
<tr><td></td><td></td><td></td><td></td><td></td><td></td><td></td><td></td></tr>
</table>

제조설비 점검 기록표																결재	담당	팀장	대표이사
2021 년도																점검자		한상용	
설비명	점검 항목	(1) 월					(2) 월					(3) 월								
		1주	2주	3주	4주	5주	1주	2주	3주	4주	5주	1주	2주	3주	4주	5주			
선별기	청결 스크린 파손																		
교반기	청결 축·베어링																		
저울 (HFS-1)	청결 수평 영점/칭량																		
저울 (4200HX)	청결 수평 영점/칭량																		
저울 (HB/HBI)	청결 수평 영점/칭량																		
손수레	청결 바퀴																		
소분용 호퍼	청결 배출구 잠금																		
포장기	청결 재봉실 연결																		
지게차	전조(후미)등 헤드가드																		
롤러	청결 견고함																		
이동식 교반기	청결 축·베어링																		
쇠스랑	청결견고함																		
열 롤러	전기공급선 견고함																		
미장칼	견고함																		
저울 (AD-30)	청결 수평 영점/칭량																		
비고	○ : 이상 없음 × : 이상 있음 ◎ : 수리 완료 -7일 주기 점검	특기사항																		

3.8 윤활관리

[첨부양식 1]

윤활관리 점검 기록표					결재	담당		팀장		대표이사
2021 년 12 월						점검자		한상용		
설비명	설비번호	윤활부위	윤활종류	윤활유량	점검					비고
					1주	2주	3주	4주	5주	
교반기	FC-M-04	감속기	기어오일	30						
		체인	그리스	적정량						
		니플	그리스	적정량						
포장기	FC-M-06	스핀들	스핀들 오일	적정량						
열 롤러	FC-M-12	롤러베어링	기어 오일	적정량						
지게차	FC-M-14	유압피스톤	유압 오일	적정량						
		체인	그리스	적정량						
		니플	그리스	적정량						
		배터리	증류수	적정량						

※ 점검 결과, 이상이 발견되면 해당반장 또는 관리책임자에게 보고하고 그 지시에 따른다.		확인	담당	
			팀장	

이상 발생 일자	설비명	이상 발생 내용	조치사항

비고	○ : 이상 없음 × : 이상 있음 ◎ : 수리 완료 -7일 주기 점검	특기사항	

4. 제품관리

4.1 설계 및 개발업무

1. 당사는 해당 없음

4.2 제품 및 검사

1. 투수성 코르크 바닥포장재 제품 및 검사규격

4.3 제품검사성적서, 품질미달이 고객에게 미치는 영향

1차 가공 코르크 칩 제품검사 성적서				결 재	작성	검토	승인

발주자	㈜대명종합건설			현장명	속초 교동초등학교		
발주량	939m² (15T)			소재지	강원도 속초시		
검사일	2020년 8월 17일			검사자	성세경, 한상용, 장재혁		

품목	검사항목	판정기준	검사방식	검사조건	검사결과	판정
코르크 칩	비중	0.30 이하	체크검사 n=1, c=0	공장	0.25	적합
	함수율	15 % 이하			2.9%	적합
우레탄 바인더	이소시아네이트기 함량	7.0 % 이상	공급선 시험성적서	공장	7.03%	적합
	비중	0.98 이상			1.1	적합
	비휘발분	97.0 % 이상			99.81%	적합
	점도	2,500 cP 이상			2,525cP	적합
1차 가공 코르크 칩	관능 검사	끈적임, 뭉침 없 음	체크검사 n=1, c=0	공장	끈적임, 뭉침 없음	적합
	입도	2~4 / 5~8 mm			3.02mm	적합
	함수율	15 % 이하			10.85%	적합
종합판정	합격					

<table>
<tr><td colspan="3" rowspan="2">투수성 코르크 바닥 포장재
제품검사 성적서</td><td rowspan="2">결재</td><td>작성</td><td>검토</td><td>승인</td></tr>
<tr><td></td><td></td><td></td></tr>
<tr><td>발주자</td><td colspan="2">㈜대명종합건설</td><td>현장명</td><td colspan="3">속초 교동초등학교</td></tr>
<tr><td>발주량</td><td colspan="2">939m² (15T)</td><td>소재지</td><td colspan="3">강원도 속초시</td></tr>
<tr><td>검사일</td><td colspan="2">2020년 8월 25일</td><td>검사자</td><td colspan="3">성세경, 한상용, 장재혁</td></tr>
<tr><td>품목</td><td colspan="2">검사항목</td><td>판정기준</td><td>검사방식</td><td>검사조건</td><td>검사결과</td><td>판정</td></tr>
</table>

품목	검사항목		판정기준	검사방식	검사조건	검사결과	판정
투수성 코르크 바닥 포장재	두께		15 mm 이상	체크검사 n=1, c=0	시공현장	15.4mm	적합
	인장 강도		0.5 MPa 이상		공장	0.8MPa	적합
	신장률		10 % 이상		공장	16.7%	적합
	투수계수		4.0 mm/s 이상				
	미끄럼 저항		40 BPN 이상				
	마모 감량		50 mg 이하				
	충격 흡수성		25~50 %				
	수직 방향 변형		3.5 mm 이하				
	총 휘발성 유기화합물 (TVOCs)	Benzene	총량 50 mg/kg 이하				
		Toluene					
		Ethylbenzene					
		Xylene					
	다환 방향족 탄화수소(PAHs)		총량 10 mg/kg 이하				
	중금속 용출량	비소(As)	0.1 m/L 이하				
		비소(As)	0.1 m/L 이하				
		카드뮴(Cd)	0.1 m/L 이하				
		크롭(Cr)	0.1 m/L 이하				
		납(Pb)	0.005 m/L 이하				
종합판정			합격				

	1차 가공 코르크 칩 제품검사 성적서			결 재	작성	검토	승인

발주자	㈜아진토건	현장명	싱주 성동어린이공원
발주량	161m² (75T)	소재지	경상북도 상주시
검사일	2020년 9월 21일	검사자	성세경, 한상용, 장재혁

품목	검사항목	판정기준	검사방식	검사조건	검사결과	판정
코르크 칩	비중	0.30 이하	체크검사 n=1, c=0	공장	0.25(상부) 0.20(하부)	적합
	함수율	15 % 이하			2.9%(상부) 4.1%(하부)	적합
우레탄 바인더	이소시아네이트기 함량	7.0 % 이상	공급선 시험성적서	공장	7.03%	적합
	비중	0.98 이상			1.1	적합
	비휘발분	97.0 % 이상			99.81%	적합
	점도	2,500 cP 이상			2,525cP	적합
1차 가공 코르크 칩	관능 검사	끈적임, 뭉침 없 음	체크검사 n=1, c=0	공장	끈적임, 뭉침 없음	적합
	입도	2~4 / 5~8 mm			3.06mm(상부) 7.12mm(하부)	적합
	함수율	15 % 이하			11.1%(상부) 10.9%(하부)	적합

종합판정	합격

				작성	검토	승인
투수성 코르크 바닥 포장재 제품검사 성적서			결재			

발주자	㈜아진토건	현장명	상주 성동어린이공원
발주량	161m² (75T)	소재지	경상북도 상주시
검사일	2020년 9월 25일	검사자	성세경, 한상용, 장재혁

품목	검사항목		판정기준	검사방식	검사조건	검사결과	판정
투수성 코르크 바닥 포장재	두께		15 mm 이상	체크검사 n=1, c=0	시공현장	75.3mm	적합
	인장 강도		0.5 MPa 이상		공장	0.7MPa	적합
	신장률		10 % 이상		공장	16.5%	적합
	투수계수		4.0 mm/s 이상				
	미끄럼 저항		40 BPN 이상				
	마모 감량		50 mg 이하				
	충격 흡수성		25~50 %				
	수직 방향 변형		3.5 mm 이하				
	총 휘발성 유기화합물 (TVOCs)	Benzene	총량 50 mg/kg 이하				
		Toluene					
		Ethylbenzene					
		Xylene					
	다환 방향족 탄화수소(PAHs)		총량 10 mg/kg 이하				
	중금속 용출량	비소(As)	0.1 m/L 이하				
		비소(As)	0.1 m/L 이하				
		카드뮴(Cd)	0.1 m/L 이하				
		크롬(Cr)	0.1 m/L 이하				
		납(Pb)	0.005 m/L 이하				

종합판정	합격

					결	작성	검토	승인

<table>
<tr><td colspan="4" rowspan="2" style="text-align:center">1차 가공 코르크 칩
제품검사 성적서</td><td rowspan="2">결
재</td><td>작성</td><td>검토</td><td>승인</td></tr>
<tr><td></td><td></td><td></td></tr>
<tr><td>발주자</td><td colspan="3" style="text-align:center">서강종합건설(주)</td><td>현장명</td><td colspan="3" style="text-align:center">하안동 어린이체험놀이터</td></tr>
<tr><td>발주량</td><td colspan="3" style="text-align:center">105m² (15T)</td><td>소재지</td><td colspan="3" style="text-align:center">경기도 광명시</td></tr>
<tr><td>검사일</td><td colspan="3" style="text-align:center">2020년 9월 21일</td><td>검사자</td><td colspan="3" style="text-align:center">성세경, 한상용, 장재혁</td></tr>
<tr><td>품목</td><td>검사항목</td><td>판정기준</td><td>검사방식</td><td>검사조건</td><td colspan="2">검사결과</td><td>판정</td></tr>
<tr><td rowspan="2">코르크 칩</td><td>비중</td><td>0.30 이하</td><td rowspan="2">체크검사
n=1, c=0</td><td rowspan="2">공장</td><td colspan="2">0.25</td><td>적합</td></tr>
<tr><td>함수율</td><td>15 % 이하</td><td colspan="2">2.9%</td><td>적합</td></tr>
<tr><td rowspan="4">우레탄
바인더</td><td>이소시아네이트기
함량</td><td>7.0 % 이상</td><td rowspan="4">공급선
시험성적서</td><td rowspan="4">공장</td><td colspan="2">7.03%</td><td>적합</td></tr>
<tr><td>비중</td><td>0.98 이상</td><td colspan="2">1.1</td><td>적합</td></tr>
<tr><td>비휘발분</td><td>97.0 % 이상</td><td colspan="2">99.81%</td><td>적합</td></tr>
<tr><td>점도</td><td>2,500 cP 이상</td><td colspan="2">2,525cP</td><td>적합</td></tr>
<tr><td rowspan="3">1차 가공
코르크 칩</td><td>관능 검사</td><td>끈적임, 뭉침 없음</td><td rowspan="3">체크검사
n=1, c=0</td><td rowspan="3">공장</td><td colspan="2">끈적임,
뭉침 없음</td><td>적합</td></tr>
<tr><td>입도</td><td>2~4 / 5~8 mm</td><td colspan="2">3.06mm</td><td>적합</td></tr>
<tr><td>함수율</td><td>15 % 이하</td><td colspan="2">11.1%</td><td>적합</td></tr>
<tr><td colspan="3" style="text-align:center">종합판정</td><td colspan="5" style="text-align:center">합격</td></tr>
</table>

<table>
<tr><td colspan="6" rowspan="2" style="text-align:center">
투수성 코르크 바닥 포장재
제품검사 성적서</td><td rowspan="2">결재</td><td>작성</td><td>검토</td><td>승인</td></tr>
<tr><td></td><td></td><td></td></tr>
<tr><td>발주자</td><td colspan="4">서강종합건설(주)</td><td>현장명</td><td colspan="3">하안동 어린이체험놀이터</td></tr>
<tr><td>발주량</td><td colspan="4">105m² (15T)</td><td>소재지</td><td colspan="3">경기도 광명시</td></tr>
<tr><td>검사일</td><td colspan="4">2020년 10월 5일</td><td>검사자</td><td colspan="3">성세경, 한상용, 장재혁</td></tr>
<tr><td>품목</td><td colspan="3">검사항목</td><td>판정기준</td><td>검사방식</td><td>검사조건</td><td>검사결과</td><td>판정</td></tr>
<tr><td rowspan="18">투수성
코르크
바닥
포장재</td><td colspan="3">두께</td><td>15 mm 이상</td><td rowspan="3">체크검사
n=1, c=0</td><td>시공현장</td><td>15.4mm</td><td>적합</td></tr>
<tr><td colspan="3">인장 강도</td><td>0.5 MPa 이상</td><td>공장</td><td>0.7MPa</td><td>적합</td></tr>
<tr><td colspan="3">신장률</td><td>10 % 이상</td><td>공장</td><td>16.4%</td><td>적합</td></tr>
<tr><td colspan="3">투수계수</td><td>4.0 mm/s 이상</td><td></td><td></td><td></td><td></td></tr>
<tr><td colspan="3">미끄럼 저항</td><td>40 BPN 이상</td><td></td><td></td><td></td><td></td></tr>
<tr><td colspan="3">마모 감량</td><td>50 mg 이하</td><td></td><td></td><td></td><td></td></tr>
<tr><td colspan="3">충격 흡수성</td><td>25~50 %</td><td></td><td></td><td></td><td></td></tr>
<tr><td colspan="3">수직 방향 변형</td><td>3.5 mm 이하</td><td></td><td></td><td></td><td></td></tr>
<tr><td rowspan="4">총 휘발성
유기화합물
(TVOCs)</td><td colspan="2">Benzene</td><td rowspan="4">총량 50 mg/kg
이하</td><td></td><td></td><td></td><td></td></tr>
<tr><td colspan="2">Toluene</td><td></td><td></td><td></td><td></td></tr>
<tr><td colspan="2">Ethylbenzene</td><td></td><td></td><td></td><td></td></tr>
<tr><td colspan="2">Xylene</td><td></td><td></td><td></td><td></td></tr>
<tr><td colspan="3">다환 방향족 탄화수소(PAHs)</td><td>총량 10 mg/kg
이하</td><td></td><td></td><td></td><td></td></tr>
<tr><td rowspan="5">중금속
용출량</td><td colspan="2">비소(As)</td><td>0.1 m/L 이하</td><td></td><td></td><td></td><td></td></tr>
<tr><td colspan="2">비소(As)</td><td>0.1 m/L 이하</td><td></td><td></td><td></td><td></td></tr>
<tr><td colspan="2">카드뮴(Cd)</td><td>0.1 m/L 이하</td><td></td><td></td><td></td><td></td></tr>
<tr><td colspan="2">크롭(Cr)</td><td>0.1 m/L 이하</td><td></td><td></td><td></td><td></td></tr>
<tr><td colspan="2">납(Pb)</td><td>0.005 m/L 이하</td><td></td><td></td><td></td><td></td></tr>
<tr><td colspan="3" style="text-align:center">종합판정</td><td colspan="6" style="text-align:center">합격</td></tr>
</table>

1차 가공 코르크 칩 제품검사 성적서				결재	작성	검토	승인

발주자	구립 오금숲어린이집	현장명	송파구 오금숲어린이집
발주량	54m² (15T)	소재지	서울 송파구
검사일	2020년 10월 5일	검사자	성세경, 한상용, 장재혁

품목	검사항목	판정기준	검사방식	검사조건	검사결과	판정
코르크 칩	비중	0.30 이하	체크검사 n=1, c=0	공장	0.25	적합
	함수율	15 % 이하			2.9%	적합
우레탄 바인더	이소시아네이트기 함량	7.0 % 이상	공급선 시험성적서	공장	8.75%	적합
	비중	0.98 이상			1.1	적합
	비휘발분	97.0 % 이상			99.85%	적합
	점도	2,500 cP 이상			5,480cP	적합
1차 가공 코르크 칩	관능 검사	끈적임, 뭉침 없음	체크검사 n=1, c=0	공장	끈적임, 뭉침 없음	적합
	입도	2~4 / 5~8 mm			3.05mm	적합
	함수율	15 % 이하			11.3%	적합
종합판정	합격					

		결재	작성	검토	승인

**투수성 코르크 바닥 포장재
제품검사 성적서**

발주자	구립 오금숲어린이집	현장명	송파구 오금숲어린이집
발주량	54m² (15T)	소재지	서울 송파구
검사일	2020년 10월 11일	검사자	성세경, 한상용, 장재혁

품목	검사항목		판정기준	검사방식	검사조건	검사결과	판정
투수성 코르크 바닥 포장재	두께		15 mm 이상	체크검사 n=1, c=0	시공현장	15.6mm	적합
	인장 강도		0.5 MPa 이상		공장	0.9MPa	적합
	신장률		10 % 이상		공장	17.4%	적합
	투수계수		4.0 mm/s 이상				
	미끄럼 저항		40 BPN 이상				
	마모 감량		50 mg 이하				
	충격 흡수성		25~50 %				
	수직 방향 변형		3.5 mm 이하				
	총 휘발성 유기화합물 (TVOCs)	Benzene	총량 50 mg/kg 이하				
		Toluene					
		Ethylbenzene					
		Xylene					
	다환 방향족 탄화수소(PAHs)		총량 10 mg/kg 이하				
	중금속 용출량	비소(As)	0.1 m/L 이하				
		비소(As)	0.1 m/L 이하				
		카드뮴(Cd)	0.1 m/L 이하				
		크롬(Cr)	0.1 m/L 이하				
		납(Pb)	0.005 m/L 이하				
종합판정			합격				

품목	검사항목	판정기준	검사방식	검사조건	검사결과	판정

			작성	검토	승인
1차 가공 코르크 칩 **제품검사 성적서**			결 재			

발주자	동방산업	현장명	태안 한국서부발전(주) 옥상
발주량	975m² (15T)	소재지	충청남도 태안군
검사일	2020년 10월 13일	검사자	성세경, 한상용, 장재혁

품목	검사항목	판정기준	검사방식	검사조건	검사결과	판정
코르크 칩	비중	0.30 이하	체크검사 n=1, c=0	공장	0.25	적합
	함수율	15 % 이하			2.9%	적합
우레탄 바인더	이소시아네이트기 함량	7.0 % 이상	공급선 시험성적서	공장	8.75%	적합
	비중	0.98 이상			1.1	적합
	비휘발분	97.0 % 이상			99.85%	적합
	점도	2,500 cP 이상			5,480cP	적합
1차 가공 코르크 칩	관능 검사	끈적임, 뭉침 없 음	체크검사 n=1, c=0	공장	끈적임, 뭉침 없음	적합
	입도	2~4 / 5~8 mm			3.05mm	적합
	함수율	15 % 이하			11.3%	적합
종합판정	합격					

투수성 코르크 바닥 포장재 제품검사 성적서					결재	작성	검토	승인

발주자	동방산업		현장명	태안 한국서부발전(주) 옥상
발주량	975m² (15T)		소재지	충청남도 태안군
검사일	2020년 10월 15일		검사자	성세경, 한상용, 장재혁

품목	검사항목		판정기준	검사방식	검사조건	검사결과	판정
투수성 코르크 바닥 포장재	두께		15 mm 이상	체크검사 n=1, c=0	시공현장	15.5mm	적합
	인장 강도		0.5 MPa 이상		공장	0.8MPa	적합
	신장률		10 % 이상		공장	17.1%	적합
	투수계수		4.0 mm/s 이상				
	미끄럼 저항		40 BPN 이상				
	마모 감량		50 mg 이하				
	충격 흡수성		25~50 %				
	수직 방향 변형		3.5 mm 이하				
	총 휘발성 유기화합물 (TVOCs)	Benzene	총량 50 mg/kg 이하				
		Toluene					
		Ethylbenzene					
		Xylene					
	다환 방향족 탄화수소(PAHs)		총량 10 mg/kg 이하				
	중금속 용출량	비소(As)	0.1 m/L 이하				
		비소(As)	0.1 m/L 이하				
		카드뮴(Cd)	0.1 m/L 이하				
		크롬(Cr)	0.1 m/L 이하				
		납(Pb)	0.005 m/L 이하				
종합판정			합격				

품질 미달이 고객에게 미치는 영향에 관한 분석 보고서

투수성 코르크 바닥 포장재 및 이의 제조를 위한 원료의 품질 미달이 고객에 미치는 영향에 대한 분석 결과를 아래와 같이 보고합니다.

2020년 8월 28일
기업부설연구소장 장재혁

1. 분석 개요

○ 분석 목적

- KS 인증 제품의 품질항목 및 수준 설정 근거, 품질 미달 제품이 사용자에게 미치는 영향 등을 사전에 예측하여 최종 완제품의 불량률을 저감하고 품질 관리를 철저히 하기 위함

○ 분석 근거

- KS Q 8001 중 공장심사 평가항목의 (라) 제품관리 항

 4.3 제품시험은 제품품질 항목별로 KS표준과 사내표준에 규정한 기준과 절차·방법에 따라 실시하고 있고, 검사 후 합격-불합격 로트를 구분하여 적절한 장소에 보관하고 있으며, 품질미달 제품이 사용자에게 미치는 영향을 파악하고 있는가?

○ 분석 시 참고문헌

2. 투수성 코르크 바닥 포장재 및 이의 원료에 대한 품질 기준

○ 투수성 코르크 바닥 포장재

투수성 코르크 바닥 포장재		
시험 항목		품질 기준
두께 (mm)		15 이상
인장강도 (MPa)		0.5 이상
신장률 (%)		10 이상
투수계수 (mm/s)		4.0 이상
미끄럼저항 (BPN)		40 이상
마모감량 (mg)		50 이하
충격 흡수성 (%)		25 ~ 50
수직 방향 변형 (mm)		3.5 이하
총 휘발성 유기 화합물 (TVOCs) (mg/kg)	Benzene	
	Toluene	
	Ethylbenzene	
	Xylene	
다환 방향족 탄화수소(PAHs) (mg/kg		총량 10 이하
중금속 용출량 (mg/L)	비소(As)	0.1 이하
	카드뮴(Cd)	0.1 이하
	크롬(Cr)	0.1 이하
	납(Pb)	0.1 이하
	수은(Hg)	0.005 이하

○ 코르크 칩·우레탄 바인더

코르크 칩		우레탄 바인더	
시험 항목	품질 기준	시험 항목	품질 기준
비중	0.30 이하	이소시아네이트기 함량 (%)	7.0 이상
함수율 (%)	15 이하	비중	0.98 이상
-	-	비휘발분 (%)	97.0 % 이상
-	-	점도 (cP, 23℃)	2,500 이상

3. 원료의 품질 미달이 완제품에 미치는 영향 예측 결과

○ **코르크 칩**

- 비중 (품질 기준 0.30 이하)
  - 과도하게 낮을 시 : 자중이 지나치게 낮아 들뜸 현상이 발생할 수 있으며 이는 투수성 코르크 바닥 포장재(이하 완제품)의 인장강도, 신장률, 마모 감량, 충격 흡수성, 수직 방향 변형 등의 저하를 초래할 수 있음.
  - 기준치 초과 시 : 완제품 자체의 밀도 증가를 야기할 수 있으며 이는 완제품의 투수계수, 충격 흡수성 등의 저하를 초래할 수 있음.
- 함수율 (품질 기준 15 % 이하)
  - 기준치 초과 시 : 코르크 칩 내에 수분이 비교적 많이 존재할 시 우레탄 바인더와의 결합을 방해할 수 있으며 이는 완제품의 인장강도, 신장률, 수직 방향 변형 등의 저하를 초래할 수 있음.
- 입도 (상부용 2~4 mm)
  - 범위 초과 시 : 코르크 칩-칩 간극이 넓어 결합력의 저하를 초래하며 이는 완제품의 인장강도, 신장률, 마모 감량, 수직 방향 변형 등의 저하를 초래할 수 있음.

○ **우레탄 바인더**

- 이소시아네이트기 함량
  - 기준치 미달 시 : 분자 구조의 불안정을 야기할 수 있으며 이는 완제품의 인장강도, 신장률, 마모 감량, 충격 흡수성, 수직 방향 변형의 저하와 TVOCs 방출량의 증가를 초래할 수 있음.
- 비중, 비휘발분, 점도
  - 기준치 미달 시 : 분자 구조의 불안정을 야기할 수 있으며 이는 완제품의 인장강도, 신장률, 마모 감량, 충격 흡수성, 수직 방향 변형의 저하를 초래할 수 있음.

4. 종합 결론

○ 완제품의 물리·화학적 품질 성능을 충분히 확보하기 위해 원료의 수입, 가공, 생산 및 보관 처리를 철저히 하여야 할 것으로 판단함.

○ 그 중에서도 완제품의 치명결함에 해당하는 TVOCs 방출에 영향을 줄 수 있는 우레탄 바인더의 이소시아네이트기 함량 수치 확인에 각별한 관심을 기울일 것을 제안함.

4.4 제품검사 능력(핵심)

제품검사 자격 인정서

소속	㈜에프씨코리아랜드	부서	영업/생산팀
직책	차장	성명	한상용
자격인정 기준	■ 생산관련 업무에 1년 이상 종사한 자 □ 품질관리 또는 검사업무에 1년 이상 경험이 있는 자 (FC-C-101)		
자격인정 근거	2017.07.03. ~ 현재 ㈜에프씨코리아랜드 생산팀 재직		
자격인정 범위	시료채취, 공시체 제작, 자체 시험		

상기 자격인정 기준 및 근거에 의거하여 해당자의 사내 제품검사 자격을 인정합니다.

2020년 5월 6일

㈜에프씨코리아랜드 대표이사 성 세 경

제품검사 자격 인정서

소속	㈜에프씨코리아랜드	부서	품질관리팀
직책	연구소장	성명	장재혁
자격인정 기준	□ 생산관련 업무에 1년 이상 종사한 자 ■ 품질관리 또는 검사업무에 1년 이상 경험이 있는 자 (FC-C-101)		
자격인정 근거	2016.11.01.~2018.04.26. 국립산림과학원 목재가공연구과 재직		
자격인정 범위	시료채취, 공시체 제작, 자체 시험		

상기 자격인정 기준 및 근거에 의거하여 해당자의 사내 제품검사 자격을 인정합니다.

2020년 5월 6일

㈜에프씨코리아랜드 대표이사 성 세 경

4.4 제품검사 능력(핵심)

TEST REPORT

우 22829 인천광역시 서구 가재울로 68(가좌동)

TEL (032)5709-700 FAX (032)575-5613

성적서번호 : TAK-2021-097079
대 표 자 : 윤지우
업 체 명 : (주)다온조경
주   소 : 서울특별시 동작구 만양로 26, 상가동 1층 106호(상도동, 건영아파트)

접 수 일 자 : 2021년 07월 01일
시험완료일자 : 2021년 07월 30일

시 료 명 : 코르크 칩

시 험 결 과

시험항목	단위	시료구분	결과치	시험방법
단위용적질량(충격법)	kg/L	–	0.105	KS F 2505 : 2017(준용)
함수율	%	–	7	KS F 8980 : 2020

- 용 도 : 품질관리용

비 고 : 1. 이 성적서는 의뢰자가 제시한 시료 및 시료명으로 시험한 결과로써 전체 제품에 대한 품질을 보증하지 않으며, 성적서의 진위확인은 홈페이지(www.ktr.or.kr) 또는 QR code로 확인 가능합니다.
　　　　 2. 이 성적서는 홍보, 선전, 광고 및 소송용 등으로 사용될 수 없으며, 용도 이외의 사용을 금합니다.
　　　　 3. 이 성적서는 원본(재발행 포함)만 유효하며, 사본 및 전자 인쇄본/파일본은 결과치 참고용입니다.

KIMSOOYOUNG

작성자 : 김수영
Tel : 032-570-9663

Jun-Seo Park

기술책임자 : 박준서
Tel : 1577-0091(ARS ①→④)

2021년 07월 30일

KTR 한국화학융합시험연구원장

위변조 확인용 QR code

Page : 1 of 1

전자문서본은 시험결과에 대한 참고용입니다.

전자문서본(Electronic Copy)

KTR KOREA TESTING & RESEARCH INSTITUTE KTR-QP-P09-F01-02(00)

A4(210 X 297)

TEST REPORT

우 22829 인천광역시 서구 가재울로 68(가좌동)　　　　　　TEL (032)5709-700　　FAX (032)575-5613

성적서번호 : TAK-2021-097078	접 수 일 자 : 2021년 07월 01일
대 표 자 : 윤지우	시험완료일자 : 2021년 07월 27일
업 체 명 : (주)다온조경	
주　　　　소 : 서울특별시 동작구 만양로 26, 상가동 1층 106호(상도동, 건영아파트)	

시 료 명 : 투수성 코르크 바닥포장재

시 험 결 과

시험항목	단위	시료구분	결과치	시험방법
두께	mm	-	17	KS F 8980 : 2020
인장강도	MPa	-	0.5	KS F 8980 : 2020
신장률	%	-	33	KS F 8980 : 2020
투수계수	mm/s	-	6.5	KS F 8980 : 2020
미끄럼저항성	BPN	-	45	KS F 8980 : 2020
마모감량(CS-17, 1 000 g, 1 000 회전)	mg	-	41	KS F 8980 : 2020
충격흡수성	%	-	41	KS F 8980 : 2020
수직방향변형	mm	-	1.8	KS F 8980 : 2020
T-VOCs	mg/kg	-	검출안됨	KS F 8980 : 2020(Headspace-GC/MS)
Benzene	mg/kg	-	검출안됨	KS F 8980 : 2020(Headspace-GC/MS)
Toluene	mg/kg	-	검출안됨	KS F 8980 : 2020(Headspace-GC/MS)
Ethylbenzene	mg/kg	-	검출안됨	KS F 8980 : 2020(Headspace-GC/MS)
Xylene	mg/kg	-	검출안됨	KS F 8980 : 2020(Headspace-GC/MS)
PAHs	mg/kg	-	검출안됨	KS F 8980 : 2020(GC/MS)
Naphthalene	mg/kg	-	검출안됨	KS F 8980 : 2020(GC/MS)

- 다음 페이지 -

Lee, Sun-Gyu　　　　　　　　　　　　　　　　*Jun-Seo Park*

작성자 : 이선규　　　　　　　　　　　　　　　　기술책임자 : 박준서

Tel : 032-570-9646　　　　　　　　　　　　　　Tel : 1577-0091(ARS ①→④)

2021년 07월 27일

KTR 한국화학융합시험연구원장

위변조 확인용 QR code

전자문서본은 시험결과에 대한 참고용입니다.　　　　　　　　　　전자문서본(Electronic Copy)

KTR KOREA TESTING & RESEARCH INSTITUTE　KTR-QP-P09-F01-02(00)　　　　　　　　　　A4(210 X 297)

TEST REPORT

우 22829 인천광역시 서구 가재울로 68(가좌동)

TEL (032)5709-700   FAX (032)575-5613

성적서번호 : TAK-2021-097078
대 표 자 : 윤지우
업 체 명 : (주)다온조경
주   소 : 서울특별시 동작구 만양로 26, 상가동 1층 106호(상도동, 건영아파트)

접 수 일 자 : 2021년 07월 01일
시험완료일자 : 2021년 07월 27일

시 료 명 : 투수성 코르크 바닥포장재

시 험 결 과

시험항목	단위	시료구분	결과치	시험방법
Acenaphthylene	mg/kg	–	검출안됨	KS F 8980 : 2020(GC/MS)
Acenaphthene	mg/kg	–	검출안됨	KS F 8980 : 2020(GC/MS)
Fluorene	mg/kg	–	검출안됨	KS F 8980 : 2020(GC/MS)
Phenanthrene	mg/kg	–	검출안됨	KS F 8980 : 2020(GC/MS)
Anthracene	mg/kg	–	검출안됨	KS F 8980 : 2020(GC/MS)
Fluoranthene	mg/kg	–	검출안됨	KS F 8980 : 2020(GC/MS)
Pyrene	mg/kg	–	검출안됨	KS F 8980 : 2020(GC/MS)
Benzo(a)anthracene	mg/kg	–	검출안됨	KS F 8980 : 2020(GC/MS)
Chrysene	mg/kg	–	검출안됨	KS F 8980 : 2020(GC/MS)
Benzo(b)fluoranthene	mg/kg	–	검출안됨	KS F 8980 : 2020(GC/MS)
Benzo(j)fluoranthene	mg/kg	–	검출안됨	KS F 8980 : 2020(GC/MS)
Benzo(k)fluoranthene	mg/kg	–	검출안됨	KS F 8980 : 2020(GC/MS)
Benzo(e)pyrene	mg/kg	–	검출안됨	KS F 8980 : 2020(GC/MS)
Benzo(a)pyrene	mg/kg	–	검출안됨	KS F 8980 : 2020(GC/MS)
Indeno(1,2,3-cd)pyrene	mg/kg	–	검출안됨	KS F 8980 : 2020(GC/MS)
Dibenzo(a,h)anthracene	mg/kg	–	검출안됨	KS F 8980 : 2020(GC/MS)
Benzo(g,h,i)perylene	mg/kg	–	검출안됨	KS F 8980 : 2020(GC/MS)

- 다음 페이지 -

Lee, Sun-Gyu

작성자 : 이선규

Tel : 032-570-9646

Jun-Seo Park

기술책임자 : 박준서

Tel : 1577-0091(ARS ①→④)

2021년 07월 27일

KTR 한국화학융합시험연구원장

위변조 확인용 QR code

Page : 2 of 3

전자문서본은 시험결과에 대한 참고용입니다.

전자문서본(Electronic Copy)

KTR KOREA TESTING & RESEARCH INSTITUTE KTR-QP-P09-F01-02(00)

A4(210 X 297)

TEST REPORT

우 22829 인천광역시 서구 가재울로 68(가좌동)　　　　　TEL (032)5709-700　　FAX (032)575-5613

성적서번호 : TAK-2021-097078	접 수 일 자 : 2021년 07월 01일
대 표 자 : 윤지우	시험완료일자 : 2021년 07월 27일
업 체 명 : (주)다온조경	

주　　　소 : 서울특별시 동작구 만양로 26, 상가동 1층 106호(상도동, 건영아파트)

시 료 명 : 투수성 코르크 바닥포장재

시 험 결 과

시험항목	단위	시료구분	결과치	시험방법
As	mg/L	-	0.0	KS F 8980 : 2020
Cd	mg/L	-	0.0	KS F 8980 : 2020
Cr	mg/L	-	0.0	KS F 8980 : 2020
Pb	mg/L	-	0.0	KS F 8980 : 2020
Hg	mg/L	-	0.000	KS F 8980 : 2020 (준용)

- Method Detection Limit -
　T-VOCs(Toluene, Ethylbenzene, Xylene) : each 1 mg/kg
　Benzene : 0.5 mg/kg
　PAHs(Naphthalene, Acenaphthylene, Acenaphthene, Fluorene, Phenanthrene, Anthracene, Fluoranthene, Pyrene, Benzo(a)anthracene, Chrysene, Benzo(b)fluoranthene, Benzo(j)fluoranthene, Benzo(k)fluoranthene, Benzo(e)pyrene, Indeno(1,2,3-cd)pyrene, Dibenzo(a,h)anthracene, Benzo(g,h,i)perylene, Benzo(a)pyrene : 0.5 mg/kg

- 용 도 : 품질관리용

비 고 :　1. 이 성적서는 의뢰자가 제시한 시료 및 시료명으로 시험한 결과로써 전체 제품에 대한 품질을 보증하지 않으며,
　　　　　　성적서의 진위확인은 홈페이지(www.ktr.or.kr) 또는 QR code로 확인 가능합니다.
　　　　2. 이 성적서는 홍보, 선전, 광고 및 소송용 등으로 사용될 수 없으며, 용도 이외의 사용을 금합니다.
　　　　3. 이 성적서는 원본(재발행 포함)만 유효하며, 사본 및 전자 인쇄본/파일본은 결과치 참고용입니다.

Lee, Sun-Gyu　　　　　　　　　　　　　　　Jun-Seo Park

작성자 : 이선규　　　　　　　　　　　　　　　기술책임자 : 박준서

Tel : 032-570-9646　　　　　　　　　　　　　Tel : 1577-0091(ARS ①→④)

2021년 07월 27일

KTR 한국화학융합시험연구원장

위변조 확인용 QR code

전자문서본은 시험결과에 대한 참고용입니다.　　　　　　　　　　　　　　전자문서본(Electronic Copy)

KTR KOREA TESTING & RESEARCH INSTITUTE KTR-QP-P09-F01-02(00)　　　　　　　　　　A4(210 X 297)

5. 시험·검사설비관리

5.1 시험설비 규정(핵심)

시험(검사) 설비(KS F 8980) 보유현황

번호	주요 설비명	보유 설비명	보유 대수	용량 / 공칭능력	제작사	구입 년월	교정일자 / 교정기관	비고
코르크								
1	비중 시험설비	전자 비중계	1	0.01~600g (0.001g)	CAS	2018.07.23	2019.12.23 ㈜카스	필수
2	함수율 시험설비	적외선 함수율 측정기	1	1~80g (0.1%)	Kett	2019.11.22	2019.11.27 ㈜스펙코어	필수
우레탄 바인더								
3	비중 시험설비			KCL 또는 KTR 시험 의뢰				
4	비휘발분 시험설비							
5	점도 시험설비	디지털 점도계	1	10~2,000,000 cP(0.5%)	CAS	2018.07.23	2019.12.26. 코리아인스트루먼트(주)	필수
6	이소시아네이트기 함량 시험설비			KCL 또는 KTR 시험 의뢰				
투수성 코르크 바닥 포장재								
7	두께 측정설비	버니어 캘리퍼스	1	0.01~300mm (0.01mm)	MITU TOYO	2016.11.01	2019.12.26 코리아인스트루먼트(주)	필수
8	인장강도 시험설비	인장 시험기	1	1~500kgf (0.1kgf)	TEST ONE	2020.08.03	2020.09.10 ㈜경도하이텍	필수
9	신장률 시험설비							필수
10	투수계수 시험설비	-						
11	미끄럼 저항 시험설비	-						
12	마모감량 시험설비	-		KCL 또는 KTR 시험 의뢰				
13	충격 흡수성 시험설비	-						
14	수직방향변형 시험설비	-						
15	총 휘발성 유기화합물 시험설비	-						
16	다환 방향족탄화수소 시험설비	-						
17	중금속용출량 시험설비	-						
18	기타	전기식 지시저울	1	1~4,200g (0.01g)	CAS	2018.07.25	2019.12.23 ㈜카스	

위와 같이 시험(검사) 설비의 보유현황을 제출합니다.

2020년 11월 02일

- 7 -

5.2 시험설비관리

[첨부양식 1]

					결재	담당	팀장	대표이사
	검사설비 대장							
공장명	평택공장		**설비번호**		FC-T-01			
용도구분	완제품 두께 측정 설비		**규격 및 성능**		0.01~300mm (0.01mm)			
설비명	전자 버니어 캘리퍼스		**제조년월**		2017.02.			
구입년월	2017.02.		**내용연수**		10년			
구입선	직접 구입		**기타**		-			

부속품 리스트		검교정 현황				
품명	**규격**	**검교정일**	**검교정 기관**	**유효기간**	**비고**	
		2019.12.26.	코리아인스트루먼트㈜	12개월		
		2020.12.18.	㈜티이씨교정기술원	12개월		

설비 수리 현황					설비 이동 현황		
일자	**수리개소**	**수리내용**	**수리자**	**비고**	**일자**	**장소**	**비고**

검사설비 대장		결재	담당	팀장	대표이사

공장명	평택공장	설비번호	FC-T-02
용도구분	코르크 칩 비중 측정 설비	규격 및 성능	0.01~600g (0.001g)
설비명	전자 비중계	제조년월	2018.07.
구입년월	2018.07.	내용연수	10년
구입선	직접 구입	기타	-

부속품 리스트		검교정 현황			
품명	규격	검교정일	검교정 기관	유효기간	비고
철제 트레이	15×10cm	2019.12.23.	㈜카스	12개월	
아크릴 파티션	10×10cm	2020.12.16.	위드캘㈜	12개월	

설비 수리 현황					설비 이동 현황		
일자	수리개소	수리내용	수리자	비고	일자	장소	비고

검사설비 대장			결재	담당	팀장	대표이사

공장명	평택공장	설비번호	FC-T-03
용도구분	코르크 칩 함수율 측정 설비	규격 및 성능	1~80g (0.1%)
설비명	적외선 함수율 측정기	제조년월	2017.02.
구입년월	2017.02.	내용연수	10년
구입선	직접 구입	기타	-

부속품 리스트		검교정 현황			
품명	규격	검교정일	검교정 기관	유효기간	비고
		2019.11.27.	㈜스펙코어	1년	
		2020.11.19.	㈜한국공업기술원	1년	

설비 수리 현황					설비 이동 현황		
일자	수리개소	수리내용	수리자	비고	일자	장소	비고

검사설비 대장			결재	담당	팀장	대표이사

공장명	평택공장	설비번호	FC-T-04
용도구분	우레탄 바인더 점도 측정 설비	규격 및 성능	10~2,000,000 cP(0.5%)
설비명	디지털 점도계	제조년월	2018.07.
구입년월	2018.07.	내용연수	10년
구입선	직접 구입	기타	-

부속품 리스트		검교정 현황			
품명	규격	검교정일	검교정 기관	유효기간	비고
스탠드	30cm	2019.12.26.	코리아인스트루먼트㈜	12개월	
스핀들	No.4	2020.12.18.	교정기술원㈜	12개월	

설비 수리 현황					설비 이동 현황		
일자	수리개소	수리내용	수리자	비고	일자	장소	비고

검사설비 대장			결재	담당	팀장	대표이사

공장명	평택공장	설비번호	FC-T-05
용도구분	중량 측정 설비	규격 및 성능	1~4,200g (0.01g)
설비명	전기식 지시 저울 (CUW4200HX)	제조년월	2017.02.
구입년월	2017.02.	내용연수	10년
구입선	직접 구입	기타	-

부속품 리스트		검교정 현황			
품명	규격	검교정일	검교정 기관	유효기간	비고
		2019.12.23.	㈜카스	12개월	
		2020.12.16.	위드캘㈜	12개월	

설비 수리 현황					설비 이동 현황		
일자	수리개소	수리내용	수리자	비고	일자	장소	비고

검사설비 대장		결재	담당	팀장	대표이사

공장명	평택공장	설비번호	FC-T-06
용도구분	완제품 인장강도 측정 설비	규격 및 성능	100 kgf
설비명	인장시험기	제조년월	2020.08.
구입년월	2020.08.	내용연수	10년
구입선	직접 구입	기타	-

부속품 리스트		검교정 현황			
품명	규격	검교정일	검교정 기관	유효기간	비고
지그	65T	2020.09.10.	㈜경도하이텍	12개월	

설비 수리 현황					설비 이동 현황		
일자	수리개소	수리내용	수리자	비고	일자	장소	비고

검사설비 대장		결 재	담당	팀장	대표이사

공장명	평택공장	설비번호	FC-T-07
용도구분	코르크 칩 함수율 측정 설비	규격 및 성능	5~250℃
설비명	건조기	제조년월	2018.
구입년월	2019.11.	내용연수	10년
구입선	직접 구입	기타	-

부속품 리스트		검교정 현황			
품명	규격	검교정일	검교정 기관	유효기간	비고
		2021.01.04.	교정기술원㈜	12개월	

설비 수리 현황					설비 이동 현황		
일자	수리개소	수리내용	수리자	비고	일자	장소	비고

[첨부양식 1]

검사설비 대장		결재	담당	팀장	대표이사

공장명	평택공장	설비번호	FC-T-08
용도구분	코르크 칩 함수율 측정 설비	규격 및 성능	Φ360
설비명	데시케이터	제조년월	-
구입년월	2020.01.	내용연수	10년
구입선	무상 기증	기타	-

부속품 리스트		검교정 현황			
품명	규격	검교정일	검교정 기관	유효기간	비고
지그	65T	2020.09.10.	㈜경도하이텍	12개월	

설비 수리 현황					설비 이동 현황		
일자	수리개소	수리내용	수리자	비고	일자	장소	비고

검사설비 점검 기록표			결재	담당	팀장	대표이사

2021 년도		점검자	장재혁

설비명	점검 항목	(1)월					(2)월					(3)월				
		1주	2주	3주	4주	5주	1주	2주	3주	4주	5주	1주	2주	3주	4주	5주
전자 버니어 캘리퍼스	영점 슬라이딩 고정볼트															
전자 비중계	청결 수평 영점/칭량															
적외선 함수율 측정기	청결 수평 영점/칭량															
디지털 점도계	수평 영점 표준용액															
전기식 지시 저울	청결 수평 영점/칭량															
인장 시험기	치구고정 비상버튼 PC연동															
건조기	통풍구 밀폐 설정온도 유지															
데시케이터	뚜껑-본체 윤활상태															
비고	○ : 이상 없음 × : 이상 있음 ◎ : 수리 완료 -7일 주기 점검	특기사항														

5.3 시험설비 교정관리

[첨부양식 3]

설비 교정 계획서						결재	담당	팀장	대표이사
2021 년도						작성일		2021.01.31.	
설비명	제조사/모델명	전년도 교정 이력				당해연도 교정			
		교정일자	교정기관	교정료(원)		교정예정일		교정여부	
디지털 버니어 캘리퍼스	MITUTOYO /TYT-300	2020.12.18.	㈜티이씨교정기술원*	18,700		2021.12.13.			
전자 비중계	CAS /CD-V1	2020.12.16.	위드캘㈜*	55,000		2021.12.13.			
적외선 함수율 측정기	KETT /FD660	2020.11.19.	㈜한국공업기술원	54,120		2021.11.15.			
디지털 점도계	CAS /CL-1	2020.12.18.	교정기술원㈜*	242,000		2021.12.13.			
전기식 지시 저울 (시험 및 첨가제 계량)	CAS /CUW4200HX	2020.12.16.	위드캘㈜*	66,000		2021.12.13.			
인장 시험기	TEST ONE /UNITEST M1	2020.09.10.	㈜경도하이텍	신규 구입에 따른 무상 교정		2021.09.06.			
건조기	DAIHAN /Thermostable OF-50	2021.01.04.	교정기술원㈜*	302,500		2021.12.13.			
데시케이터	제조사 미상	-	-	-		2021.02.01.			
전기식 지시 저울 (원자재 계량)	CAS /HFS-1	2020.12.16.	위드캘㈜*	55,000		2021.12.13.			
전기식 지시 저울 (소분용 계량)	CAS /HB-75	2020.12.16.	위드캘㈜*	55,000		2021.12.13.			
전기식 지시 저울 (현장시공 계량)	CAS /AD-30	2020.12.16.	위드캘㈜*	55,000		2021.12.13.			

*표시는 ㈜카스 수원영업소에 일괄 교정 의뢰

제조 및 시험설비 교정 계획서

보유중인 제조 및 시험설비의 교정 계획을 아래와 같이 보고합니다.

2020년 12월 2일

품질관리팀 장재혁 연구소장

1. 제조 및 시험설비 검교정 현황

설비번호	설비명	모델명	최신 교정검사일자	교정일자 도래 여부
FC-T-01	버니어캘리퍼스	TYT-300	2019.12.23.	1개월 이내
FC-T-02	전자 비중계	CD-V1	2019.12.23.	1개월 이내
FC-T-03	함수율 측정기	FD660	2020.11.19.	-
FC-T-04	점도계	CL-1	2019.12.26.	1개월 이내
FC-T-05	저울	CUW4200HX	2019.12.23.	1개월 이내
FC-T-06	인장시험기	UNITEST M1	2020.09.10.	-
FC-M-02	저울	HFS-1	2019.12.23.	1개월 이내
FC-M-08	저울	HB/HBI	2019.12.23.	1개월 이내

2. 검교정 의뢰 계획

○ **교정의뢰 설비**

  - 버니어캘리퍼스, 전자 비중계, 점도계, 저울 등 총 6개 설비

○ **교정기관**

  - ㈜카스 수원지점 (KOLAS 인증기관)

○ **교정기간 및 장소**

  - 2020년 12월 16일(수) 10:00 / 평택공장 출장 교정

○ **교정료 견**

  - 689,700원(부가세 포함)

  - 교정 신청서 및 견적서 별첨

교 정 성 적 서

위드캘(주)	성적서번호	
경기도 성남시 중원구 사기막골로 45번길 14 A-1408(상대원동)	WC-20-4086	
Tel : 031)8018-2939　　　Fax : 031)8018-2940	페이지 (1) / (총2)	

1. 의뢰자
기관명 : ㈜에프씨코리아랜드

주 소 : 서울특별시 영등포구 양산로 57-5 (양평동3가, 양평동 이노플랙스) 1304호

2. 측정기
기기명 : 　　　　전기식지시저울

제작회사 및 형식 : CAS / HFS-1

기기번호 : 　　　FRL7

3. 교정일자　　　2020년 12월 16일

4. 교정환경
온 도 : 　(5.3 ± 0.3) ℃　　　　　　　　　습 도 : 　(38 ± 2) % R.H.

교정장소 : 　□ 고정표준실　　　　□ 이동교정　　　■ 현장교정

(주소 : 경기도 평택시 안중읍 성해1길 21, 하이원플러스 C동)

5. 측정표준의 소급성
교정방법 및 소급성

상기 기기는 전기식 지시 저울의 표준교정절차(WC-I-20109)에 따라 국가측정표준기관으로부터 측정의 소급성이
확보된 아래의 표준장비를 이용하여 교정되었음.

교정에 사용한 표준장비 명세

기기명	제작회사 및 형식	기기번호	차기교정예정일자	교정기관
표준분동	종로계기산업(주) / F1급(1 mg ~ 20 kg)	00-0195	2021.7.11	㈜카스
표준분동	마성산업 / M1급(20 kg)	501 ~ 525	2021.7.16	위드캘㈜

6. 교정결과 : 교정결과 참조

7. 측정불확도 : 교정결과 참조

확 인	작 성 자	승 인 자
	성 명 : 이 　성 　국 　(서명)	직 위 : 기술책임자(정)
		성 명 : 김 상 옥 (서명)

위 성적서는 국제시험기관인정협력체(International Laboratory Accreditation Cooperation) 상호인정협정
(Mutual Recognition Arrangement)에 서명한 한국인정기구(KOLAS)로부터 공인받은 분야의 교정결과입니다.

2020년 12월 16일

한국인정기구 인정 **위드캘(주) 대표이사**

(주1) 이 성적서는 측정기의 정밀정확도에 영향을 미치는 요소(과부하, 온도, 습도 등)의 급격한 변화가 발생한 경우에는 무효가 됩니다.

(주2) 당 기관의 승인없이 전체 중 일부만 복제되어 사용한 결과에 대해서 보증할 수 없음을 명시합니다.

WC-P-0116-01　　　　　　　　　　　　　　　　　　　　　　　　　　A4(210 × 297) mm

교 정 결 과

성적서번호(Cer. No.) : WC-20-4086

---

* 기기명 : 전기식지시저울

* 최대용량 : 1 000 kg

* 분해능 : 0.5 kg

* 편심오차 : 0.0 kg(전)   0.0 kg(후)
  250 kg 시 0.0 kg(좌)   0.0 kg(우)

* 직선성 :

저울지시값 (kg)	표준분동의 상용질량값 (kg)	보정값 (kg)
0.0	0.0	0.0
120.0	120.0	0.0
250.0	250.0	0.0
370.0	370.0	0.0
500.0	500.0	0.0

고객요구사항(LOAD가능용량): 500 kg 까지 측정
보정값 = 표준분동의 상용질량값 - 저울지시값
측정불확도(신뢰수준 약 95 %, k = 2)   0.4 kg   "끝"

* 이 성적서의 진위확인은 http://withcal.ipdisk.co.kr:14675 에서 확인하실 수 있으며 유선상으로 ID와 비밀번호를 부여 받으셔야 합니다.

* 교정대상 및 주기설정을 위한 지침(KOLAS-G-013) 관련주기: 12 개월

WC-P-0116-02   A4(210 × 297) mm

교 정 성 적 서

위드캘(주) 경기도 성남시 중원구 사기막골로 45번길 14 A-1408(상대원동) Tel : 031)8018-2939　　　Fax : 031)8018-2940	성적서번호 WC-20-4085 페이지 (1) / (총2)	

1. 의뢰자

　기관명: ㈜에프씨코리아랜드

　주 소: 서울특별시 영등포구 양산로 57-5 (양평동3가, 양평동 이노플랙스) 1304호

2. 측정기

기기명 : 　　　　전기식지시저울

제작회사 및 형식 : 　CAS / HB-75

기기번호 : 　　　　CQY88

3. 교정일자　　　2020년 12월 16일

4. 교정환경

　　　　온 도 : 　(5.3 ± 0.3) ℃　　　　　　습 도 : 　(39 ± 2) % R.H.

　　　교정장소 : 　　□ 고정표준실　　　　□ 이동교정　　　■ 현장교정

　　　　(주소: 경기도 평택시 안중읍 성해1길 21, 하이원플러스 C동)

5. 측정표준의 소급성

교정방법 및 소급성

상기 기기는 전기식 지시 저울의 표준교정절차(WC-I-20109)에 따라 국가측정표준기관으로부터 측정의 소급성이
확보된 아래의 표준장비를 이용하여 교정되었음.

교정에 사용한 표준장비 명세

기기명	제작회사 및 형식	기기번호	차기교정예정일자	교정기관
표준분동	종로계기산업(주) / F1급(1 mg ~ 20 kg)	00-0195	2021.7.11	㈜카스
표준분동	마성산업 / M1급(20 kg)	501 ~ 525	2021.7.16	위드캘㈜

6. 교정결과 : 교정결과 참조

7. 측정불확도 : 교정결과 참조

확 인	작 성 자	승 인 자
	성 명 : 이 　 성 　 국　(서명)	직 위 : 기술책임자(정) 성 명 : 김 　 상 　 옥　(서명)

위 성적서는 국제시험기관인정협력체(International Laboratory Accreditation Cooperation) 상호인정협정
(Mutual Recognition Arrangement)에 서명한 한국인정기구(KOLAS)로부터 공인받은 분야의 교정결과입니다.

2020년 12월 16일

한국인정기구 인정 위드캘(주) 대표이사 (인)

(주1) 이 성적서는 측정기의 정밀정확도에 영향을 미치는 요소(과부하, 온도, 습도 등)의 급격한 변화가 발생한 경우에는 무효가 됩니다.
(주2) 당 기관의 승인없이 전체 중 일부만 복제되어 사용한 결과에 대해서 보증할 수 없음을 명시합니다.

WC-P-0116-01　　　　　　　　　　　　　　　　　　　　　　　　　　　　　　　A4(210 × 297) mm

교 정 결 과

성적서번호(Cer. No.) : WC-20-4085   페이지 (2) / (총2)

---

* 기기명 :   전기식지시저울

* 최대용량 :   75 kg

* 분해능   :   0.005 kg

* 편심오차 :   0.000 kg(전)   0.000 kg(후)
  40 kg 시   0.005 kg(좌)   0.000 kg(우)

* 직선성 :

저울지시값 (kg)	표준분동의 상용질량값 (kg)	보정값 (kg)
0.000	0.000	0.000
20.000	20.000	0.000
40.000	40.000	0.000
60.000	60.000	0.000
75.000	75.000	0.000

*M1분동 사용 합의
보정값 = 표준분동의 상용질량값 – 저울지시값
측정불확도(신뢰수준 약 95 %, $k = 2$)   4 g   "끝"

* 이 성적서의 진위확인은 http://withcal.ipdisk.co.kr:14675 에서 확인하실 수 있으며 유선상으로 ID와 비밀번호를 부여 받으셔야 합니다.
* 교정대상 및 주기설정을 위한 지침(KOLAS-G-013) 관련주기: 12 개월

WC-P-0116-02   A4(210 × 297) mm

교 정 성 적 서

위드캘(주)	성적서번호	
경기도 성남시 중원구 사기막골로 45번길 14 A-1408(상대원동)	WC-20-4084	
Tel : 031)8018-2939　　　Fax : 031)8018-2940	페이지 (1) / (총2)	

1. 의뢰자

기관명: ㈜에프씨코리아랜드

주 소: 서울특별시 영등포구 양산로 57-5 (양평동3가, 양평동 이노플랙스) 1304호

2. 측정기

기기명 :　　　전기식지시저울

제작회사 및 형식 :　CAS / AD-30

기기번호 :　　　CQA12

3. 교정일자　　2020년 12월 16일

4. 교정환경

온 도: (5.4 ± 0.3) ℃　　　　　　　습 도: (41 ± 2) % R.H.

교정장소 :　□ 고정표준실　　　□ 이동교정　　　■ 현장교정

(주소 : 경기도 평택시 안중읍 성해1길 21, 하이원플러스 C동)

5. 측정표준의 소급성

교정방법 및 소급성

상기 기기는 전기식 지시 저울의 표준교정절차(WC-I-20109)에 따라 국가측정표준기관으로부터 측정의 소급성이
확보된 아래의 표준장비를 이용하여 교정되었음.

교정에 사용한 표준장비 명세

기기명	제작회사 및 형식	기기번호	차기교정예정일자	교정기관
표준분동	종로계기산업(주) / F1급(1 mg ~ 20 kg)	00-0195	2021.7.11	㈜카스

6. 교정결과 : 교정결과 참조

7. 측정불확도 : 교정결과 참조

확 인	작 성 자	승 인 자
	성 명 : 이 성 국 　(서명)	직 위 : 기술책임자(정) 성 명 : 김 상 옥 　(서명)

위 성적서는 국제시험기관인정협력체(International Laboratory Accreditation Cooperation) 상호인정협정
(Mutual Recognition Arrangement)에 서명한 한국인정기구(KOLAS)로부터 공인받은 분야의 교정결과입니다.

2020년 12월 16일

한국인정기구 인정 **위드캘(주) 대표이사**

(주1) 이 성적서는 측정기의 정밀정확도에 영향을 미치는 요소(과부하, 온도, 습도 등)의 급격한 변화가 발생한 경우에는 무효가 됩니다.

(주2) 당 기관의 승인없이 전체 중 일부만 복제되어 사용한 결과에 대해서 보증할 수 없음을 명시합니다.

WC-P-0116-01　　　　　　　　　　　　　　　　　　　　　　　　A4(210 × 297) mm

교 정 결 과

성적서번호(Cer. No.) : WC-20-4084   페이지 (2) / (총2)

_____

* 기기명 :   전기식지시저울

* 최대용량 :   30 kg

* 분해능 :   5 g

* 편심오차 :   0 g(전)   0 g(후)
  15 kg 시   0 g(좌)   5 g(우)

* 직선성 :

저울지시값 (g)	표준분동의 상용질량값 (g)	보정값 (g)
0	0	0
7 000	7 000	0
15 000	15 000	0
22 000	22 000	0
30 000	30 000	0

보정값 = 표준분동의 상용질량값 – 저울지시값
측정불확도(신뢰수준 약 95 %, k = 2)   5 g   "끝"

* 이 성적서의 진위확인은 http://withcal.ipdisk.co.kr:14675 에서 확인하실 수 있으며 유선상으로 ID와 비밀
번호를 부여 받으셔야 합니다.

* 교정대상 및 주기설정을 위한 지침(KOLAS-G-013) 관련주기: 12 개월

WC-P-0116-02   A4(210 × 297) mm

교 정 성 적 서

㈜티이씨교정기술원

경기도 시흥시 서해안로 242, 209호(정왕동, 시화하이테크지식산업센터)

Tel : 031-319-1931~2, Fax : 031-319-1937

성적서번호 : 20-2200-001

페이지 (1) / (총 2)

1. 의 뢰 자
기 관 명 : ㈜에프씨코리아랜드
주   소 : 서울특별시 영등포구 양산로 57-5, 1304호

2. 측 정 기
기 기 명 : 내·외측 캘리퍼(디지털)
제작회사 및 형식 : TYT   / (0 ~ 300) mm, 0.01 mm
기 기 번 호 : 8112101

3. 교 정 일 자 : 2020년 12월 18일

4. 교 정 환 경
온   도 : (19.6 ± 0.3) ℃   습   도 : (45 ± 2)% R.H.
교 정 장 소 : ■ 고정표준실   □ 이동교정   □ 현장교정
주   소 : 경기도 시흥시 서해안로 242, 209호(정왕동, 시화하이테크지식산업센터)

5. 측정표준의 소급성
◇ 교정방법 및 소급성
　　상기 기기는 내·외측캘리퍼의 표준교정지침서(TEC-CI-L05)에 따라 국가측정표준기관으로부터 측정의
　　소급성이 확보된 아래의 표준장비를 이용하여 비교교정되었다.
◇ 교정에 사용한 표준장비 명세

기기명	제작회사 및 형식	기기번호	차기교정예정일자	교정기관
스텝 게이지	Mitutoyo / 600 mm	1300054	2021. 11. 29.	한국산업기술시험원
디지털 온습도계	NONE / NONE	TECA-E19	2021. 11. 17.	㈜가나시험기

6. 교 정 결 과 : 교정결과 참조

7. 측 정 불 확 도 : 교정결과 참조

확 인	작 성 자		승 인 자	
	성 명 : 김인구	(서명)	직 위 : 기술 책임자 (정)	
			성 명 : 김병석	(서명)

위 성적서는 국제시험기관인정협력체(International Laboratory Accreditation Cooperation) 상호인정협정
(Mutual Recognition Arrangement)에 서명한 한국인정기구(KOLAS) 로부터 공인 받은 분야의 교정결과입니다.

2020년 12월 18일

한국인정기구 인정 ㈜티이씨교정기술원 대표이사 (인)

㈜ 이 성적서는 측정기의 정밀정확도에 영향을 미치는 요소(과부하, 온도, 습도 등)의 급격한 변화가 발생한 경우에는 무효가 됩니다.

TEC-CP-18-01(02)

* 기 기 명 : 내·외측 캘리퍼(디지털)

* 제 작 회 사 및 형 식 : TYT / (0 ~ 300) mm, 0.01 mm

* 기 기 번 호 : 8112101

1. 교정결과
* 교정값 = 눈금값 + 보정값

눈금값(mm)	외측 보정값(mm)	내측 보정값(mm)	측정불확도(U) (신뢰수준 약 95 %, k = 2)
0	0.00	-	
20	0.04	0.07	$\sqrt{11^2 + 0.003\,4^2 \times l^2}$ μm
50	0.04	0.07	(l 은 내·외측캘리퍼의
100	0.04	0.07	눈금값이며, 단위는 mm임.)
150	0.04	0.07	
200	0.04	0.08	
300	0.05	0.08	, 끝.

교정성적서 진위확인 담당자 : 김 병 석

TEC-CP-18-02(01)

교 정 성 적 서

위드캘(주) 경기도 성남시 중원구 사기막골로 45번길 14 A-1408(상대원동) Tel : 031)8018-2939　　　　Fax : 031)8018-2940	성적서번호 WC-20-4082 페이지 (1) / (총2)	

1. 의뢰자

　기관명: ㈜에프씨코리아랜드

　주 소: 서울특별시 영등포구 양산로 57-5 (양평동3가, 양평동 이노플렉스) 1304호

2. 측정기

기기명 :　　　　전기식지시저울

제작회사 및 형식 :　CAS / CD-V1

기기번호 :　　　　1801234

3. 교정일자　　　2020년 12월 16일

4. 교정환경

　　　　　　온 도:　(5.3 ± 0.3) ℃　　　　　습 도:　(39 ± 2) % R.H.

　　　교정장소:　□ 고정표준실　　　□ 이동교정　　　■ 현장교정

　　　(주소 : 경기도 평택시 안중읍 성해1길 21, 하이원플러스 C동)

5. 측정표준의 소급성

교정방법 및 소급성

상기 기기는 전기식 지시 저울의 표준교정절차(WC-I-20109)에 따라 국가측정표준기관으로부터 측정의 소급성이
확보된 아래의 표준장비를 이용하여 교정되었음.

교정에 사용한 표준장비 명세

기기명	제작회사 및 형식	기기번호	차기교정예정일자	교정기관
표준분동	종로계기산업(주) / F1급(1 mg ~ 20 kg)	00-0195	2021.7.11	㈜카스

6. 교정결과 : 교정결과 참조

7. 측정불확도 : 교정결과 참조

확 인	작 성 자 성 명 : 이　성　국　（서명）	승 인 자 직 위 :　기술책임자(정) 성 명 : 김　상　옥　（서명）

위 성적서는 국제시험기관인정협력체(International Laboratory Accreditation Cooperation) 상호인정협정
(Mutual Recognition Arrangement)에 서명한 한국인정기구(KOLAS)로부터 공인받은 분야의 교정결과입니다.

2020년 12월 16일

한국인정기구 인정 위드캘(주) 대표이사 (인)

(주1) 이 성적서는 측정기의 정밀정확도에 영향을 미치는 요소(과부하, 온도, 습도 등)의 급격한 변화가 발생한 경우에는 무효가 됩니다.
(주2) 당 기관의 승인없이 전체 중 일부만 복제되어 사용한 결과에 대해서 보증할 수 없음을 명시합니다.

WC-P-0116-01　　　　　　　　　　　　　　　　　　　　　　　　　　　　　　A4(210 × 297) mm

교 정 결 과

성적서번호(Cer. No.) : WC-20-4082   페이지 (2) / (총2)

---

* 기기명 :   전기식지시저울

* 최대용량 :   600 g

* 분해능   :   0.01 g

* 편심오차 :   0.00 g(전)   0.00 g(후)
   300 g 시   -0.01 g(좌)   0.01 g(우)

* 직선성 :

저울지시값 (g)	표준분동의 상용질량값 (g)	보정값 (g)
0.00	0.00	0.00
150.00	150.01	0.01
300.00	300.01	0.01
450.00	450.02	0.02
600.00	600.03	0.03

보정값 = 표준분동의 상용질량값 − 저울지시값

측정불확도(신뢰수준 약 95 %, k = 2)   0.02 g   "끝"

* 이 성적서의 진위확인은 http://withcal.ipdisk.co.kr:14675 에서 확인하실 수 있으며 유선상으로 ID와 비밀
번호를 부여 받으셔야 합니다.

* 교정대상 및 주기설정을 위한 지침(KOLAS-G-013) 관련주기: 12 개월

WC-P-0116-02   A4(210 × 297) mm

교 정 성 적 서

㈜한국공업기술원

인천광역시 남동구 남동동로 84

성적서번호 : 20-09459-1

Tel : 032)814-5483~4. Fax : 032)814-5485　　페이지 (1) / (총 2)

1. 의 뢰 자
　기 관 명 :　㈜에프씨코리아랜드
　주　　소 :　서울특별시 영등포구 양산로 57-5, 1304호(양평동3가, 이노플렉스)

2. 측 정 기
　기 기 명 :　전기식 지시 저울
　제작회사 및 형식 :　KETT / 80 g
　기 기 번 호 :　BJH0380

3. 교 정 일 자 :　2020. 11. 19.　　　　접수일자:　　2020. 11. 18.

4. 교 정 환 경
　온　　도 :　(20.5 ± 0.2) ℃　　　습　　도 :　(49 ± 3) % R.H.
　교 정 장 소 :　■ 고정 표준실　　□ 이동 교정　　　□ 현장 교정
　(주　소 :　인천광역시 남동구 남동동로 84)

5. 측정표준의 소급성
　위 기기는 ㈜한국공업기술원 발행 전기식 지시 저울의 교정지침서(KITI-QI-M-01)에 따라 국가측정
　표준기관으로부터 SI단위로 소급성이 유지된 아래의 표준기를 사용하여 교정되었음.

교정에 사용한 표준장비 명세

기기명	제작회사 및 형식	기기번호	차기교정예정일자	교정기관
분 동	대도계기,1 mg~20 kg(F1)	14-02	2022. 04. 26.	㈜한국공업기술원

6. 교 정 결 과 : 교정결과 참조
7. 측 정 불 확 도 : 교정결과 참조

확 인	작 성 자		승 인 자	
	성　명 :　정재환		직　위 :　기술책임자	
			성　명 :　송병용	

위 성적서는 국제시험기관인정협력체(International Laboratory Accreditation Cooperation) 상호
인정협정(Mutual Recognition Arrangement)에 서명한 한국인정기구(KOLAS)로부터 공인받은
분야의 교정결과 입니다.

2020. 11. 19.

한국인정기구 인정

㈜한국공업기술원 대표이사

(주) 이 성적서는 측정기의 정밀정확도에 영향을 미치는 요소(과부하,온도,습도 등)의 　　　가 발생한 경우에는
무효가 됩니다.

QP-15-01 1/2(0)　　　　　　　　　　　　　　　　　　　　　　　A4 (210 × 297)

이 성적서의 진위확인은 홈페이지 게시판(kitical.co.kr) 또는 고객센터(032-814-5483/4)로 연락하여 주십시오

KITI

교 정 결 과

성적서번호 : 20-09459-1　　　　　　페이지 (2) / (총 2)

▷ 기 기 명 :　전기식 지시 저울

▷ 제작회사 및 형식 :　KETT　/　80 g

▷ 기기번호 :　BJH0380

▷ 최대용량 :　　80 g

▷ 해 독 도 :　　0.005 g

1. 편심오차 : (전, 후, 좌, 우)값 - 중앙값　　　　(40 g)

구 분	전	후	좌	우
편 심 오 차 (g)	-0.005	0.010	0.005	0.000

2. 직선성 시험

저울의 지시값 (g)	표준분동의 상용질량값 (g)	보정값 (g)	측정불확도 (신뢰수준 약 95 %, $k = 2$)
0.000	0.000	0.000	
20.000	20.000	0.000	
40.000	40.005	0.005	0.006 g
60.000	60.000	0.000	
80.000	80.000	0.000	

* 보정값 = 표준분동의 상용질량값 - 저울의 지시값

끝.

KOLAS 공인교정기관 지정제도 운영요령 제 40조 관련주기 : 12개월

QP-15-01 2/2(0)　　　　　　　　　　　　　　　　　A4 (210 × 297)

이 성적서의 진위확인은 홈페이지 게시판(kitical.co.kr) 또는 고객센터(032-814-5483/4)로 연락하여 주십시오

교정성적서
CALIBRATION CERTIFICATE

성적서번호(Certificate No) : 201217AE30

관리번호(Control No) : GLQ9-AC7631

경기도 화성시 동탄첨단산업2로 72

Tel:031-379-5114, Fax:031-379-5115

페이지 (1) / (총 2)

1. 의뢰자 (Client)
기관명 (Name)　　:(주)에프씨코리아랜드

주　소 (Address)　:서울특별시 영등포구 양산로 57-5, 1304 (양평동3가, 이노플렉스)

2. 측정기 (Calibration Subject)
기기명 (Description)　　　:VISCOMETER

제작회사 및 형식 (Manufacture & Model Name)　: CAS　/　CL-L1

기기번호 (Serial Number) : 1807021

3. 교정일자 (Date of Calibration)　　　:2020. 12. 18

4. 교정환경 (Environment Conditions)
온　도 (Temperature)　:(20.6 ± 0.3) ℃　　　　습도(Humidity)　　　　　:(43 ± 3) % R.H.

교정장소 (Location)　:■ 고정표준실(Perm. Lab.)　□ 이동교정(Mobile Lab.)　□ 현장교정(On Site Calibration)

(주소 : 경기도 화성시 동탄첨단산업2로 72)

5. 측정표준의 소급성 (Traceability)
교정방법 및 소급성 서술 (Calibration method and /or brief description) :

상기 기기는 절대점도계; 회전형점도계의 교정절차서(SICT-CP-20802)에 따라 국가측정표준기관으로부터
측정의 소급성이 확보된 아래의 표준장비를 이용하여 교정되었음.

교정에 사용된 표준장비 명세 (List of used standards/specifications)

기기명 Description	제작회사 및 형식 Manufacture and Model	기기번호 Serial Number	차기교정예정일자 The due date of next Cal.	교정기관 Calibration Lab.
STANDARD VISCOSITY	JAIN / KS 10000	200718KS10000V099	2022. 09. 17	자인(주)
WATER BATH	JULABO / ME-31A	10131346	2021. 10. 23	교정기술원(주)
PRECISION THERMOMETER	CE / CTR2000-024	012028/07	2021. 11. 26	교정기술원(주)

6. 교정결과 (Calibration Results)　　　　　:　교정결과 참조 (Refer attached file)
7. 측정불확도 (Measurement Uncertainty)　　:　교정결과 참조 (Refer attached file)

확인 (Affirmation)	작성자 (Measurements performed by)	승인자 (Approved by)
	연락처 (Tel No.) : 031-379-5135	직위 (Title)　: 기술책임자(정)
	성명 (Name) : 박영규	성명 (Name) : 임상국

위 성적서는 국제시험기관인정협력체(International Laboratory Accreditation Cooperation) 상호인정협정(Mutual Recognition Arrangement) 에
서명한 한국인정기구(KOLAS)로부터 공인받은 분야의 교정결과입니다.
(The above calibration certificate is the accredited calibration items by Korea Laboratory Accreditation Scheme, which signed
the ILAC-MRA)

2020년 12월 21일

한국인정기구 인정

Accredited by KOLAS, Republic of Korea

교정기술원㈜ 대표이사
Institute of Calibration & Technology Co., Ltd.

㈜ 이 성적서는 측정기의 정밀정확도에 영향을 미치는 요소(과부하,온도,습도 등)의 급격한 변화가 발생한 경우에는 무효가 됩니다.
(Note) If any significant instability or other adverse factor(overload,temperature,humidity etc.) manifests itself before, during or
after calibration, it is likely to affect the validity of the calibration.

SICT-QP-15-01K(Rev.0)　　위변조 확인 코드 : 5FCF-8397-0AC2-D302-6069-277B-8901-0558

교 정 결 과
CALIBRATION RESULTS

성적서번호 : 201217AE30
모　　델 : CL-L1

교 정 일 자 : 2020. 12. 18
차기교정예정일자 : 2021. 12. 18

1. 점도 시험

※ 스핀들 번호 : 4
※ 회전수 : 12 r/min
※ 점도 표준액 : KS 10000

※ 측정온도 : 20.05 ℃ ± 0.02 ℃
※ 측정시료컵 : 500 mL Beaker

Unit : cP

측정횟수	기준값	지시값	평균지시값	보정계수	평균보정계수	측정불확도
1		10 390		1.017		
2		10 392		1.017		
3	10 568.68	10 388	10 391.2	1.017	1.017	2.3×10^{-2}
4		10 394		1.017		
5		10 392		1.017		

※ 스핀들 번호 : 4
※ 회전수 : 30 r/min
※ 점도 표준액 : KS 10000

※ 측정온도 : 20.04 ℃ ± 0.02 ℃
※ 측정시료컵 : 500 mL Beaker

Unit : cP

측정횟수	기준값	지시값	평균지시값	보정계수	평균보정계수	측정불확도
1		10 332		1.024		
2		10 338		1.023		
3	10 578.92	10 336	10 335.0	1.024	1.024	2.3×10^{-2}
4		10 335		1.024		
5		10 334		1.024		

※ Measurement Uncertainty(측정불확도)

The reported expanded uncertainty is based on a standard uncertainty multiplied by a coverage factor $k = 2$, providing a level of confidence of approximately 95 %.(신뢰수준 약 95 %. $k = 2$)

끝.

교 정 성 적 서

위드캘(주) 경기도 성남시 중원구 사기막골로 45번길 14 A-1408(상대원동) Tel : 031)8018-2939　　　Fax : 031)8018-2940	성적서번호 WC-20-4083 페이지 (1) / (총2)	

1. 의뢰자

기관명: ㈜에프씨코리아랜드

주 소: 서울특별시 영등포구 양산로 57-5 (양평동3가, 양평동 이노플렉스) 1304호

2. 측정기

기기명 : 　　　전기식지시저울

제작회사 및 형식: 　CAS / CUW4200HX

기기번호 : 　　　D619400156

3. 교정일자　　2020년 12월 16일

4. 교정환경

온 도 : 　(5.3 ± 0.3) ℃　　　　　　　습 도: (39 ± 2) % R.H.

교정장소 : 　　□ 고정표준실　　　　□ 이동교정　　　■ 현장교정

(주소 : 경기도 평택시 안중읍 성해1길 21, 하이원플러스 C동)

5. 측정표준의 소급성

교정방법 및 소급성

상기 기기는 전기식 지시 저울의 표준교정절차(WC-I-20109)에 따라 국가측정표준기관으로부터 측정의 소급성이
확보된 아래의 표준장비를 이용하여 교정되었음.

교정에 사용한 표준장비 명세

기기명	제작회사 및 형식	기기번호	차기교정예정일자	교정기관
표준분동	종로계기산업(주) / F1급(1 mg ~ 20 kg)	00-0195	2021.7.11	㈜카스

6. 교정결과 : 교정결과 참조

7. 측정불확도 : 교정결과 참조

확 인	작 성 자	승 인 자
	성 명 : 이　성　국　　(서명)	직 위 : 기술책임자(정) 성 명 : 김　상　우　　(서명)

위 성적서는 국제시험기관인정협력체(International Laboratory Accreditation Cooperation) 상호인정협정
(Mutual Recognition Arrangement)에 서명한 한국인정기구(KOLAS)로부터 공인받은 분야의 교정결과입니다.

2020년 12월 16일

한국인정기구 인정 **위드캘(주) 대표이사**

(주1) 이 성적서는 측정기의 정밀정확도에 영향을 미치는 요소(과부하, 온도, 습도 등)의 급격한 변화가 발생한 경우에는 무효가 됩니다.

(주2) 당 기관의 승인없이 전체 중 일부만 복제되어 사용한 결과에 대해서는 보증할 수 없음을 명시합니다.

WC-P-0116-01　　　　　　　　　　　　　　　　　　　　　　　　　　　　A4(210 × 297) mm

교 정 결 과

성적서번호(Cer. No.) : WC-20-4083   페이지 (2) / (총2)

---

* 기기명 :   전기식지시저울

* 최대용량 :   4.2 kg

* 분해능 :   0.01 g

* 편심오차 :   -0.01 g(전)   0.02 g(후)
  2 kg 시   0.04 g(좌)   -0.01 g(우)

* 직선성 :

저울지시값 (g)	표준분동의 상용질량값 (g)	보정값 (g)
0.00	0.00	0.00
1 000.00	999.99	-0.01
2 000.00	2 000.00	0.00
3 000.00	2 999.99	-0.01
4 000.00	3 999.97	-0.03

보정값 = 표준분동의 상용질량값 - 저울지시값

측정불확도(신뢰수준 약 95 %, $k = 2$)   0.02 g   "끝"

* 이 성적서의 진위확인은 http://withcal.ipdisk.co.kr:14675 에서 확인하실 수 있으며 유선상으로 ID와 비밀
번호를 부여 받으셔야 합니다.

* 교정대상 및 주기설정을 위한 지침(KOLAS-G-013) 관련주기: 12 개월

WC-P-0116-02   A4(210 × 297) mm

교 정 성 적 서

㈜경도하이텍	성적서 번호 : 20-0532-3		
경기도 시흥시 경기과기대로 219, 712호 (정왕동, 길산에스에스티지식산업센터) TEL : 031-8063-4221.2, FAX : 031-8063-4220 www.kdht.co.kr	페이지(1) / (총 2)		

1. 의 뢰 자

    기 관 명 :   FC코리아랜드

    주   소 :   경기도 평택시 안중읍 성해길 21 C동

2. 측 정 기

    기 기 명 :   인장 및 압축시험기

    제작회사 및 형식 :   TEST ONE / Unitest M1-100 kgf

    기기번호 :   2020-093

3. 교정일자 :   2020. 09. 10.

4. 교정환경

    온   도 :   (23.1 ± 0.3) ℃   습   도 :   (56 ± 1) % R.H.

    교정장소 : □ 고정표준실   □ 이동교정   ■ 현장교정

    주   소 :   경기도 시흥시 엠티브이28로 58번길 3, 21동

5. 측정표준의 소급성

    교정방법 및 소급성 서술

    상기 기기는 인장 및 압축시험기의 교정지침서(KDHT-CG-20203)에 따라 국가측정표준대표기관
    (KRISS)으로 부터 소급성이 확보된 아래 표준기를 사용하여 비교 교정되었다.

    교정에 사용된 표준장비 명세

기기명	제작회사 및 형식	기기번호	차기교정 예정 일자	교정기관
전기식 힘측정기	KOLAS / U3B(1 kN)	C9K1005	2021. 07. 21.	㈜표준교정기술원

6. 교정결과 : 교정결과 참조

7. 측정불확도 : 교정결과 참조

확인	작성자 성 명 : 노기섭　(서명)		승인자 직 위 : 기술책임자 성 명 : 송주현　(서명)	

   위 성적서는 국제시험기관인정협력체(International Laboratory Accreditation Cooperation) 상호인
정협정(Mutual Recognition Arrangement)에 서명한 한국인정기구(KOLAS)로 부터 공인받은 분야의 교
정결과입니다.

2020. 09. 11.

한국인정기구 인정　㈜경도하이텍 대표이사 (인)

   (주) 이 성적서는 측정기의 정밀정확도에 영향을 미치는 요소(과부하, 온도, 습도 등)의 급격한 변화
가 발생할 경우에는 무효가 됩니다.

KDHT-QP-708-01

G4B(www.g4b.go.kr)진위확인코드 : bva+/m5B2Qw=

교 정 결 과

㈜경도하이텍

경기도 시흥시 경기과기대로 219, 712호
(정왕동, 길산에스에스티지식산업센터)
TEL : 031-8063-4221.2, FAX : 031-8063-4220
www.kdht.co.kr

성적서 번호 : 20-0532-3

페이지(2) / (총 2)

압축 교정

지시하중 (N)	기준하중 (N)	상대지시 오차 (%)	상대측정불확도 (%)	상대반복도 오차 (%)	상대영점 오차 (%)	등급
0.0	0.00	0.00	0.00	0.00	0.00	-
200.0	199.98	0.01	0.15	0.05	0.00	1
400.0	399.56	0.11	0.15	0.05	0.00	1
600.0	598.83	0.19	0.15	0.07	0.00	1
800.0	797.62	0.30	0.15	0.09	0.00	1
900.0	897.08	0.33	0.15	0.04	0.00	1

1. 시험기의 분해능 : 0.098 N

2. KDHT-CG-20203 에 따라 상대지시오차, 상대측정불확도(신뢰수준 약 95 %, k=2),
   상대반복도 오차, 상대 영점오차를 계산하였다.

3. 지시하중은 시험기의 하중임. 끝.

KDHT-QP-708-02

G4B(www.g4b.go.kr)진위확인코드 : bva+/m5B2Qw=

교 정 성 적 서
CALIBRATION CERTIFICATE

성적서번호(Certificate No) : 201231AO24

관 리 번 호(Control No) : GLQ9-AC9148

경기도 화성시 동탄첨단산업2로 72

Tel:031-379-5114, Fax:031-379-5115

페이지 (1) / (총 3)

1. 의 뢰 자 (Client)

기 관 명 (Name) : (주)에프씨코리아랜드

주 소 (Address) : 서울특별시 영등포구 양산로 57-5, 1304 (양평동3가, 이노플렉스)

2. 측 정 기 (Calibration Subject)

기 기 명 (Description) : DRY OVEN

제작회사 및 형식 (Manufacture & Model Name) : DAEHAN / THERMOSTABLE ON-50

기기번호 (Serial Number) : 10001251750007

3. 교정일자 (Date of Calibration) : 2021. 01. 04

4. 교정환경 (Environment Conditions)

온 도 (Temperature) : (23.5 ± 0.5) ℃   습도(Humidity) : (48 ± 3) % R.H.

교정장소 (Location) : ■ 고정표준실(Perm. Lab.)   □ 이동교정(Mobile Lab.)   □ 현장교정(On Site Calibration)

(주소 : 경기도 화성시 동탄첨단산업2로 72)

5. 측정표준의 소급성 (Traceability)

교정방법 및 소급성 서술 (Calibration method and /or brief description) :

상기 기기는 온도발생장치; 오븐, 전기로, 액체항온조, 빙점조, 드라이블럭교정기의 교정절차서
(SICT-CP-50101)에 따라 국가측정표준기관으로부터 측정의 소급성이 확보된 아래의 표준장비를
이용하여 교정되었음.

교정에 사용된 표준장비 명세 (List of used standards/specifications)

기기명 Description	제작회사 및 형식 Manufacture and Model	기기번호 Serial Number	차기교정예정일자 The due date of next Cal.	교정기관 Calibration Lab.
MIDI LOGGER	GRAPHTEC / GL820	H41277471	2021. 11. 22	교정기술원(주)

6. 교정결과 (Calibration Results) : 교정결과 참조 (Refer attached file)

7. 측정불확도 (Measurement Uncertainty) : 교정결과 참조 (Refer attached file)

확 인 (Affirmation)	작성자 (Measurements performed by)	승 인 자 (Approved by)
	연락처 (Tel No.) : 031-379-5172 허성욱	직 위 (Title) : 기술책임자(정)
	성 명 (Name) : 허성욱	성 명 (Name) : 김남호

위 성적서는 국제시험기관인정협력체(International Laboratory Accreditation Cooperation) 상호인정협정(Mutual Recognition Arrangement) 에
서명한 한국인정기구(KOLAS)로부터 공인받은 분야의 교정결과입니다.
(The above calibration certificate is the accredited calibration items by Korea Laboratory Accreditation Scheme, which signed
the ILAC-MRA)

2021년 01월 05일

한국인정기구 인정

Accredited by KOLAS, Republic of Korea

교정기술원㈜ 대표이사

Institute of Calibration & Technology Co., Ltd.

㈜ 이 성적서는 측정기의 정밀정확도에 영향을 미치는 요소(과부하,온도,습도 등)의 급격한 변화가 발생한 경우에는 무효가 됩니다.
(Note) If any significant instability or other adverse factor(overload,temperature,humidity etc.) manifests itself before, during or
after calibration, it is likely to affect the validity of the calibration.

SICT-QP-15-01K(Rev.0)   위변조 확인 코드 - 44C3-8259-D6D1-58DB-D503-7F9C-DB83-B3A9

Institute of Calibration & Technology Co.,Ltd.

교 정 결 과
CALIBRATION RESULTS

성적서번호 : 201231AO24
모   델 : THERMOSTABLE ON-50

교 정 일 자 : 2021. 01. 04
차기교정예정일자 : 2022. 01. 04

1. Temperature

1-1. Temperature Accuracy

Setting Value	Indication	Measured Value	Correction	Measurement Uncertainty
50 ℃	50 ℃	50.1 ℃	0.1 ℃	1.0 ℃
105 ℃	105 ℃	105.3 ℃	0.3 ℃	1.0 ℃
120 ℃	120 ℃	119.6 ℃	-0.4 ℃	1.0 ℃

1-2. Temperature Fluctuation & Uniformity

Setting Value	Measured Value	Fluctuation (±)	Uniformity	
			Variation in space	Gradient (±)
50 ℃	50.1 ℃	0.4 ℃	0.3 ℃	0.2 ℃
105 ℃	105.3 ℃	0.6 ℃	0.3 ℃	0.3 ℃
120 ℃	119.6 ℃	0.5 ℃	0.5 ℃	0.4 ℃

1-3. Temperature Trend Line

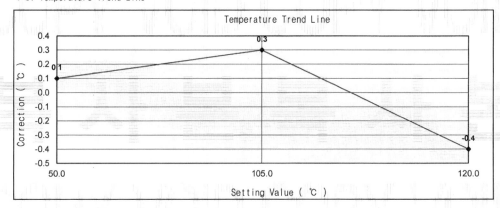

※ KOLAS 공인교정기관 지정제도 운영요령 제40조 관련주기 : 12 개월
위변조 확인 코드 : 44C3-8259-D6D1-58DB-D503-7F9C-DB83-B3A9

SICT-QP-15-02K(Rev.0)

Institute of Calibration & Technology Co.,Ltd.

교 정 결 과
CALIBRATION RESULTS

성적서번호 : 201231AO24
모   델 : THERMOSTABLE ON-50

교 정 일 자 : 2021. 01. 04
차기교정예정일자 : 2022. 01. 04

※ Measurement conditions and Method ※

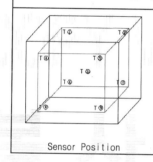

Sensor Position

1. Accuracy
시험조의 설정온도와 유효공간내의 중심(T1)에서의 온도 편차로 확인.
2. Fluctuation
유효공간내에서의 개소에 위치한 온도검출기(T1 ~ T9)에서 얻어진 온도변동중
그 최대치로 확인.
3. Gradient
유효공간내에 있는 위치(T1 ~ T9)의 차이에 의한 평균온도차의 최대치로 확인.
4. Variation
유효공간내의 중심(T1)의 온도와 다른 임의의 점(T2 ~ T9)에서의 평균온도
차의 최대치로 확인.

※ Measurement Uncertainty(측정불확도)

The reported expanded uncertainty is based on a standard uncertainty multiplied by a coverage factor $k = 2$, providing a level of confidence of approximately 95 %.(신뢰수준 약 95 %. $k = 2$)

끝.

SAMDUK

교 정 성 적 서
CALIBRATION CERTIFICATE

교정필증
Calibration Label
① 성적서번호 V21-327-1452
② 교정일자 2021.05.14

주식회사 삼덕과학

경기도 구리시 동구릉로459번길 56-10
Tel : 031)563-3590 Fax : 031)563-4665
http://www.samduk-lab.com

성적서번호 : V21-327-1452
Certificate No.

페이지 (1) / (1)
Page of Page

1. 의 뢰 자 : · 기관명 (Name) : ㈜에프씨코리아랜드
   (Client)   · 주 소 (Address) : 서울특별시 영등포구 양산로 57-5, 1304호(양평동3가, 이노플렉스)
2. 측 정 기 : · 기기명 (Description) : 비중병(Density cup)
   (Cal. Subject) · 제작회사 및 형식 (Manufacturer & Model Name) : Sol Tec / 100 ml
              · 기기번호 (Serial No.) : 38744
3. 교정일자 (Date of Calibration) : 2021년 5월 14일
4. 교정환경 (Environment) :
   · 온도(Temperature) : (20.0 ± 0.1) ℃   · 습도(Humidity) : (51 ± 1) % R.H.
   · 교정장소 (Location) : ■ 고정표준실(Samduk Lab.) □ 이동표준실(Mobile Lab.) □ 현장교정(On Site Calibration)
        (주소 : 경기도 구리시 동구릉로459번길 56-10)
5. 측정표준의 소급성 (Traceability)
   상기 기기는 비중병의 교정지침(SAMDUK-QI-V-09)에 따라 국가측정표준기관으로부터 소급성이 유지된 표준기를 사용하여
   수용부피(Containment Volume)로 교정 되었음.

   교정에 사용한 표준장비 명세(List of used standards /specifications)

기기명	제작회사 및 형식		기기번호	차기교정예정일자	교정기관
순수	㈜휴먼코퍼레이션	0.01 mS/m	HM-1100217 -703C	2023. 02. 01.	KRISS
표준분동	Mettler Toledo	1 mg~5 kg / E_2	158830	2021. 09. 06.	한국산업기술시험원
전기식지시저울	Mettler Toledo	6 kg / 0.01 g	P-11485	2023. 02. 10.	㈜씨엔티산업기술원
유리제 온도계	대광	(0 ~ 50) ℃	65484	2021. 12. 30.	㈜씨엔티산업기술원

6. 교정결과 (Calibration Results) :   단위(unit) : ml

측정눈금값 (Scale reading)	실부피값 (Measured value)	보정값 (Correction)	참고사항 (Remark)
100	100.059	0.059	*기준온도 : 20 ℃ *부피팽창계수 : 0.000 045 / K

7. 측정불확도 (Measurement Uncertainty) :   0.031 ml (신뢰수준 약 95 %, $k=2$)

확 인 (Affirmation)	작 성 자 (Measurements performed by) 성 명 (Name) : 장숙희	승 인 자 (Approved by) 직 위(Title) : 기 술 책 임 자 (정) 성 명(Name) : 이형진

위 성적서는 국제시험기관인정협력체(International Laboratory Accreditation Cooperation) 상호인정협정(Mutual Recognition Arrangement)에 서명한 한국인정기구(KOLAS)로부터 공인받은 분야의 교정결과입니다.

2021년 5월 14일

한국인정기구 인정
Accredited by KOLAS, Republic of KOREA

주식회사 삼덕과학 대표이사
SAMDUK SCIENCE CO., LTD.

주1. 이 성적서는 측정기의 정밀정확도에 영향을 미치는 요소(과부하,온도,습도 등)의 급격한 변화가 발생할 경우에는 무효가 됩니다.
  2. 국가교정기관지정제도운영요령 제40조에 따라 본 교정에 대한 권장주기는 36개월 입니다.
  3. 진위확인 담당자 : 조성진(070-8767-5995)

SAMDUK-QP-15-01(00)

6. 소비자보호 및 환경·자원관리

6.1 불만처리 [핵심]

[첨부양식 1]

불만 접수 및 처리 보고서			결재	담당	팀장	대표이사
번호	FC-X-01		**접수일**	2020. 09. 15.		
접수	거래처 및 현장	속초 교동초등학교				
	품명	투수성 코르크 바닥 포장재				
	규격	포설형 15T				
	수량	약 100 cm				
불만내용	포장재 표면 크랙 발생					
		보수 전		보수 후		
불만신고자	성명			**전화번호**	033-637-7221	
원인분석	시공 중 갑작스러운 우천에 의한 작업 중단 구역에서 실크랙 발생 영업/생산팀 : 한상용 (확인)					
고객의 요구	실크랙 보수 요청					
재발 방지 대책	갑작스러운 기상 변화를 포함한 돌발 상황에 따른 시공 중단 후 작업 재개 시 중단 구역에 대한 철저한 점검 실시					
	팀별 참가자	관리		영업/생산	품질관리	
	성명	정창교		한상용	성세경	
비고						

불만 처리 통지서

회사명 : ㈜에프씨코리아랜드

전 화 : 02-3141-1174

속초 교동초등학교장 귀하

귀하께서 제출하신 불만 신고에 대하여 다음과 같이 처리되었음을 통보합니다.

불만내용	포장재 표면 실크랙				
불만신고일	2020. 09. 15.		처리일		2020. 09. 17.
품명	투수성 코르크 바닥 포장재	규격 및 호칭	포설형 15T	수량	약 100 cm
처리결정	 보수 전		 보수 후		☆ 보상되지 않음 ☆ 교　환 ☆ 감　가 ☆ 제 품 보 상 ★ 보　수
발생원인	시공 중 갑작스러운 우천에 의한 작업 중단 구역에서 실크랙 발생				★ 사내의 결함 ☆ 외주의 결함 ☆ 판매자의 결함 ☆ 수송자의 결함 ☆ 고객의 결함
재발방지대책	갑작스러운 기상 변화를 포함한 돌발 상황에 따른 시공 중단 후 작업 재개 시 중단 구역에 대한 철저한 점검 실시				
기타					

소비자 설문 조사서

작성일 : 2020년 9월 17일

현장명	속초 교동초등학교		
시공회사	㈜에프씨코리아랜드 (TEL) 02-3141-1174		
품명	투수성 코르크 바닥 포장재	규격 및 호칭	포설형 15T
사용기간	2020 년 8 월 24 일 부터 2020 년 9 월 17 일 까지		

〈설 문 사 항〉

1. 당사 품질에 대한 의견

2. 당사 납품 상황에 대한 의견

3. 당사 협조사항

4. 당사에 대한 건의사항

※ 본 설문지는 당사 품질관리 및 출하관리에 참고하고자 하오니 상세한 사항을 기재하여 주시기 바랍니다.

시정 및 예방조치 요구서			결재	담당	팀장	대표이사

관리번호	FC-S-01	요구팀	품질관리
발행일자	2020. 09. 15.	관련문서	불만 접수 및 처리보고서(FC-X-01)
조치팀	영업/생산	회신기한	2020년 9월 28일 까지

부적합 내용	시공현장 실크랙 보수 요청
작성자	장재혁
발생원인	시공 중 갑작스러운 우천에 의한 작업 중단 구역에서 실크랙 발생

시정 및 예방 조치방안 (재발방지대책)	예정일자	조치내용
	2020. 09. 17.	갑작스러운 기상 이변 등 돌발 상황에 따른 시공 중단 후 작업 재개 시 중단 구역에 대한 철저한 점검 실시 예정

시정 및 예방 책임자	한상용
시정 및 예방조치결과	현장 보수 완료 확인자 : 한 상 용 (확인)

시정 및 예방조치 요구서		결재	담당	팀장	대표이사

관리번호	FC-S-02	요구팀	영업/생산
발행일자	2020. 10. 16.	관련문서	내부품질감사 보고서
조치팀	관리	회신기한	2020년 10월 29일 까지

부적합 내용	당초 계획 대비 교육훈련 미실시
작성자	한상용
발생원인	코로나19로 인한 정부 방침에 따라 계획된 교육 취소

시정 및 예방 조치방안 (재발방지대책)	예정일자	조치내용
	2020. 10. 29.	"목재제품 관리제도(박종영 저, 한국임업진흥원)" 전문서적 독서로 교육 대체 (교육 취소 시 비대면 대체 교육자료 상시 구비)

시정 및 예방 책임자	정창교
시정 및 예방조치결과	전문서적 독서로 교육 대체 완료 확인자 : 한 상 용 (확인)

		결재	담당	팀장	대표이사
시정 및 예방조치 요구서					

관리번호	FC-S-03	요구팀	품질관리		
발행일자	2020. 10. 16.	관련문서	내부품질감사 보고서		
조치팀	영업/생산	회신기한	2020년 10월 29일 까지		

부적합 내용	윤활 관리 점검 기록 작성 누락
작성자	한상용
발생원인	작업자 실수에 의한 교반기 및 열 롤러의 윤활 급유 작성 누락

시정 및 예방 조치방안 (재발방지대책)	예정일자	조치내용
	2020. 10. 29.	윤활관리 점검 기록표 작성 철저 및 보완 작성 (매주 금요일 점검일지 자체 확인)

시정 및 예방 책임자	한상용
시정 및 예방조치결과	윤활과리 점검 기록표 작성 완료 확인자 : 성 세 경 (확인)

[첨부양식 1]

시정 및 예방조치 요구서	결재	담당	팀장	대표이사

관리번호	FC-S-04	요구팀	관리
발행일자	2020. 10. 16.	관련문서	내부품질감사 보고서
조치팀	품질관리	회신기한	2020년 10월 29일 까지
부적합 내용	인장시험기 교정검사 성적서 편철 누락		
작성자	정창교		
발생원인	관리자 실수에 의한 8월 신규 구매한 인장시험기의 교정검사 성적서 편철 누락		

시정 및 예방 조치방안 (재발방지대책)	예정일자	조치내용
	2020. 10. 29.	교정성적서 편철 관리 철저 및 시정조치 (설비 신규 도입 시 관련문서 관리 철저)
시정 및 예방 책임자	장재혁	
시정 및 예방조치결과	전문서적 독서로 교육 대체 완료 확인자 : 정 창 교 (확인)	

시정 및 예방 조치 관리대장

NO.	관리번호	발행일자	시정·예방 조치 실시팀	부적합내용	시정·예방 조치 요구일자	시정·예방 조치 완료일자	유효성 확인		비 고
							만족	불만족	
1	FC-S-01	2020.09.15.	영업/생산	시공현장 싱크홀 발생	2020.09.15.	2020.09.17.	●		
2	FC-S-02	2020.10.16.	관리	당초 계획 대비 교육훈련 미실시	2020.10.16.	2020.10.29.	●		
3	FC-S-03	2020.10.16.	영업/생산	운활 관리 점검 기록 작성 누락	2020.10.16.	2020.10.29.	●		
4	FC-S-04	2020.10.16.	품질관리	교정검사 성적서 편철 누락	2020.10.16.	2020.10.29.	●		

PL 자가진단 CHECK-LIST

구분	PL 관련 주요 업무 내용
제조·검사	① 안전작업의 표준 작성과 교육, 훈련( ) ② 중요안전부품의 확인 및 PS(제품안전)에 관련된 표준작업의 철저( ) ③ 치명적 결함제품의 배제, (설계 부적합품 생산의 배제)( ) ④ 계기, 설치공구, 생산설비 등의 유지관리 철저( ) ⑤ 협력회사 현장의 정기적인 지도와 감사( ) ⑥ 적절한 검사 방법, 검사 시험장비의 도입 및 관리( ) ⑦ 관리표준에 의한 품질관리의 철저 및 부적합품 유출방지의 관리( ) ⑧ 제조기록, 품질관리기록의 보존( ) ⑨ 부적합률 감소 프로그램의 도입·운영 ( ) ⑩ 제품안전성확보를 위한 작업환경( )
품질보증	① 제품안전기준의 설정과 관리( ) ② 안전성·신뢰성의 평가 및 심사( ) ③ 시장품질 정보의 수집, 분석과 설계·제조부문에 대한 Feed back( ) ④ 고장해석과 그 개선결과의 확인( ) ⑤ 안전관계문서·기록의 보존과 일원화 관리(Filing System운영)( ) ⑥ 경고·표시류의 안전성 표시사항의 심사와 확인( ) ⑦ 내부 PS감사 체크리스트의 작성 및 실행( )
포장.보관. 물류(수송)	① 안전성을 확보하는 확실한 보관과 화물취급(물류)( ) ② 제품의 오염·변질 방지 대책의 수립( ) ③ 보관·수송시 위험발생 요인의 제거( ) ④ 포장·보관·수송의 관련 법규의 준수( ) ⑤ 물류정보의 공장부문에 대한 Feed Back( )
판매영업	① 소비자에 대한 정확한 상품정보 제공과 오사용 방지의 설명( ) ② 시장품질정보 및 판매·영업정보의 공장부문에 대한 Feed Back( ) ③ 제품진열시의 안전성확보( ) ④ 폐기시 안정성확보를 위한 홍보( ) ⑤ 안전에 관한 영업사원 교육( ) ⑥ 계약서상의 PL대응방안의 강구( )
설 치	① 설치공사에 관한 작업지시서의 안전사항 확인과 작업자에 대한 관리 철저( ) ② 위탁업자의 선정과 지도( ) ③ 제품설치시 안전대책의 강구 및 확인( )
서 비 스	① 확실한 서비스·수리의 실시(메뉴얼, 계기·설치공구, 설비·환경 등의 정비)( ) ② 서비스정보의 공장부문에 대한 Feed Back( ) ③ 사고발생시의 피해자구제를 제일로 하는 고객 대응( ) ④ 안전에 관한 서비스맨 교육( )

소비자 상담	① 소비자에 대한 정확한 상품정보 제공과 오사용 방지의 설명( )
	② 시장품질정보의 수집, 분석과 설계·제조부문에 대한 Feed Back( )
	③ 사고발생시의 피해자 구제를 제일로 하는 고객 대응( )
	④ 클레임 및 소송 담당팀(TFT)의 구성 및 운영( )
	⑤ 클레임 처리 시스템의 운영( )
	⑥ 클레임 분석시 각 팀으로의 Feed Back( )
	⑦ 리콜제도의 도입 및 직원 교육, 훈련( )

6.2 구매 정보 제공

구매정보 제공 수단

NO	자 료 명	최신개정일	비고
1	제품 카탈로그		
2	투수성 코르크 바닥 포장재[시방서]		
3	코르크 포장 [공사 전 후 협조사항]		

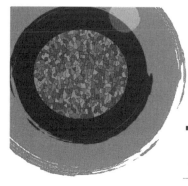

(주)에프씨코리아랜드
FC Korea Land Co., Ltd.

투수성 코르크 바닥 포장재 [시방서]
Construction Specifications for Cork Pavement

1. 일반사항

1.1. 적용기준

본 시방서는 가공 코르크 칩과 코르크 전용 바인더를 혼합하여 포장하는 『FC 투수성 코르크 바닥 포장재 공사』에 적용하며 보행로, 산책로, 어린이 놀이시설, 체육시설 등의 현장 시공에 필요한 재료 및 제품에 대한 제반사항과 시공에 관한 사항을 규정한다.

1.2. 환경 및 기후 조건

1.2.1. 대기온도 5~35 ℃, 표면온도 40 ℃ 이하, 상대습도 80 % 이하일 때 시공한다.

[별첨 1] 투수성 코르크 바닥 포장재 시공 순서 모식도

| 기층 청소 및 평탄성 고르기 | 프라이머 도포 | 코르크 칩 - 바인더 교반 |
| 양생 후 개방 | 세부 마감처리 | 포설 및 다짐 |

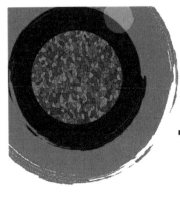

 **(주)에프씨코리아랜드**
FC Korea Land Co., Ltd.

코르크 포장 [공사 전·후 협조사항]
Cooperative Matters of Before & After Cork Pavement Construction

저희 『FC 투수성 코르크 바닥 포장재』를 선택하여 주신 귀사에 깊이 감사를 드립니다. 아시는 바와 같이 도로의 포장은 대부분 준공에 쫓기는 상황에서의 마지막 공정입니다. 또한 지반의 상태와 기층 다짐의 정도에 따라 품질에 많은 차이를 나타내고 있습니다.

보다 완벽한 『FC 투수성 코르크 바닥 포장재』 시공을 위하여 공사를 시작하기 전, 다음 몇 가지 사항을 준수해 주시면 최상의 품질과 함께 공기 또한 단축될 것을 확신하오니 협조해 주시기 바랍니다.

(주)에프씨코리아랜드 임직원 일동

1. 공사 전 협조사항

6.3. 안전-보건-복지-환경 관리

[첨부양식 1]

5S 활동 시정 및 개선보고서

				결재		
				담당	팀장	대표이사

	해당팀	5S 활동 평가일	
본사 및 공장 공통	전부서	2021.01.25.	

	조치건수	미조치건수	조치율(%)
시정건수 2	2	0	100

시정내용	조치사항	소요 예산 내역	조치기한	담당자	조치결과
청소관리를 위한 점검표 미비치	본사 사무실 및 공장에 구역별 청소 점검(관)리)표 부착	없음	2021년 2월중 (1개월)	관리팀 정○○ 생산팀 한○○ 사용	조치 완료 (2021.02.04.)
청소기준서 및 일정 관리표 미비치					

미조치내용
해당사항 없음

자체 시정 불가한 사항
해당사항 없음

승인이 필요한 사항
특이사항 없음

관련팀 확인		
관리	영업/생산	품질관리

5S 시정조치 결과 사진

○ 구역별 청소 점검(관리)표 제작 [별첨]

○ 구역별 청소 점검(관리)표 비치

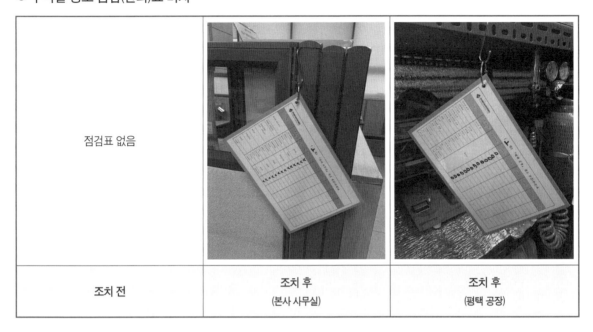

점검표 없음		
조치 전	조치 후 (본사 사무실)	조치 후 (평택 공장)

(월) 「본사 사무실」 청소 점검(관리)표

구획	구획 내 주요 관리물	점검(관리)팀	1주차	2주차	3주차	4주차	5주차	비고
관리팀 사무공간	사무용책상							
	냉장고	관리팀						
	복사기	영업팀						
영업팀 사무공간	사무용책상	영업팀						
품질관리팀 사무·실험공간	사무용책상	품질관리팀						
	실험용책상							
	현미경							
회의실	회의용책상	영업팀						
	대형TV							
서버관리실	서버	관리팀						
	분리수거통							
탕비실	정수기	관리팀						
	전기포트							
제감실	실험재료	품질관리팀						

(주)에프씨코리아랜드
FC Korea Land Co., Ltd.

(월) 「평택 공장」 청소 점검(관리)표

㈜에프씨코리아랜드
FC Korea Land Co., Ltd.

구획	구획 내 주요 관리물	점검(관리)팀	1주차	2주차	3주차	4주차	5주차	비고
원자재 보관	크린크린	생산팀						
샘플제작	-							
공구보관	공구함							
첨가제 보관	첨가제							
코팅용 바인더 보관	바인더							
원자재 계량	저울							
배합	교반기							
선별	선별기							
반제품 계량	저울							
포장	호퍼 및 포장기							
사무공간	PC							
반제품 보관	보관랙							
창고	각종 예비설비							
실험실	각종 시험설비							

[첨부양식 2]

장소	직위	점검자	점검일자	5S 활동 점검 CHECK LIST			결재		담당	팀장	대표이사
본사 사무실	대리	정창교	2021.01.22.								
구분			점검항목		점검사항				시정사항		비고
					적합	부적합					
정리			1. 모든 물품에 대해 불필요한 기준이 정해져 있는가?								
			2. 통로 및 기타 장소에 불필요한 물품이 방치되어 있는가?								
			3. 불필요한 것을 한눈에 알 수 있도록 조치되어 있는가?								
			4. 모든 물품 정해진 보관장소 및 위치에 적재되어 있는가?								
			5. 모든 물품은 사용하기 쉽도록 놓여져 있는가?								
정돈			1. 누구나 냅비요소를 쉽게 발견할 수 있도록 가시화되어 있는가?								
			2. 물품 보관장소에는 목록표가 부착되어 있는가?								
			3. 물품 현황판 설치 및 기록관리 상태는 양호한가?								
			4. 놓여진 물건은 누구나 사용하기 쉽도록 되어 있는가?								
			5. 누구나 본인 물품이 어디에 얼마나 있는지 파악될 수 있는가?								
청소			1. 개인별 청소 담당구역은 정해져 있는가?								
			2. 설비 및 기타 시설물에는 청소관리를 위한 점검표가 정해져 있는가?								
			3. 통로나 현물보관장소의 구획서는 명확하게 되어 있는가?								
			4. 설비, 제품, 시설물 등이 오물, 먼지, 누유는 없는가?								
			5. 기계의 청소와 점검을 함께하고 있는가?								
청결			1. 각종 가시물이 부착 및 정돈상태는 적절한가?								
			2. 5S활동 추진 RULE은 정해져 있는가?								
			3. 배기, 환기, 채광 상태는 누구나 근무하기 편한 상태인가?								
			4. 더럽혀지지 않기 위한 사전예방 활동을 실천하고 있는가?								
			5. 잠재한 냅비요소는 없는가?								
습관화			1. 근무복 착용 및 안전보호구 착용은 하고 있는가?								
			2. 근무자 간에 서로 먼저 인사하고 있는가?								
			3. 표준작업표, 청소기준서 및 일정 관리표는 준수되고 있는가?								
			4. 안전 수칙을 지키고 있는가?								
			5. 직장을 위한 근무태도를 누구나 느낄 수 있는 분위기인가?								

[첨부양식 2]

5S 활동 점검 CHECK LIST

장소	직위	점검자	점검일자
평택 공장	공장장	한서웅	2021.01.22.

결재	담당	팀장	대표이사

구분	점검항목	점검사항 적합	점검사항 부적합	시정사항	비고
정리	1. 모든 물품에 대해 불필요한 기준이 정해져 있는가? 2. 통로 및 기타 장소에 불필요한 물품이 방치되어 있는가? 3. 불필요한 것을 한눈에 알 수 있도록 조치되어 있는가? 4. 모든 물품 정해진 보관장소 및 위치에 적재되어 있는가? 5. 모든 물품은 사용하기 쉽도록 놓여져 있는가?				
정돈	1. 누구나 내버요소를 쉽게 발견할 수 있도록 가시화되어 있는가? 2. 물품 보관장소에는 목록표가 부착되어 있는가? 3. 물품 현황판 설치 및 기록관리 상태는 양호한가? 4. 놓여진 물건은 누구나 사용하기 쉽도록 되어 있는가? 5. 누구나 본인 물품이 어디에 얼마나 있는지 파악될 수 있는가?				
청소	1. 개인별 청소 담당구역은 정해져 있는가? 2. 설비 및 기타 시설물에는 청소관리를 위한 점검표가 정해져 있는가? 3. 통로나 현물보관장소의 구획서는 명확하게 되어 있는가? 4. 설비, 제품, 시설물 등이 오물, 먼지, 누유는 없는가? 5. 기계의 청소와 점검을 함께하고 있는가?				
청결	1. 각종 가시물의 부착 및 정돈상태는 적절한가? 2. 5S활동 추진 RULE은 정해져 있는가? 3. 배기, 환기, 채광 상태는 누구나 근무하기 편한 상태인가? 4. 더럽혀지지 않기 위한 사전예방 활동을 실천하고 있는가? 5. 잠재한 내비요소는 없는가?				
습관화	1. 근무복 착용 및 안전보호구 착용을 하고 있는가? 2. 근무자 간에 서로 먼저 인사하고 있는가? 3. 표준작업표, 청소기준서 및 일정 관리표는 준수되고 있는가? 4. 안전 수칙을 지키고 있는가? 5. 직장을 위한 근무태도를 누구나 느낄 수 있는 분위기인가?				

[첨부양식 3]

장소	직위	평가자	평가일자		결재	담당	팀장	대표이사
본사 사무실	대표이사	성세경	2021.01.25.		결재			

5S 활동 평가표

채점기준	4점 조치율 : 81~100%	3점 조치율 : 71~80%	2점 조치율 : 61~70%	1점 조치율 : 51~60%	0점 조치율 : 50% 미만

평가구역 : 본사 사무실

구분	점검항목	점수배점 4	3	2	1	0	점수	시정사항
정리	1. 모든 물품에 대해 불필요한 기준이 정해져 있는가?							
	2. 통로 및 기타 장소에 불필요한 물품이 방치되어 있는가?							
	3. 불필요한 것을 한눈에 알 수 있도록 조치되어 있는가?							
	4. 모든 물품 정해진 보관장소 및 위치에 적재되어 있는가?							
	5. 모든 물품은 사용하기 쉽도록 놓여져 있는가?							
정돈	1. 누구나 냄비요소를 쉽게 발견할 수 있도록 가시화되어 있는가?							
	2. 물품 보관장소에는 목록표가 부착되어 있는가?							
	3. 물품 현황판 설치 및 기록관리 상태는 양호한가?							
	4. 놓여진 물건은 누구나 사용하기 쉽도록 되어 있는가?							
	5. 누구나 본인 물품이 어디에 얼마나 있는지 파악될 수 있는가?							
청소	1. 개인별 청소 담당구역은 정해져 있는가?							
	2. 설비 및 기타 시설물에는 청소관리를 위한 점검표가 정해져 있는가?							
	3. 통로나 현물보관장소의 구획선이 명확하게 되어 있는가?							
	4. 설비, 제품, 시설물 등이 오물, 먼지, 누르는 없는가?							
	5. 기계의 청소와 점검을 함께하고 있는가?							
청결	1. 작종 가시물이 부착 및 정돈상태는 적절한가?							
	2. 5S활동 추진 RULE은 정해져 있는가?							
	3. 배기, 환기, 채광 상태는 누구나 근무하기 편한 상태인가?							
	4. 더럽혀지지 않기 위한 사전예방 활동을 실천하고 있는가?							
	5. 청제한 냄비 요소는 없는가?							
습관화	1. 근무복 착용 및 안전보호구 착용은 하고 있는가?							
	2. 근무자 간에 서로 먼저 인사하고 있는가?							
	3. 표준작업표, 청소기준서 및 일정 관리표는 준수되고 있는가?							
	4. 안전 수칙을 지키고 있는가?							
	5. 직장을 위한 근무태도를 누구나 느낄 수 있는 분위기인가?							

[첨부양식 3]

장소	직위	평가자	평가일자	결재	담당	팀장	대표이사
본사 사무실	대표이사	성세경	2021.01.25.				

5S 활동 평가표

채점기준	4점 조치율:81~100%	3점 조치율:71~80%	2점 조치율:61~70%	1점 조치율:51~60%	0점 조치율:50% 미만

평가구역 : 평택 공장

구분	점검항목	점수배점 4	3	2	1	0	점수	시정사항
정리	1. 모든 물품에 대해 불필요한 기준이 정해져 있는가?							
	2. 통로 및 기타 장소에 불필요한 물품이 방치되어 있는가?							
	3. 불필요한 것은 한눈에 알 수 있도록 조치되어 있는가?							
	4. 모든 물품 정해진 보관장소 및 위치에 적재되어 있는가?							
	5. 모든 물품은 사용하기 쉽도록 놓여져 있는가?							
정돈	1. 누구나 냄비요소를 쉽게 발견할 수 있도록 가시화되어 있는가?							
	2. 물품 보관장소에는 목록표가 부착되어 있는가?							
	3. 물품 현황판 설치 및 기록관리 상태는 양호한가?							
	4. 놓여진 물건은 누구나 사용하기 쉽도록 되어 있는가?							
	5. 누구나 본인 물품이 어디에 얼마나 있는지 파악될 수 있는가?							
청소	1. 개인별 청소 담당구역은 정해져 있는가?							
	2. 설비 및 기타 시설물에는 청소권리를 위한 점검표가 정해져 있는가?							
	3. 통로나 취물보관장소의 구획서는 명확하게 되어 있는가?							
	4. 설비, 제품, 시설물 등에 오물, 먼지, 누유는 없는가?							
	5. 기계의 청소와 점검을 함께하고 있는가?							
청결	1. 각종 가시물의 부착 및 정돈상태는 적절한가?							
	2. 5S활동 추진 RULE은 정해져 있는가?							
	3. 배기, 환기, 채광 상태는 누구나 근무하기 편한 상태인가?							
	4. 더럽혀지지 않기 위한 사전예방 활동을 실천하고 있는가?							
	5. 잠재한 냄비요소는 있는가?							
습관화	1. 근무복 착용 및 안전보호구 착용은 하고 있는가?							
	2. 근무자 간에 서로 먼지 인사하고 있는가?							
	3. 표준작업표, 청소기준서 및 일정 관리표는 준수되고 있는가?							
	4. 안전 수칙을 지키고 있는가?							
	5. 직장을 위한 근무태도를 누구나 느낄 수 있는 분위기인가?							

산업 재해 조사표		결재	팀장	이사	대표이사
발생일	년 월 일	**사고자**			
안전사고 개요 (6하원칙 기술)					
안전사고 원인					
재발 방지 대책					
작성자					

안전 교육 일지		결재	팀장	이사	대표이사
교육명	산업안전보건 전파교육				
교육일자	2021. 00. 00.	**교육대상**	전 직원		
강사명	한상용 공장장	**교육장소**	본사 회의실		
강사소속	내부 직원	**교육시간**	60분		
교육내용			**비고**		

안전 보건 계획서		결재	팀장	이사	대표이사
작성일	2021. 01. 29.				

(2021)년 안전 보건 중점 방침					
나의 안전·보건·방역으로부터 직업 권리를 찾자					

분기별 중점 추진사항	1/4분기	산업안전보건(생산팀)·연구실안전환경(품질관리팀) 교육 이수 및 내부 직원 대상 전파교육
	2/4분기	COVID-19 방역·3정5S·안전·보건 활동의 유기적 체계 확립
	3/4분기	자체 위험성 평가 및 후속 조치
	4/4분기	생산 관련 종업원 종합건강검진 수검

행사 및 교육 참여				예산				
	행사명	주관기관	참석범위		품목	수량	금액(원)	비고
안전 보건 관리 행사	관리감독자 정기 교육	(사)안전보건 진흥원	생산팀 실무자	안전 및 보건 관련 용품	방진복	100	240,000	
	산업안전보건 전파 교육	자체	전직원		방진 마스크	100	50,000	
	연구실안전환경 관리자 교육	국가연구안전 정보시스템	품질관리팀 실무자		반코팅장갑	500	71,000	
	연구실안전환경 전파 교육	자체	전직원		안전테이프	5	100,000	
	안전보건 포스터 자체 공모전	자체	전직원		휴대용 산소	10	83,000	
팀별 안전 관리 책임자 선정	팀명	책임자	확인		비말차단 마스크	200	24,000	
	관리	정창교			손소독제	5	25,000	
	영업	이슬비			계		593,000	
	생산	한상용						
	품질관리	장재혁						

안전 보호구 지급대장					결재	팀장	이사	대표이사
작성일		2020 년 10 월 10 일						
No.	품명	수량	성명	팀명		수령자 확인		비고
1	방진마스크	100	한상용	생산				
2	방진복	100	한상용	생산				
3	반코팅장갑	300	한상용	생산				
4	출입금지 테이프	10	한상용	생산				

6.4 교육훈련

교육(온라인 발표대회) 참석자 명단			
교육일자	2021년 1월 21일	**장소**	본사 회의실
교육명	2021 산림·임업전망	**주관**	국립산림과학원
참석자	**직급**	**서명**	**비고**
성세경	대표이사		
장재혁	연구소장		
이슬비	차장		
김형수	대리		
정창교	대리		

소속팀	담당	팀장	사외교육 이수 보고서	결재	담당	팀장	대표이사

소속팀명	전 부서	직책	전 직원	성명	전 직원
교육과정명	전사전 자원 관리 시스템 운용 방법 교육			형태	비합숙
교육일자	2021. 04. 22.		교육기관	(주)이카운트	

교육내용	비고
1. 전사적 자원 관리 시스템 개요 2. 그룹웨어 운용 3. 관리팀 업무 (회계, 총무, 인사) 4. 영업팀 업무 (수발주관리, 협력업체관리) 5. 생산팀 업무 (재고관리) 6. 품질관리팀 업무 (인수검사관리) 	강사 (주)이카운트 영업교육팀 정지수 선임
위와 같이 사외 교육을 이수하였습니다. 2021 년 4 월 22 일 교육이수자 : 전 직원 (참석자 명단 제출로 서명 대체)	

소속팀	담당	팀장	사외교육 이수 보고서	결재	담당	팀장	대표이사

소속팀명	생산팀	직책	공장장	성명	한상용
교육과정명	관리감독자 정기 교육 (안전보건일반)			형태	비합숙
교육일자	2021. 01. 27.		교육기관		(사)안전보건진흥원

교육내용	비고
1. (전업종 공통) 안전보건 일반사항 2. (전업종 공통) 지게차 안전작업 3. (제조업) 기계안전 4. (제조업) 전기안전	

위와 같이 사외 교육을 이수하였습니다.

2021 년 1 월 28 일

교육이수자 : 한 상 용 　(서명)

소속팀	담당	팀장	사외교육 이수 보고서	결재	담당	팀장	대표이사

소속팀명	영업팀 / 품질관리팀	직책	-	성명	이슬비,김형수, 장재혁

교육과정명	신제품(NEP) 인증취득 실무 교육	형태	비합숙

교육일자	2021. 01. 26.	교육기관	(사)한국신제품인증협회

교육내용	비고
1. 기술개발제품 조달핵심인증 제도 개요 2. 인증 신청준비 사항 3. 시험성적서 발급과 현장 종합 심사 준비 4. 인증 관련 예시 및 사례 소개	

위와 같이 사외 교육을 이수하였습니다.

2021 년 1 월 27 일

교육이수자 : 이슬비 (서명)   김형수 (서명)   장재혁 (서명)

소속팀	담당	팀장	사외교육 이수 보고서	결재	담당	팀장	대표이사

소속팀명	전 부서	직책	전 직원	성명	전 직원
교육과정명	2021 산림·임업전망 발표대회(온라인)			형태	비합숙
교육일자	2021. 01. 21.	교육기관		국립산림과학원	

교육내용	비고
1. 미래 지속가능한 사회와 산림 2. 2021년 산림정책 방향과 주요 시책 3. 2021년 산림과 임업의 전망 4. 목재산업여건 및 원목 수급 동향과 전망 5. 제재목, 합판 및 보드류 수급 동향과 전망	

위와 같이 사외 교육을 이수하였습니다.

2021 년 1 월 22 일

교육이수자 : 전 직원 (참석자 명단 제출로 서명 대체)

소속팀	담당	팀장	사외교육 이수 보고서	결재	담당	팀장	대표이사

소속팀명	생산팀	직책	공장장	성명	한상용
교육과정명	지게차 조종 교육			형태	비합숙
교육일자	2021. 01. 14.~15.		교육기관		유니언건설기계운전학원

교육내용	비고
1. 지게차 조종 관련 법규 2. 각 부 명칭 3. 엔진기관 4. 유압장치 5. 기타장치 6. 안전수칙	

위와 같이 사외 교육을 이수하였습니다.

2021 년 1 월 18 일
교육이수자 : 한 상 용　(서명)

교육일지 (전파교육)		결재	담당	팀장	대표이사

교육일자	2021년 2월 10일	관리번호	FC-교육훈련-005
교육구분	■ 집합　□ 팀별	장소	본사 회의실
교육명	산업안전보건	강사	한상용 공장장
교육시간	60분	비고	관리감독자 정기 교육 이수자인 한상용 공장장이 전직원을 대상으로 산업안전보건에 관한 전파교육을 실시한 건임.

교육내용	관련사진
1. 안전보건개론 2. 산업안전보건법 3. 산업재해보상보험 4. 응급조치	

사용교재	관리감독자 안전보건교육 『안전보건일반』((사)안전보건진흥원)
유첨서류	■ 참석자명단　■ 교안　□ 기타 (　　　　　　)

사내교육 참석자 명단			
교육일자	2021년 2월 10일	장소	본사 회의실
교육명	산업안전보건(전파교육)	주관	한상용 공장장
참석자	직급	서명	비고
성세경	대표이사		
장순향	이사		
조명영	이사		
차지혜	이사		
박영주	부장		
한상용	공장장		
장재혁	연구소장		
이슬비	차장		
김형수	대리		
정창교	대리		

교육일지 (전파교육)		결 재	담당	팀장	대표이사

교육일자	2021년 2월 10일	관리번호	FC-교육훈련-004
교육구분	■ 집합 □ 팀별	장소	본사 회의실
교육명	KS 품질경영 개요	강사	장재혁 연구소장
교육시간	120분	비고	품질관리담당자 정규교육 참가 예정 및 KS 제품인증심사 수검 경험자인 장재혁 연구소장이 예비학습한 내용을 내부 직원에게 전파교육한 건임.

교육내용	관련사진
1. KS 인증제도 개요 - 혜택 - 인증처리 절차 - 인증심사(신규·정기) 준비사항 - KS F 8980 개요 2. KS 품질경영 주요사항 - QC 공정도 - 제조 및 시험설비 - 사내표준(체계표) - 문서관리 3. KS 품질경영 관리 체계 유지를 위한 업무 분장 - 전사적 문서관리 - 현장시공 결과 관리 4. 제언	 

사용교재	투수성 코르크 바닥 포장재 KS 품질경영 개요(자체 제작)
유첨서류	■ 참석자명단 ■ 교안 □ 기타 ( )

사내교육 참석자 명단			
교육일자	2021년 2월 10일	**장소**	본사 회의실
교육명	KS 품질경영 개요(전파교육)	**주관**	장재혁 연구소장
참석자	**직급**	**서명**	**비고**
성세경	대표이사		
장순향	이사		
조명영	이사		
차지혜	이사		
박영주	부장		
한상용	공장장		
장재혁	연구소장		
이슬비	차장		
김형수	대리		
정창교	대리		

사외교육 이수 보고서

소속팀명	영업팀 / 품질관리팀	직책	-	성명	이슬비, 김형수, 장재혁
교육과정명	신제품(NEP) 인증취득 실무 교육			형태	비합숙
교육일자	2021. 01. 26.		교육기관		(사)한국신제품인증협회

교육사진

교육자료

사내 클라우드 서버
메인카테고리 / 03.연구개발 및 인증 / [교육자료] 신제품(NEP)인증취득교육.pdf 파일 업로드

(2021) 년도 교육 계획서					결재	담당	팀장	대표이사
작성일 : 2020. 01. 11.								

구분	교육명	교육기관	교육기간	참여대상	교육비용	비고
사외 교육	지게차 조종 교육	유니언건설기계운전학원	2021.01.14.~15.	한상용	33만원	
	2021 산림임업전망	국립산림과학원	2021.01.21.	전 직원	무료	
	신제품(NEP) 인증취득 실무 교육	(사)한국신제품인증협회	2021.01.26.	이슬비	9만원	
	품질관리담당자 양성 교육	한국표준협회	2021.03.02.~19.	장재혁	150만원	-
	연구실안전환경 관리자 교육	국가연구안전정보시스템	2021.03.30.		무료	-
	품질관리담당자 양성 교육	한국표준협회	2021.07.05.~22.	김형수	150만원	
	급여대장과 연말정산 실무	중소벤처기업진흥공단	2021.10.18.~20	정창교	33만원	
사내 교육	사내표준화 및 품질 관리기본개념	자체	2021.01.29.	전 직원	자체	강사:장재혁
	안전보건교육	전파교육	2021.02.10.			강사:한상용
	품질경영 시스템 고도화	자체	2021.04.01.			강사:성세경
	리더십과 리더역량강화	전파교육	2021.05.03.			강사:장순향
사업장5대법정의무교육	관리감독자 정기 교육	(사)안전보건진흥원	2021.01.27.	한상용	8.5만원	산업안전보건교육 관련
	직장내 성희롱 예방 교육	고용노동부	2021.03.11.	전 직원	무료	https://www.youtube.com/watch?v=oRTKjWYZ0Yk
	직장내 장애인 인식개선 교육	직장내장애인인식개선 교육포털	2021.06.10.	전 직원	무료	https://edu.kead.or.kr/aisd/main.do
	개인 정보 보호 교육	개인정보보호 포털	2021.09.03.	전 직원	무료	https://www.privacy.go.kr/
	퇴직연금 교육	근로복지공단 퇴직연금	2021.12.06.	전 직원	무료	https://pension.kcomwel.or.kr/websquare/?w2xPath=/pages/uti/HP00000001.xml

6.5 품질관리담당자

담당자 준비 서류

1. 건강보험료 납부 확인서

2. 4대 사회보험 사업장 가입명부
   (국민, 건강, 산재, 고용)

3. 담당자 자격증

4. 재직증명서

KS 인증 실무
KS 인증 최초 심사와 정기 심사를 위한 실무가이드

초판 1쇄 인쇄 2023년 3월 10일
초판 1쇄 발행 2023년 3월 24일

—

지은이 정현석·김흥철
펴낸이 김호석
펴낸곳 도서출판 대가
편집부 주옥경·곽유찬
디자인 전영진
기획·홍보 김신
마케팅 오중환
경영관리 박미경
영업관리 김경혜

—

주소 경기도 고양시 일산동구 무궁화로 32-21 로데오메탈릭타워 405호
전화 02) 305-0210
팩스 031) 905-0221
전자우편 dga1023@hanmail.net
홈페이지 www.bookdaega.com

—

ISBN 978-89-6285-012-3 (93000)

• 파손 및 잘못 만들어진 책은 교환해드립니다.
• 이 책은 저작권법에 의하여 보호를 받는 저작물이므로 무단 전재와 복제를 금합니다.